孙子兵法 全解

(春秋) 孙武◎著　宋师道◎编译

中国华侨出版社

图书在版编目（CIP）数据

孙子兵法全解 /（春秋）孙武著；宋师道编译. —北京：
中国华侨出版社，2016.4（2021.2重印）

ISBN 978-7-5113-6045-8

Ⅰ. ①孙… Ⅱ. ①孙… ②宋… Ⅲ. ①兵法－中国－
古代－通俗读物 Ⅳ. ①E892.2－49

中国版本图书馆 CIP 数据核字（2016）第 089209 号

● **孙子兵法全解**

编　　著 /（春秋）孙武著　宋师道编译

责任编辑 / 子　田

责任校对 / 高晓华

装帧设计 / 环球互动

经　　销 / 新华书店

开　　本 / 710 毫米×1000 毫米　1/16　印张 /18　字数 /232 千字

印　　刷 / 三河市嵩川印刷有限公司

版　　次 /2016 年 6 月第 1 版　　2021 年 2 月第 2 次印刷

书　　号 / ISBN 978-7-5113-6045-8

定　　价 / 58.00 元

中国华侨出版社　北京市朝阳区静安里 26 号通成达大厦 3 层　邮编：100028

法律顾问：陈鹰律师事务所　　　　　编辑部：(010) 64443056　　　64443979

发行部：(010) 64443051　　　　　传　真：(010) 64439708

网　址：www.oveaschin.com　　　E-mail：oveaschin@sina.com

前　言

　　《孙子兵法》是春秋时期伟大军事家孙武的军事理论著作，是中国古典军事文化中的瑰宝。它的内容博大精深，逻辑缜密严谨，对中国古代军事战术的发展有巨大而深远的影响，因此《孙子兵法》又被人们尊奉为"兵经"。中国历代军事家都曾从中学习战术，用于指导战争。三国时期著名的政治家、军事家曹操就是《孙子兵法》的忠实拥趸，并为孙子兵法做了注解。唐太宗李世民更是说"观诸兵书，无出孙武"。

　　孙武出生于齐国贵族家庭，优越的环境给孙武提供了良好的学习机会。他也因此得以阅读了大量古代军事典籍。春秋战国时代是我国古代历史上战乱频繁、激烈兼并的年代，年幼的孙武从小耳濡目染，这培养了他的军事才能。公元前517年，齐国内部发生政变，贵族之间为争夺利益的斗争愈演愈烈，18岁的孙武因厌倦这种内部斗争，因而背起行囊远赴他乡，来到了吴国。在吴国，他遇到了生命中的重要人物——伍子胥，正是在伍子胥这个伯乐的推荐之下，孙武见到了吴王阖闾，并在吴国展示了自己出众的才华。

　　孙武与伍子胥共同辅佐阖闾治军，很快就为处于蛮夷之地的吴国训练出了一支精锐的军队，不仅击败了吴国的老对手越国，更打败了西方强大的楚国，使吴王阖闾成为春秋后期的霸主。后来，阖闾因为轻敌被越国打败，负重伤而死，孙武又协助伍子胥、夫差彻底打败越国，复了仇。但很快，吴王夫差就变得自大、昏庸起来，不仅放过越王勾践，还杀死了强谏的忠臣伍子胥，这给了孙武一个沉重的打击，他心灰意冷，于是便悄然隐退深山。晚年，他根据自己训练军队、指挥作战的经验，修订其兵法，使其更臻完善，这也就是后人所见到的《孙子兵法》。

　　《孙子兵法》全书共分为十三篇：始计篇、作战篇、谋攻篇、军形篇、兵势篇、虚实篇、军争篇、九变篇、行军篇、地形篇、九地篇、火攻篇、用间篇。这十三篇分别对战争中可能遇到的各种状况给出了详细的应对之道，"始计篇"从出兵前对敌我双方的各种条件进行计算，估算战事胜负的可能性，并制订周全的作战计划；"作战篇"是对士兵的动员；"谋攻篇"是以智谋发动攻击。"军形篇"、"兵势篇"是决定战争胜负的基本因素，"军形篇"是指客观因素，比如士兵的战斗力、战争的物质存储状况，而"兵势篇"指主观因素，比如士兵的心态；"虚实篇"讲究通过战术的变化以多胜少；"军争篇"的重点是先发制人；"九变篇"阐述不同情况需要采取不同战略；"行军篇"告诉将领要时刻注意观察敌情；"地形篇"分析了六种不同的地形及相应的战术；"九地篇"根据敌方的实力分析了九种作战环境及对应的战术；"火攻篇"的重点是用火的技巧；"用间篇"阐述了五种间谍的使用方法。

《孙子兵法》的影响不仅限于中国，它在全世界范围也久负盛名。拿破仑在遭遇滑铁卢之后，将《孙子兵法》作为随身携带的读物，在他熟读《孙子兵法》之后曾感慨"如果能早两年遇到这本书，也许我就能改变世界"；英国著名的军事理论家利德尔·哈特曾在其著作中引用《孙子兵法》中的名言。

虽然，现代战争形势已经发生了翻天覆地的变化，但孙子兵法之中那些最基本的观点依然闪耀着灿烂的智慧光芒。如重视战争、重视后勤、慎重奖罚、乘势制利等思想都能给现代军事将领以深刻的启发。

《孙子兵法》的语言简洁，内容富有哲理性，它不仅仅适用于战争，也是普通人的生活、工作、为人处世重要的智慧源泉，尤其在企业管理、谈判外交等方面大放异彩，引人注目。日本著名企业家松下幸之助就曾大赞："中国古代先哲孙子，是天下第一神灵。"

本书作为《孙子兵法》的普及读本，既引用了原文，对其进行注释、翻译，又有详细的解读、引申。解读部分对孙子的军事思想进行简单阐述，引申部分则先列举一些经典战例，来展示孙子的战争智谋，然后尽量从现实生活出发，阐明孙子的军事思想对我们当代普通人生活的启示作用，从而使我们更能了解孙子兵法，学为己用，拥有更为卓越的生活智慧。

由于编者水平有限，书中疏漏在所难免，祈望读者批评指正。

目 录

始计篇

原　文

孙子曰：兵者①，国之大事，死生之地②，存亡之道，不可不察③也。

注　释

①兵者：战争，也泛指其他军事上的内容。

②死生之地：关乎生死。

③察：明察、审视。

译　文

孙子说：战争是国家的大事，它关系到个人的生死、国家的存亡，不能不认真地明察审视。

经典解读

《左传》曰："国之大事，在祀与戎。"祀就是祭祀，戎就是战争。这一文一武两件事是国家存在的基础，不可不慎重对待。

战争是人类社会中最残酷的竞争，是解决问题的最后手段，任何战争都会伴着大量的流血、死亡，伴随着无数人流离失所、家破人亡。一个有道爱民的君主绝对不轻易发动战争，让他的人民流血、流泪。所以老子说："以道佐人主者，不以兵强天下。"

战争会留下严重的后遗症，有人家园被毁、有人终身残疾，尤其是现代战争，很多有辐射性、化学污染的武器，给无辜者造成了令人触目惊心的伤害。老子说："师之所处，荆棘生焉。大军之后，必有凶年。"很多本来富有的国家因为战争而变得衰弱落后，很多原本发达的地区因为战争而萧条死寂，当今世上就有很多活生生的例子。

战争的结果是严酷的，它直接决定一个国家的命运，决定这个国家中人民的命运。当战争开始以后，它就会像一个疯狂的猛兽，不仅吞噬参战士兵的生命，也会将战争涉及地区所有国家、人民拖入战争的深渊，没有人能够为它负责，没有人能够承担这种可怕的后果，两次世界大战就是实证。

作为国家的统治者，必须对战争慎之又慎，切勿轻起战端。然而，战争在很多时候又是不可避免的，如果害怕战争、一味逃避战争，反而会纵容恶势力，结果让战争到来得更加惨烈。对于这方面来说，统治者又必须了解战争、重视战争，具有忧患意识、竞争意识，这样才称得上是对自己的国家、人民负责。

总之，战争的好坏、对错非一言两语可以说得清，领导者必须根据现实情况，重视战争，分析得失，考虑发动战争的各种后果，然后慎重地做出决策，才是对待它的正确态度。

哲理引申

好战者必亡

战争并不是一件美好的事，它意味着杀戮、流血，决策者口上轻轻吐出两个字"开战"，下面就会有成千上万活生生的人相互厮杀，有无数人因此而丢失生命、失去亲人。如果统治者为了追求自己所爱好的土地、虚名而驱使百姓发动不义的战争，那就是不仁，不仁者当政就会失去人心，这样的国家不可能不衰亡。

春秋之时，吴越相争，吴王阖闾死于伐越的战争之中，越王勾践害怕吴国报复，便决定主动进攻吴国。大臣范蠡劝谏说："臣闻兵者凶器也，战者逆德也，争者事之末也。阴谋逆德，好用凶器，试身于所末，上帝禁之，行者不利。"勾践不听，坚持出兵，结果被伍子胥统帅的吴军击败，越国险些因此而覆灭，勾践也不得不投降，受尽了屈辱。

吴王夫差击败越国以后，同样骄傲自大，到处发动战争以争夺霸主的虚名，他看到齐国景公去世，国政混乱便准备伐齐。伍子胥劝谏他说："吴国多水，齐国多陆，地理不一，民风不同，我们即使攻占了齐国也不能长久占据，那对我们就如石头田地一样，没有用处。何必为了霸主的虚名而消耗国力，树立敌人呢？"夫差不听，执意北上伐齐。战胜齐国以后，他又和晋国争夺霸主之位，为了威吓敌人，他亲自率领大军在黄池和诸侯会盟。一直图谋报复的越国趁夫差连年征战，国中空虚的机会，偷袭了吴国都城。从此，吴国一蹶不振，一心想通过武力发动战争而成为霸主的夫差，不久以后也被越国俘虏，自杀身亡。

相似的例子还有很多。

战国时候的魏惠王也曾妄图发动战争而称霸诸侯国。他在位期间重用庞涓，使魏国军力大增，于是野心也开始膨胀，他趁赵国攻打卫国的机会，派庞涓率大军攻赵，围困邯郸，结果赵国求救于齐国，齐军在孙膑的指导下在桂陵大败魏军。十几年以后，魏惠王好了伤疤忘了疼，又发动战争攻打韩国，韩国同样求助于齐国，齐军在马陵再次重创魏军，魏将庞涓战死，魏国实力大削。此时秦国、楚国看到魏军失败，分别开始了对魏国的进攻，魏国一下子丢失了西面、南面的大片土地。

然而，即使这样，魏惠王还是不甘心，他对到访的孟子说："魏国曾一度在天下称强，这是夫子您所知道的。可是到了我做魏王的时候，东边被齐国打败，连我的长子都死掉了；西边丧失了 700 里土地给秦国；南边又受楚国的侮辱。我为这些事感到非常羞耻，希望替所有的死难者报仇雪恨，要怎样做才行呢？"直到这时，他还执迷不悟，依然妄图通过发动战争"一雪前耻"，魏惠王真是"好战"到了极点。于是，孟子给了他一个恰当的评价："不仁哉，梁惠王也！"并指责他"为了争夺土地的缘故，残害其人民发动战争，大败，将要再战，恐怕不能取胜，于是驱赶他亲爱的子弟去战死。"

很多统治者想通过战争来实现自己的野心，于是穷兵黩武，不顾人民死活，大肆地发动战争，这样的人根本就不配做民之父母。战争是把双刃剑，古人常说"杀敌一千，自损八百"，在给别人造成伤害的时候，也会伤害自己。那些不爱惜人民，轻易发动战争的统治者一定会被人民所淘汰，那些不知道德礼义，只知道崇拜强力、喜欢用暴力征服他人的政权，一定会被历史所抛弃。

懈怠战争者败

战争是关乎人民生死、国家存亡的大事，如果统治者对其不闻不问，甚至抱着一种玩乐的态度，那就是对国家、对士兵、对人民的不负责任，后果和教训一定是十分惨烈的。

战国之时，秦军发动长平战争，赵王准备用赵括代替老将廉颇，赵括的母亲指出赵括不可为将。其中一条原因就是赵括的父亲赵奢曾经对她说："战争，是关系将士生死存亡的大事，而赵括竟说得如此轻松容易，简直将战争当成儿戏。将来赵国不用赵括为将则已，如果真用了他，一定会使赵国失败。"赵王不听，任用赵括为将，果然赵括用兵轻佻少谋，一下子便中了秦将白起的计谋，导致数十万赵军被围，最后全军覆灭。

国家存亡往往系于一战，真正关系国家的统治者，一定会对战争时时关注，不惜废寝忘食。而有些愚昧昏庸的君主，则对其漠不关心，这也表现了他们对国事的毫不在意，国家如果出现这样的统治者，离灭亡就不远了。

隋文帝杨坚建立隋朝以后，江南还处于陈朝的统治之下。文帝素有削平四海之志，大臣也有建功江南之心，于是君臣同心，准备讨伐南朝。就在隋朝大肆备军、修建战舰之时，陈朝朝廷上却如一潭死水，君主陈叔宝每日身居高阁、花天酒地，不问外事，只知道下令大建寺庙，修葺亭台。沿边州郡，将隋军建船备战、频繁调动的消息飞报朝廷以后，朝廷上下都不以为意，依旧在后主的引领下奏乐饮酒、吟诗作赋。

隋开皇八年（588），隋文帝下诏历数陈后主20项大罪遍谕江外，并命令晋王杨广、秦王杨俊、清河公杨素、韩擒虎、贺若弼等率51万大军分道直取江南。隋军东接沧海，西距巴蜀，旌旗连天，将士无不奋勇争先。陈朝守军连忙飞书告急，陈后主却毫不关系，笑着对侍从说："北齐三次进犯、北周两次入侵，无不败退而去，如今隋军能有什么作为呢？"他的近臣孔范也阿谀道："长江天堑，自古隔断南北，隋军难道能飞渡吗？这是边将想获得功劳，虚报事急。我经常遗憾官职卑微，如果敌人渡过长江，我一定建立军功挣个太尉做做。"有人看到陈后主如此昏庸，便虚报军情讨好说："隋军果然不值得畏惧，在路上就死了很多马。"孔范笑着说："可惜啊，这些都将是我们的马，怎么死了呢？"陈后主听了哈哈大笑，深以为然，君臣纵酒如故。

隋军势如破竹，以秋风扫落叶之势拿下众多沿江重镇，陈军连战连败，望风而逃。等到隋军攻到了建康城外，陈后主和他的近臣们才知道了局势的严重性，可惜大势已去。后主束手无策，将士人人离心离德，不久，建康城破，陈叔宝被隋军俘虏，陈朝灭亡。

陈朝有长江天堑，这在古代就是天然的长城，可惜陈后主昏庸无道，盲目自大，最终国家被灭，自己做了俘虏，这就是轻视战争的后果。对于战争，历史上还有比陈后主更加昏庸的君主，不仅轻视战争，而且将战争当作游戏来玩耍。

576年，北周武帝亲自率领三路大军，进攻北齐。周军围困北齐重镇晋州，这时，北齐后主高纬和他的宠妃冯小怜正在邺城郊外打猎。晋州告急的文书从早上到中午络绎不绝，然而右丞相高阿那肱却将飞书丢到一边，若无其事地说："皇上正在兴头上，边境交兵是日常小事，何必大惊小怪！"虽然晋州兵将拼死抵抗，因为寡不敌众，没有援军，这个北齐的门户重镇还是陷落了。

晋州陷落几天后，北齐大将安吐根率军准备收复晋州。齐军在城外深挖地道直通晋州城内，正在准备通过地道进攻时，高纬竟然出现在战场上，并下令暂且停止进攻，说冯淑妃想进地道玩玩。北齐士兵只好停止行动等待冯淑妃前来观赏，结果冯淑妃一番打扮，花了整整一个时辰，北周守军早已利用这些时间建好了新的防守设施，周武帝也率领8万援军赶到晋州城外。但此时，依然是北齐兵力占优势，齐军将领指挥士兵向周军发动攻击，周军拼死抵抗，两军相持不下。这时，高纬又带着冯淑妃骑马来到大军之后观看战斗。忽然，冯淑妃看到有北齐将士后退了一些，忙对高纬说："我们败了，快逃命吧！"他们身边的奸臣也推波助澜地说："情况不妙，皇上快走吧。"大将奚长拉住高纬的马说："进退乃是兵家常事，陛下应该留下来督战，若是陛下马蹄一动，便会影响军心，不可收拾！"可是高纬不听，生怕自己和爱妃受到伤害，驱马便向北方逃去。北齐将士正在拼死抵抗，忽然看到自己的皇帝仓皇逃命，以为大势已去，顿时军心涣散。此次大败以后，北齐再也无法与北周抗衡，不久就被灭了，高纬做了俘虏，6个月之后，北齐皇族都被周武帝找借口处死了。

高纬昏庸无道，将战争大事当作取悦爱妃的乐事，终于亡国身死，步了周幽王的后尘。所以说："兵者，国之大事，死生之地，存亡之道，不可不察也!"战争不仅决定着参战将士的生死,也决定着国家的兴灭存亡,任何一个统治者都不可对其掉以轻心,更不能将其视为玩乐。

其实,这一点可以引申到生活之中的很多事上。作为普通人,我们当然不会发动战争,也没有能力决策战争,但在自己的生活之中有很多关系到自己未来命运的大事。对于这些事,谨慎对待,就不会在以后感到悔恨,如果抱着游戏人生的态度,不加思考就做出选择,以后很可能会后悔终生。所以,当我们面对任何一个重大选择的时候,都要慎之又慎,告诉自己,这是件关乎未来的大事,"不可不察也"!

原　文

> 故经①之以五事,校②之以计③而索其情④:一曰道,二曰天,三曰地,四曰将,五曰法。道者,令民与上同意也,故可以与之死,可以与之生,而不畏危。天者,阴阳、寒暑、时制也。地者,远近、险易、广狭、死生也。将者,智、信、仁、勇、严也。法者,曲制⑤、官道⑥、主用⑦也。

注　释

①经:度量、衡量。

②校:衡量,比较。

③计:计谋、策略。

④情:情势。

⑤曲制:有关军队组织、编制等制度。

⑥官道:各级将吏的管理制度。

⑦主用:各类军需物资的后勤保障制度。

译　文

因此,要通过对敌我双方五个方面的情况进行综合比较,来探讨战争胜负的情形：一是"道"，二是"天"，三是"地"，四是"将"，五是"法"。道，就是要让民众和君主的意愿一致，这样在战争之时，民众才会同君主同生共死，不畏危险。天，就是指昼夜、晴雨、寒冷、炎热、时节的变化。地，就是指高陵洼地、路途远近、险隘平坦、进退方便等条件。将，就是将领是否具备智慧、诚信、仁爱、勇猛、严明等素质。法，军队组织、将吏管理、后勤保障等制度。

经典解读

孙子在这里提出了关乎战争胜败的五种因素：道、天、地、将、法。

道，就是使民众和君主意愿相同，可以同生共死，同进同退。其实，就是"道义"，即孟子所说的"得道者多助，失道者寡助"。遵守道义，天下人都会归服，谁又能同他争斗呢？没有道义，连亲戚都会背叛，他又能与谁争斗？道，包括很多方面，《素书》中说："道、德、仁、义、礼，五者，一体也。"他指出，道还包括人们常说的德、仁、义、礼等方面。要想"得道"，行事就要遵守自然社会规律，不拂逆人性，实行仁政，爱惜百姓，坚持信义，遵守礼仪……

天，就是天时节气。在行军作战之中，天时对于战争结果有很大影响，"诸葛亮借东风"的故事就是典型例子。"东风不与周郎便，铜雀春深锁二乔"，如果没有合宜的天时，即使诸葛亮、周瑜，计谋超群也很难以弱胜强。注重天时，其实是对影响事情结果的那些不可控因素的考虑，只有计谋周全，将这些因素全部考虑到，才能将事情做好，如果粗心大意，忽略了大的环境，很容易给自己造成意想不到的损失。

地，就是地利。善用地利就容易在战争中取得意想不到的效果，比如，白起利用地势，围困赵括；韩信背水一战，以弱胜强；黄忠居高临下，杀死夏侯渊……地势和天时，都是自然因素，但天时古时难以准确推测，而地利则是能够准确掌握的，孟子说："天时不如地利"，也就是说好好掌控那些容易把握的因素，往往比运用那些不易掌控的因素更加有利。在任何工作之中都要善于利用那些有利的客观条件，这经常会让你事半功倍。

将，即将领。将领是战争的指挥者，一个将领是否优秀直接关系到战争的胜负，所以，作为君主对于将领不可不谨慎考察，慎重选择。孙子指出，一个优秀的将领要具有智、信、仁、勇、严等品质，曹操将其称为为将的"五德"，这五德缺失了任意一条都不能称为良将。作为一个将领，一定要深刻反省，尽量使自己做到了这五点，这样才能在战场之中，因为自己的指挥，取得战争的胜利。

法，就是军队中的各种法令、制度。法令完备，人人行事有规则，这样的军队才有战斗力，法令混乱、军容不整，这样的军队一定一触即溃。作为君主必须以身作则，不要因为宠幸某人而任其败坏军法；作为将领一定要严格执行军法，这样才能树立自己的威严；作为士兵一定要敬畏军法，不要因为懈怠轻佻，而招来杀身之祸。

哲理引申

得道者胜

很多人以为军队人数众多、将领强悍就能获得战争胜利，所以当他们拥有了这些因素，便轻视敌人，轻易发动战争，结果往往以失败而告终。事实证明："道"，即上下一心、人民归服，是战争取得胜利的最重要原因。所以孟子才会说："域民不以封疆之界，固国不以山溪之险，威天下不以兵革之利。得道者多助，失道者寡助。寡助之至，亲戚畔之。多助之至，天下顺之。以天下之所顺，攻亲戚之所畔，故君子有不战，战必胜矣。"

战国初期，一次魏武侯和大臣们乘船巡视西河郡，看到黄河两岸地势险峻、山川壮丽，不禁感慨道："河山如此险峻，国家真是固若金汤啊！"大臣们听了都称赞附和道："这就是魏国强大的原因啊，如果您再修明政治，那么我们魏国称霸天下的日子就不远了！"陪同在一边的吴起听了他们的话，说道："国君的话是亡国之言，而大臣们又从旁附和，危险就更近了。"魏武侯听了脸色大变，对吴起说："您这话是什么道理？"

吴起回答道："山河之险是不足以依靠的，历来霸业从来就不是从山河之险中得来。过去三苗居住的地方，左有彭蠡湖，右有洞庭湖，岐山遮覆在背面，衡山佑护在前面。但是他们政事混乱，结果遭到大禹的流放。夏桀的国家，左面是天门山，右边是天溪山，背面有庐山、峄山，南面有伊水、洛水。有这样的天险，夏桀却荒淫无道，结果被商汤所击败。殷纣王的国家，左面有孟门山，右边有漳水、滏水，面对黄河，背靠高山，地势险要，但荒废国政，不行道义，结果被周武王讨伐。就是我们魏国攻占的那些城池，它们的城墙并不是不高，兵力并不是不多，然而却被我们攻破，还不是因为政治腐败的缘故吗？由此看来，依靠山河险固怎么能够成就霸业呢？"魏武侯听了，对吴起的观点十分赞赏，感慨说："我今天才知道自己的浅陋，有幸终于听到了圣人的言论，河西政事就都委托给您了！"

吴起在河西守地进行变法，善待人民，与士卒同乐，屡次击败秦军，与诸侯大战数十场，从无败绩，使魏国威震诸侯。

君主贤明，国家有道，天下人都会归心于此，别人想要侵犯这样的国家，就像带领百姓攻打自己的家园一样，怎么可能成功呢？有道的君主，讨伐无道之国，那些抵抗的士兵，盼望明君就像盼望自己的父母一样，如何会与他对抗呢？所以，商汤征讨夏桀的时候，天下生活在水深火热之中百姓无不盼望他早点到来，说："企盼我的君王，我的君王到来了，我们就会复苏过来！"周武王讨伐殷纣的时候，殷商抵抗的军队看到了周军纷纷倒戈，为他们开路反攻纣王。

楚国将领临武君曾经与荀子在赵孝成王面前讨论兵事。孝成王问："请问兵事的关键在于何处？"

临武君说："上得天时，下得地利，察看敌人的动作，后发先至，这就是用兵的要术。"

荀子说："不是这样！我听说古代圣贤之道，用兵之本在于使民众和自己团结一致。弓矢不协调，后羿不能射中目标，马匹不协调，造父不能远行驰骋；士人百姓不亲附，即使商汤、周武也不能战胜。所以善于亲附人民的人，才是善于用兵的人。用兵的要点就在于亲附百姓罢了！"

临武君只能看到战争的表面，而荀子却看到了战争的实质，他才是真正懂得用兵之人。行军用兵，最重要的就是得道，"得民心者得天下"，自古以来皆是如此。从古时汤武胜桀纣，到近代的"小米加步枪"，打败了"飞机加坦克"，无不证实了这一点。

除了战争，在日常生活的各种活动中，无论做什么事都要注意"得道者必胜，失道者必败"这个规律。在做一件事之前，首先要考虑的不是自己拥有多少力量，占了多少天时、地利，而是要反思一下，自己这样做是不是合乎道义，自己的行为是否符合原则，是否能够得到人们的认可、支持。

谋事不可违背道义

胜负之本在于道义，所以智者在谋划事情之前最先考虑的便是"是否符合道义"，一定要求得名正言顺才能举事，如果不符合道义，即使有再大的利益诱惑，也断然不能妄为。古今有很多人就是在行事之时只看到利益，却看不到道义，结果不仅利益没有得到，还落得个身败名裂的下场。

汉高祖刘邦建立汉朝以后，分封了很多同姓诸侯王来拱卫帝国。这些诸侯王镇守一方，手握重兵，可以自行收税、铸币、调动武装力量，很快就威胁到了中央集权。于是，在汉景帝的时候，由大臣晁错等推动，朝廷准备开始"削藩"。这样一来，诸侯王们和中央朝廷的矛盾就深化了，他们心中的不满也与日俱增。

吴王刘濞素来骄横，又与汉景帝有旧怨，所以准备发动叛乱谋反，他考虑到自己力量无法对抗中央，便派遣使节到处游说其他对削藩政策不满的诸侯王。楚王刘戊因为封地被削心生不满，得到吴王联络以后，立刻准备发动叛乱。他的国相张尚、太傅越夷吾劝谏他，说："拱卫朝廷是诸侯王的职责，如今政治清明，人民思定，发动叛乱是忤逆不道、残害人民的大过错，怎么能为了一点点小小的不满，就违背大道，行叛逆之举呢？"楚王不听，反而将他们二人杀害了。

吴王的使者又游说胶西王刘印，刘印手下的臣子劝说他道："诸侯的土地不到汉朝的十分之二，且做出叛逆的事会使太后忧心，这不是好主意！"但刘印被吴王瓜分天下的许诺所迷惑，对劝告充耳不闻，还派遣使者联络其他诸侯王。赵王刘遂也答应一起谋反，他的国相和内史反对叛乱，认为为了瓜分天下的诱惑而背叛君主、伤害百姓是天下最无道之事，不行则已，一旦参与一定不会有好下场。刘遂大怒，下令将国相和内史投进火里活活烧死。为了攻打朝廷，赵王甚至派遣使者联络匈奴，引匈奴骑兵南下进攻汉朝。

这些诸侯国发动叛变以后，果然大失民心，虽然他们势力强大，开始取得了一番进展，但很快就全部陷入众叛亲离、进退不得的窘境之中。胶东王、菑川王、济南王伏法被诛，赵王、胶西王、楚王畏罪自杀，最后吴王刘濞逃到东越，被东越王派人刺杀，传首汉廷。

汉朝这些诸侯王，只看到了叛乱的诸侯人数众多、力量强大，心中所想的都是盼着瓜分天下的大利，却不思忠君报国、坚守道义，轻易反叛朝廷，结果天下没有得到，脑袋都丢掉了，这便是行事背道的下场。历史上这样的事数不胜数，很多将领因为自己拥有强大的军力，便肆意妄为，行不道之事，以为万无一失，结果却天怒人怨、众叛亲离，最后以身败名裂而草草收场。比如，东汉的董卓、东晋的王敦、唐朝的安禄山、南宋的吴曦、明朝的宁王朱宸濠……他们自以为手握重权，占据地利便行悖逆之事，结果无不落个乱臣贼子的坏名声、遗臭万年。

现实生活中，每个人都想做些大事，令自己成为一个不平凡的人，但思求功绩、渴望名利的时候，切不可违背了道义。《菜根谭》中有句话："一念错，便觉百行皆非，防之当如渡海浮囊，勿容一针之罅漏。"道义之上，不容有半点疏漏，一旦违背，便如坠入无底深渊、跌进无边苦海，想要挽回就难了。

有个年轻人曾经受到公司老总的提拔，逐渐成为了公司副总。在掌握大权以后，他觉得自己付出这么多，却还在为别人打工，心理很不平衡，就逐渐安排亲信在重要的位置之上，在一个关键的时刻，他背叛了曾经提拔自己的恩人，带走了公司的大批骨干，并利用老总对他的信任窃取了大量资产，成立了自己的公司。

他自以为考虑周全，行事利落，可以高枕无忧了。却没有想到，他违背道义的事情在圈子里传开，没有一个人愿意与他合作，他的公司经营惨淡，那些和他一起离开的人，很快就离开了他，同时也像他欺骗别人一样欺骗了他。公司破产，没有人愿意接纳他，只好离开本地，去了没人认识他的地方。

不讲道义的人，不仅不会取得成功，连在社会之上立足都不可能，所以，在考虑事情能否成功的时候，最先要考虑的是自己的行为是否符合道义。不符合道义的事，即使能够暂时取得成功，也不要做，"人无道，不能立于世"，没有了立足于世的根本，再多的好处又有什么用呢？

善于观察天时

天时有大有小，大者即四时寒暑、节气变化，这时顺应天时是爱民的表现。在古代农业为主的社会中，天时影响到农民耕作、收成，所以《司马法》上说："冬夏不兴师，所以兼爱民也。"圣明的统治者参与战争的目的就是为了惠利百姓、保护百姓，所以他们不会因为战争而令百姓违背农时，使他们遭到饥馑之苦，这样才能得到人民的拥护。

作为领导者，在现实生活中要想得到广泛的支持，也必须考虑到行事是否"合时宜"。如果别人都想着休息的时候，你偏偏举行什么活动；如果别人正是有事的时候，你却要开展什么运动……这样做多了，一定会引起下属的普遍反感。

有一个领导，做事认真，对工作充满激情，但在下属的口中，他却总是受到抱怨。原来，这个领导虽然对下属不错，却经常做些违时的决定。有时工作很忙，大家都很累了，希望周末休息一下，领导却忽然提议要组织个郊游活动，协调一下大家感情，下属们不愿拂逆了领导的好意，只得硬着头皮参加，郊游虽然快乐，但每个人都不能尽兴。有一次，部门要举行一场运动会，这位领导觉得当时天气正好，立刻将运动时间定在了周末。却不知道，部门有很多人家在农村，当时正是收秋季节，人人都忙着农活，哪有时间参加运动会，可上级又要来检查，这下可苦了下属，结果运动会草草结束，人人都心不在焉，又耽误了农活，背后无不埋怨这个领导"四体不勤，不懂农时"。

领导者在决策的时候，一定要考虑到"天时"，不要总是做一些劳累下属的事情，这样才不会引起下属的反感。

暂时的天气变化，这在古代很难被人所掌握，往往对战争胜负起到关键性的作用。比如赤壁之战时，曹操采用连环计将战船连结在一起，作为一个出色的谋略家，他并非没有想到遭受火攻的危险，但他看到当时江面上刮的都是西北风，如果东吴放火，不仅不会烧到魏军，还会烧到自己，所以放松了警惕。但周瑜、诸葛亮等人却明白当地的气候，每到初冬时节，江面上就会兴起一段时间的东南风，所以果断采取火攻之，取得了赤壁之战的胜利。近代历史上，拿破仑入侵俄国之时，开始势如破竹，一举攻到了俄国首都莫斯科城下，但他们却对俄国寒冷的气候缺乏了解，结果严寒到来，法军缺衣少食，战斗力大打折扣，又到处被袭击，几十万大军葬送在茫茫雪原之上，曾称霸欧洲的拿破仑也自此走向了衰亡。

古人讲究重视天时，其实就是对影响事情结果的那种巨大、难以准确预测的因素加以考虑。功业难成而易败，时机多变而无常，只有将所有的变化因素都考虑进去，才不会忽然面临变动而手足无措，导致计划的失败。对于农民耕种来说，气候变化就是天时；对于工业生产来说，市场变化就是天时；对于投资、炒股等活动来说，政策变化等因素就是天时……

历史上那些成功的人和企业，除了本身优秀的素质以外，善于把握时机、顺应潮流是他们能够取得成功的关键。古人云："虽有智慧，不如乘势；虽有镃基，不如待时。"无论做什么事，一定要站在更高的角度上，对大环境进行预测，不要"天时"变了还茫然不知，只盯着眼前的利益，打自己的小算盘是不会成就大的功业的。

"法"是成功的保障

军队中的"法"，就是部署队伍有分划，金鼓旌旗有节制，将校等级合理清楚，行军、退却有条不紊，总的来说就是法令鲜明、完备。一支队伍只有法令完备，才能称得上是军队，否则就是一群乌合之众，进退行止都没有节制，又何来战斗力？又怎么能在战场之上取得胜利呢？

东汉末年，爆发了轰轰烈烈的黄巾起义，各地黄巾军蜂拥而起，起义军多达数十万。但这些起义军，仅有一个松散的组织形式，他们只是出于对张角等人的个人崇拜和对朝廷无道的怨恨而进行反抗。其中的成员多出于流民、山贼，没有受过正规的军事训练，将领们也没有基本的军事素质，所以虽然声势浩大，战斗力却非常低下，各部之间没有配合，很快就被朝廷军队镇压了。反观，那些取得成功的起义领袖，如刘秀、朱元璋等，无不法令完备、组织严明。

朱元璋在创业初期十分艰难，他询问身边的大臣："汉高祖刘邦为何能取得天下？"谋士刘伯温回答说："刘邦军纪完备，如咸阳时约法三章，得到了天下民心。"朱元璋听了以后，便晓谕全军："军队所到之处不可骚扰百姓，攻州占郡不可滥杀无辜，胜利之后不可抢掠财物，进入城市不可毁坏房屋，不要破坏农具，不要抢掠耕牛，拿取百姓财物必须付给钱财，可不仗势勒索……"正是因为这些具体而完备的军法，令朱元璋的军队和其他起义军截然不同，逐渐得到了百姓的深深拥护。

取得一点成功之后，朱元璋更加体会到了加强法令建设的重要性。他立刻召集谋臣、将领，制定了一部更加完备的军法，让人在军队中宣谕，士兵听了种种刑罚以后，无不心服，没有敢胡作非为的。对有些倚仗权势而犯法的将士，朱元璋毫不手软，一定要按照律法给予惩罚。大将胡大海有赫赫战功，但他的儿子在军中故意违反军令，依律当斩，当时胡大海正在外带兵作战，有人建议朱元璋不要杀他，以免胡大海恼怒造反。朱元璋说："宁可使大海叛我，不可使我法不行。"竟亲自将胡大海的儿子处死。

国家刚刚平定以后，朱元璋最先做的事，便是下令有关人员编制一本有关法律的书——《大诰》，不久又迅速制定了更加严密的法律条文，即《大明律》。为了普及法律，朱元璋下令让每个县学学生都要备有一本《大明律》，以熟知国家的法令条文。正是因为朱元璋如此重视法令，所以在他当政的时候，国家社会安定，政治清明，经济繁荣，是古代历史上少有的吏治清廉时代。

"无规矩不成方圆"，国家没有法律则不能正常运行，军队没有法令则不能打胜仗，任何事情失去了规律的约束都不能成功。所以在管理一件事情的时候，最重要的是给它制定一份规矩，让所有与之相关的人有章可依、有道可循，这样事情才能按着你的要求，顺利地进展下去。

　　社会是不同人的集合，人的目的和行事方式各不相同，这时如果没有规律可遵守，或是有规律不遵守，就会让整个社会陷入混乱，生活在其中的人都要受其戕害。刘邦建立国家以后，功臣们不懂礼节，整日在朝廷之上争吵不休，为此他苦恼不已。于是，叔孙通自荐为汉王制定朝仪，礼成之后，百官各得其位，井然有序。刘邦高兴地说："自己直到此时才感受到了做皇帝的乐趣。"其实，礼仪也是一种"法"，正是因为生活中有了这些形形色色的"法"，社会、国家、家庭各处才能运转自如。

　　"法"是万事有序、成功的保障，管理者必须加强对法制的重视，完备法制、严明法制；其他成员也需要加强对法制的认可，遵守法制，敬畏法制。

原　文

　　凡此五者，将莫不闻，知之者胜，不知者不胜。故校①之以计而索其情，曰：主孰有道？将孰有能？天地孰得？法令孰行？兵众孰强？士卒孰练？赏罚孰明？吾以此知胜负矣。

　　将听吾计，用之必胜，留之；将不听吾计，用之必败，去②之。

注　释

　　①校：比较。

　　②去：罢免、撤职。

译　文

　　凡属这五个方面的情况，将领都不能不知，充分了解这些情况的就能取胜，不了解这些情况作战就会失败。所以，通过比较双方的具体条件来探究战争胜负的情形，即：双方君主哪一方符合道义？双方将领哪一方更有才能？作战双方哪一方得到了天时地利？哪一方法令更加严明？

哪一方兵力更加强大？哪一方士卒训练精良？哪一方赏罚分明？通过这些分析比较，我就能够判断谁胜谁负了。

若将领听从我的意见，任用他作战就会取胜，就留用他；若将领不听我的意见，任用他作战就会失败，应该罢免他。

经典解读

以上所说的五个方面，人人都有听闻，但只有那些真正通晓其中情理变化的人才能运用它们从而取得战争的胜利。通过对这些方面的考察，便能了解一场战争是否会取得胜利，通过对将领在这些方面的取舍进行观察，便能了解该将领是否称职，是否能够带领军队取得胜利。

将领是战争胜利的重要因素，因此统治者要根据他们是否称职、是否有真才实学来进行取舍，而不能因为关系的亲疏、资历的新旧来选择。

哲理引申

深明事理 随时变通

道、天、地、将、法，对于战争胜利的重要性，人人都懂得，但能够真正掌握的人却不多。曹操在注《孙子兵法》时说："同闻五者，将知其变极，则胜也。"张预也说："以上五事，人人同闻，但身晓变极之理则胜，不然则败。"所以说，能够称为名将的标准并非是读过多少兵法，而是能够掌握其中的玄妙道理。像赵括那样夸夸其谈，谁也难不倒的人，一旦上了战场就中计兵败的人，无论如何也是不能称为名将的。

西汉名将霍去病，连续大破匈奴，直取祁连山，俘获匈奴贵族无数，漠北之战中，他率军北进两千多里，歼敌数万人，封狼居胥，大捷而归。可这样的一个名将竟然从来不读兵法，汉武帝曾经私下里和他交谈，要教授他兵法，霍去病说："为将须随时运谋，何必拘泥于兵法。"

西楚霸王项羽同样如此，年轻的时候，叔父项梁教他兵法，他只学了一个大概，便不再深入研究。可是后来在用兵之时，他却能够百战百胜，击败秦军名将王离、章邯等，更在彭城以三万骑兵，击破刘邦五十多万大军。

项羽、霍去病没有精读兵法，却战无不胜，就是因为他们知道，书本上的兵法是死知识，能够灵活运用其中的道理才是真正的良将。一个只知道照搬兵法的将领，只能称为庸才，只会给军队带来失败。

楚汉相争之时，刘邦派遣韩信带领军队进攻赵国。当时韩信只有数万人，而赵国则有二十余万人，又是以逸待劳，所以赵国主将陈馀信心十足，认为击败韩信轻而易举。将领李左车建议陈馀说，汉军千里匮粮，士卒饥疲，且井陉谷窄沟长，车马不能并行，宜守不宜攻。只要自己带兵三万，从间道出其后，断绝汉军粮草，其余赵军严守城池，无须出战，韩信自然可破。陈馀却称："兵法上讲，十则围之，五则攻之。韩信号称数万，不过几千人，士兵疲惫，我们若避而不击，诸侯一定会认为我们胆怯，会轻易地攻打我们。"

韩信迫近赵军以后，吩咐军队背水扎营，赵军看到了都大笑不已，说："这个韩信根本不懂兵法，明日一战一定擒获他！"第二天，赵军倾巢出动，进攻韩信，汉军背对河水，没有退路无不拼死抵抗，赵军不能取胜，想要退却，却发现城中都竖起了汉军旗帜，于是发生大溃败，韩信趁机指挥军队进攻，杀死了陈馀，俘虏了赵王、李左车等人。

战后众人都疑惑不解，问韩信："兵法上说，布阵应是'右背山陵，左对水泽'，如今将军却背水为阵，还说破赵军之后会餐，当时我们不服，然而取胜了，这是什么战术？"韩信笑着说："这也在兵法上，只是诸位没留心罢了。兵法上不是说'陷之死地而后生，置之亡地而后存'吗？我平素没有更多机会训练士卒，这就是所说的'赶着街市上的百姓去打仗'，在这种形势下不把他们置之死地，如果给他们留有生路，就都跑了，怎么还能用他们取胜呢？"众将听了，对韩信钦佩不已。

陈馀死搬兵法，结果兵败身死；而韩信却活用兵法，消灭了数倍于己的赵军。诸将都读兵法，却只读到了"右背山陵，左对水泽"的死教条；而韩信却能够灵活运用"置之死地而后生"的道理，所以能够成为千古名将。可见，良将在于能够灵活运用知识，而不是死记书本知识。

三国时，魏将徐晃、王平作为先锋，接受曹操的命令与蜀军对战。二人引军来到汉水岸边，徐晃命令前军渡水列阵。王平劝阻道："军若渡水，倘要急退，如之奈何？"徐晃说："昔韩信背水为阵，所谓置之死地而后生也！"王平对此坚决反对，认为自己和徐晃的才能不如韩信，而蜀军的诸葛亮、黄忠、赵云等却超过昔日的赵将，不能照搬前例。徐晃不听，吩咐王平领步军拒敌，自己带领骑兵进攻。于是，魏军搭起了浮桥，渡过汉水迎战蜀军。

面对徐晃的背水阵，蜀军按兵不动，魏军从早上挑战到黄昏，人疲马乏，只得撤退。正在他们向回撤退之时，蜀将黄忠、赵云忽然从两侧杀出，左右夹攻，魏军大败，兵士纷纷落入汉水，死伤无数，徐晃等人也险些做了俘虏。

知识是死的，人是活的；书上的文字是凝固的，但现实状况是随时变化的。人在学习的时候，要学习其中的规律、道理，而不是死知识、死方法；在使用的时候，要根据现实情况灵活运用，而不要照搬前人案例，更不能抱着书本教条不放。正如诗人陆游所说：纸上得来终觉浅，绝知此事要躬行。

法令严明

每个军队中都有完备的军法，但有的军队秩序井然、行止有序，有的军队则松懈怠惰、散漫无纪，造成这种状况的关键因素就在于军法是否能够得到贯彻施行，即法令贯彻是否严明。法令严格贯彻下去，才会发挥其规范将士的效力，否则再完备的法律也是一纸空文，毫无用处。

作为一个将领，首先应该自己带头遵守法令、维护法令，这样属下才会按照法令行事；如果将领自己破坏法令，或对那些破坏法令的权贵、亲信视而不见，别人也会不将法令放在眼中，这样的将领是不可能带领军队取得胜利的。

孙武在吴国时认识了伍子胥，伍子胥将孙武所著的兵法呈给吴王阖闾，吴王见了不禁拍案叫奇。此时，阖闾正在谋划攻打楚国，但缺乏优秀将领，他见孙武兵法写得好，便想任其为将，于是召见孙武。可见到孙武以后，吴王有点失望了，他认为孙武只是一个年轻书生，看上去并没有什么战争经验，只怕是个夸夸其谈之辈吧。于是他打算试试孙武。

吴王对孙武说："您写的兵法我都看过了，挺不错的，但您能现场展示一下如何训练军队，让我瞧瞧吗？"孙武说："可以。"吴王说："我这里没有新的士卒，用女人可以吗？"孙武答道："当然可以。"

吴王于是在宫中挑选了一百八十个宫女，将她们交给孙武。孙武将她们分成两队，任命吴王宠幸的两个妃子担任左右队长，并将侍卫所用的长戟交给她们，而后问："你们都知道前后左右吗？"宫女们回答："知道。"孙武于是教导道："既然如此，那我喊'前'，你们就前行；我喊'左'，你们就向左转；我喊'右'，你们就向右转；我喊'后'，你们就向后转。明白了吗？"宫女们齐声回答："明白了！"

孙武站到台阶之上，又三令五申一番，而后击鼓号令道："右！"可是，宫女们没一个动的，孙武愣了一下，又下了一遍命令，宫女们还是不动，反而看着孙武哈哈大笑起来。

等到宫女们笑完，孙武再一次宣布道："约束不明，申令不熟，是为将者的责任。"于是再次从头重申法令。之后，返回台阶上，击鼓号令："左！"

宫女们看着这个人一副认真的样子，哄然大笑起来，甚至弯下腰丢掉了长戟。孙武等她们笑完，严肃地说："申令不明，错在将领；申令严明以后，再次违犯军纪，错在士兵，现在我要惩罚两队的领队。"孙武举起令牌，对身边的士卒说："故意藐视军法，带头违背命令，推出去斩了！"

两名队长看到孙武来真的要斩自己，才慌了神，连忙跪下求饶。吴王坐在高台之上，见爱妃有难，也大惊失色，忙叫人转告孙武说："寡人已经知道将军真的能训练军队了。要是没有了这两个宠妃，我实在是食不甘味。希望您能看在寡人的面子上，饶过她们吧！"

"为将者，既受君命，行使军令，就应该严格执行！今日乱了军法，到了战场之上谁还听从号令，陛下难道不想成就称霸天下的大业了吗？"说完，孙武催促执法士卒将左、右两名队长拉出去斩首，又任命了两名新队长。吴王也只好无奈地挥挥手。

这一下，所有人都被震动了，训练场上的宫女更是胆战心惊，再也不敢轻视命令，随着孙武的口令前后进退、起跪转身，无不步调一致、协调得体。这时孙武对吴王说："军队已经练毕，只要如此训练，不久她们便可上战场作战了。"吴王虽然因痛失爱妃而不快，但也不得不佩服孙武的练兵能力。

军中法令关乎胜败，只有严格执行，将领指挥士兵才能如运行手足，法令不行，就如人患了中风一样，自己都控制不了自己，又如何与别人争斗呢。《素书》中说："令与心乖者废，后令缪前者毁。"制定了法令却带头违背，或是法令无常随意变动，这就会使有法变成无法，战争必然不能胜利。

古代那些百胜名将无不执法如山，从不徇私枉法：司马穰苴坚持杀死齐景公宠臣庄贾，使军心大振，敌人不战而退；曹操割发代首，严明法纪，所以士卒人人儆戒，勇气倍增……现实中的管理者也应该像那些古代名将一样，严格执行法令，这样才能让组织机构实现真正的法治，使人人心服。

赏罚公正

"赏罚孰明",关系到全军的士气,也是战争取得胜利的主要因素。其实,不单单是战争,在管理国家、管理企业的方方面面,赏罚都是最应该重视的事情之一。赏赐代表一种认可、赞扬,刑罚代表一种否认、批评,有赏有罚才能让人们知道应该做什么,不应该做什么。赏罚公正严明,才能向善抑恶,使人有积极建功之志,而消除邪佞纵逸之思。赏罚不当,就会给人们错误的指导:赏赐了做错事的人,别人就会效仿他做错事;有人做了错事不受惩罚,做错事的人就会越来越多。因此,荀悦说:"赏不劝谓之止善,罚不惩谓之纵恶。"

赏罚公正,首先就要执行者坚持秉公行事,不可在赏罚之中夹杂自己的私人感情。《左传》曰:"为政者不赏私劳,不罚私怨。"即使是十分亲信的人,如果没有功劳,也不应给予赏赐;即使是有私怨的人,没有触犯律法,也不应该私自报复惩罚。没有功劳,而胡乱赏赐,得到赏赐的人就会骄傲恣肆,没有得到赏赐的人便会心生不平,再想管理这些人就不容易了。况且,无功得赏,人们建功之心就会懈怠;无罪受罚,人们就会人人自危,心生离叛之意。所以,《战国策》上说:"赏必加于有功,刑必断于有罪。"

有个老板,平时对手下人呼来喝去,下属们觉得他性格豪放,倒也没怎么放在心上。但时间长了,这个老板便觉得自己对别人这样是理所当然的,认为在公司之中自己就是法律,自己想怎么做就怎么做。

后来,公司来了一个新员工,这个员工特别会来事,很得老板的欢心,不久老板就将他提拔到了经理的位置之上。这时,那些同老板一起创业的老员工看到个个心中不满,相互抱怨道:"那个新来的,整天什么实事也不干,就知道察言观色,讨好老板。我们这些老兄弟,辛辛苦苦奋斗这么多年,还不如那个拍马屁的值钱,真是可悲啊!""原来我们这

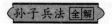

么多年为公司付出，在老板心中一点分量都没有，这儿不是个靠能力、靠做事的地方，真没什么前途！"……

不久以后，公司就掀起了离职的高潮，很多有技术、有实干精神的老员工纷纷离开，没了这些干实事的人，公司的业绩越来越差，很快就倒闭了。

管理者奖罚不当，就会让下属失望，人人离心，失败也就是不可避免的了。为了免除这种状况，任何赏罚都必须严格按照公正的原则进行。那样，人们才会看到，只要努力付出就一定得到回报，只要坚守正道就不会遭受惩罚，如此才能人人都积极向上，将精力用在做实事上。

赏罚公正，还要做到明察秋毫，不能被奸邪小人所蒙蔽。历史上也有很多君主，知道赏善罚恶，但他们往往或是自身昏庸，或是被奸臣所欺骗，自以为奖赏了好人，惩罚了恶徒，其实是排斥了忠良，纵容了奸佞。赏罚不仅不公正，还起到了相反的效果，导致人人都阿附奸佞，贪赃枉法。

战国初期，齐国虽然土地广大，但政治不明，经常被其他诸侯欺负。齐威王希望改变这种状况，于是他召见即墨大夫，对他说："自从你到即墨为官，每天都有指责你的话传来。但我派人去即墨察看，却是土地平整，百姓丰足，官府无事。于是我知道这是你不巴结朝中近臣的缘故。"便厚厚地赏赐了即墨大夫。之后，他又召见阿城大夫，对他说："自从你到阿城镇守，每天都有称赞你的好话传来。可是我派人前去察看，田地荒芜，百姓饥苦。当初赵国攻打鄄地，你不救援；卫国夺取薛陵，你装不知；于是我知道你用重金贿赂朝廷近臣以求替你说好话！"随即下令处死阿城大夫及替他说好话的左右近臣。

通过这一赏一罚，齐国群臣惊惧，再也不敢弄虚作假，各地守将无不尽心职守，很快齐国就成为天下最强盛的国家。

赏罚是管理者管理下属的重要工具，利用得好便能激起他们的建功立业之心，消除他们为非作歹之念，利用不好便会让他们心生不满，产生背叛之意，所以，无论大小，赏罚都必须谨慎执行，公正严明。

原　文

计利以听①，乃为之势②，以佐其外。势者，因利而制权③也。

注　释

①计利以听：以，通"已"。听，从，采纳。筹谋有利的作战计略已被采纳。

②势：形势，客观态势。

③制权：权，权变。制权，即采取应变行动。

译　文

筹谋有利的作战计略已经被采纳，还要造成一种客观态势，来作为外面的辅佐条件。所谓客观态势，就是凭借有利因素而采取应变措施。

经典解读

在做事的时候，要善于利用外部的客观条件，来为自己创造有利的态势。这种"造势"并非当今网络上常说的"宣传"、"炒作"，而是通过对客观条件的清晰认识，为自己营造出有利的空间环境。

《荀子·劝学》中说："登高而招，臂非加长也，而见者远；顺风而呼，声非加疾也，而闻者彰。"其实这就是利用了外势，利用外势只是登上高处，顺应风向，真正善于造势的人，不仅可以利用这些"势"，自己还能创出"高山""顺风"来。试想，一个人如果能有这种本领，那么他做什么事都会得到一个放大的效果，取得事半功倍的成效，胜利的概率也自然大大增加了。

哲理引申

善于造"势"

势，即外部的客观形势，既包括天时地利等自然之势，也包括人心士气等人性之势。唐朝名将李靖曾指出："兵有三势，将轻敌，士乐战，志励青云，气等飘然，谓之气势。关山狭路，羊肠狗门，一夫守之，千人不过，谓之地势。因敌怠慢，劳役饥渴，前营未合，后军半济，谓之因势。"势对于战争的胜负起着决定性的作用，比如《六韬·龙韬·奇兵第二十七》就说道："古之善战者，非能战于天上，非能战于地下，其成与败，皆由神势，得之者昌，失之者亡。"意为善战的将领并没有什么上天入地的奇技，只是善于利用神妙莫测的态势罢了，能够利用态势的人就会昌盛，不能利用态势的人就会败亡。

作为一个出色的将领，不仅能够顺势，还要能够造势。韩信，就是一个善于造势的人。在进攻赵国的过程之中，他背水列阵，将士兵置于死地，从而让他们奋勇抗击，这就是造出了"置之死地而后生"之势。然而，他更出色的造势，还在后面：

汉高祖四年（前203年），韩信伐齐，一举攻下齐国都城临淄。齐王田广狼狈逃到楚国，请求楚国发兵救援。项羽于是派遣手下头号猛将龙且带领精兵前去抗击韩信。

龙且有兵20万，与韩信在潍水对阵。龙且自恃勇猛，早前认识韩信，对他十分轻视，且屡次要找机会和韩信决战。齐国田广、田横等人深知韩信用兵如神，多次劝龙且坚守勿动，等待韩信粮食耗尽撤退之时，再进攻。龙且却想，如果听齐人的计谋取得胜利，我们也没什么功劳，若是亲自击败韩信，从此楚国便可以控制齐地。于是，他对田横等人说："韩信无勇，我定然一战将其擒获。"

韩信知道龙且勇猛善战，心中也有些担忧，看到眼前奔流的潍水他忽然心生一计。韩信表面上做出一副要渡河进攻的样子，却暗地里命令一队士卒秘密沿河而上，在上游用沙袋筑坝阻挡河流，积蓄河水。水坝筑好后，韩信便率领士兵主动渡河进攻齐楚联军，可是刚刚交战不久，他便下令撤退。龙且看到这种情况，哈哈大笑，说："我就知道韩信没有勇气！"于是，下令大军追击汉军。就在龙且部队渡河过半的时候，韩信命令上游士卒掘开堤坝，滚滚河水奔腾而下，将楚军冲走无数，并截为两半，楚军大乱。韩信趁机全力反攻，龙且虽然骁勇，也无法挽救败局，在乱军中被杀死。随即，韩信渡过潍水乘胜击败残余的敌军，活捉了齐王田广，平定了齐地。

很多将领都能利用河流的力量，采取水攻计策，而韩信却比他们更胜一筹，自己创造了洪水，人为地制造了有利的地势。其实，不仅自然地势可以创造，社会中的许多形势都可以创造。很多时候通过进行宣传、规划可以让自己处在更有利的舆论、道义地位上，从而消除忧患达到成功，这也是一种造势。

赤壁之战以后，孙权、周瑜想要谋害刘备，夺回荆州，于是想到了一个和亲的计策，说是要将孙权妹妹许配给刘备，准备将其骗入江东杀死。计谋被诸葛亮识破，但刘备又不能不去，于是诸葛亮就开展了一场声势浩大的"造势"活动。本来，孙权根本没打算真的嫁妹妹，只想将刘备骗来杀死，所有的事情都是瞒着母亲吴国太的。诸葛亮却让荆州随行士兵都披红挂彩、敲锣打鼓地前进，这样一来，东吴人人都知道吴侯要嫁妹妹了。诸葛亮还暗令赵云等人，大肆置办礼品，到处宣传吴蜀和亲的事，这样人人都认为两家联姻是确有其事了。

经过这种造势，一下子就给自己赢得了优势，而让孙权、周瑜等无法下手。两家联姻，你再逼迫人家归还荆州、杀害人家在道义上就说不过去；再者吴国太也听到这种话，孙权只能假戏真做，刘备成了真正的女婿，自然受到保护了。由于这种造势，周瑜诱杀刘备的计划破产，赔了夫人又折兵。

态势、条件、环境、时机等都可以称为势。造势，就是利用客观条件，在这些方面让自己处在更加有利的位置之上，这就像在骑车时忽然遇到一个下坡，在行船之时忽然召来一阵顺风一样。将领造势可以让战争更容易胜利，企业造势可以让产品更易被接受，谈判造势可以更容易说服对方，个人造势可以更容易获得声名……造势种类千千万万，每个人都应懂得如何造势，让自己获得前进的捷径。

气势决定成败

势，也包括双方的气势。战争之前，给自己的将士以必胜的勇气，在气势之上首先胜过对方的人往往能够取得胜利；那些未战之时，气势就衰落懈怠的军队，则总是会以失败收场。所以合格的将领一定要懂得如何营造气势鼓舞士气。

官渡之战的时候，袁绍势力要远远比曹操强大，曹操手下的将领大多十分畏惧，害怕战争。为了坚定他们的信念，曹操便召集群臣商讨如何对付袁绍。他的主要谋士荀彧、郭嘉力主战争，认为曹操必胜，袁绍必败。

荀彧首先指出：战争胜负不在于强大弱小，刘邦、项羽的存亡就是实例。袁绍这人貌似宽容而内心狭隘，任用人才却疑心太重，而曹操明正通达，唯才是举，在度量上胜过袁绍；袁绍遇事迟疑犹豫，少有决断，而曹操能决断大事，随机应变，在谋略上胜过袁绍；袁绍军纪不严，法令不能确立，曹操法令严明，赏罚必行，在用兵上胜过袁绍；袁绍爱好虚名，不识贤才，曹操则不求虚荣，谨严克己，在德行上胜过袁绍。凭借这四方面的优势才能辅佐天子，扶持正义，讨伐叛逆，袁绍即使再强大也没有用处。郭嘉接着说出了他的"十胜十败"：道胜、义胜、治胜、度胜、谋胜、德胜、仁胜、智胜、文胜、武胜。也就是说无论从哪一方面比，曹操一定胜利，袁绍一定失败。而后，曹操也信心十足地说，自己年少时羡慕袁绍，后来发现他名过其实，现在鄙视他浅薄无谋，如今战争一定将其击败。

其实，从官渡之战的险恶情况上看，曹操等人并没有必胜的把握，之所以在朝廷上那么说，与其说是探讨如何应付袁绍，更是一种对将领们的激励，营造一种曹军必胜的气势。正是这种气势，安定了将领们的心，使他们有了对抗袁绍的希望，从而最终取得了胜利。

只有先具备必胜的气势，才能在心理上压倒对手，才能在战争中取胜。战国时候，吴起面对十倍于己的秦军，开战前对士卒豪言道："众将士听从命令去和敌人战斗，无论车兵、骑兵和步兵，如果车兵不能缴获敌人的战车，骑兵不能俘获敌人的骑兵，步兵不能俘获敌人的步兵，即使打败敌人都不算有功。"魏军受到激励，士气大振，一举击溃了秦军。

拳王阿里，每次上比赛之前，都要不断地大叫："我是最棒的！我是最棒的！"有人采访他，谈及这个习惯，说："您每次都说'我是最棒的'，这不是有些过于自信了吗？"阿里反问道："一个自己都不相信自己是最棒的人，能够取得胜利吗？"他指出，正是因为自己每次开赛之前都营造出了一种必胜的态势，所以当和对手对决的时候，他已经相信自己胜利了，而事实往往真的这样。

要想以气势取胜，还要懂得如何消除军中的颓废之气，在困境之中鼓励士卒。比如，《三国演义》中所描述的曹操，即使打了败仗，他也能显出一副信心十足的姿态，让士兵们从统帅的身上看到希望。即使赤壁打败，狼狈撤退的时候，在遇到艰难险阻之时，还不忘哈哈大笑，嘲笑诸葛亮、周瑜智谋不足，没有断绝他的退路。

无论做什么事，气势都是能否取得成功的重要因素，所以要想获得成功，首先应该让自己拥有必胜的气势。

因利制权 随机应变

"势者，因利而制权也"，对于这句话，曹操的评注是："制由权也，权因事制也。"即要想取得优势，就得善于权变，而权变必须根据客观现实而来。根据客观现实而权变，也就是人们平常所说的随机应变。随机应变的功用是无穷的，不仅可以让人"得势"、"顺势"，还能改变一件事情的影响，将坏事变成好事，将缺陷变成长处。

刘邦自己与项羽相持，而派遣韩信攻略齐地。韩信果然不负众望，很快就平定了齐地，但此时刘邦却境况危机，粮道经常被楚军截断，屡次身处险境。刘邦于是将希望寄托在韩信身上，希望韩信前来救援。这时，韩信的使者来到军营之中，可是使者的言辞之中丝毫没有提到韩信要带兵来救，反而要求刘邦封韩信为假齐王。

刘邦心想：我在此身陷险境，你不来救我还向我讨要爵位！不禁破口大骂："什么？我困在这里日夜盼望他来救援，他不仅不来，竟然要我封他当假齐王！"这时，站在他身后的张良、陈平连忙一个踩他的左脚，一个踩他的右脚，附在他耳边说："汉方现在作战不利，如何能够禁止韩信做齐王呢？不如趁机立他，不然恐生变故。"刘邦觉得在理，立刻转口骂道："大丈夫平定诸侯，要做就做真王，做什么假王！"刘邦于是派遣张良持印信封韩信为齐王，让他起兵伐楚。

韩信受封以后，对刘邦感恩戴德，项羽多次派说客游说，劝他自立他都不从。后来，在攻灭项羽的战争中，韩信发挥了重大的作用。

可以说，正是刘邦善于随机应变，才没有将抱怨的情绪在使者面前表现出来，安定了韩信的心，保住了这个击败项羽的股肱之巨，否则天下鹿死谁手还不一定呢。

随机应变在战争之中是不可或缺的，比如曹操，在攻打徐州的刘备之时，采取急攻，速战速决，在未得到袁绍救援之前就消灭了刘备的势力；在攻打袁尚、袁谭之时又缓攻，等待他们同室操戈。根据不同的情况，采取不同的战术，才能出奇制胜，让敌人防不胜防。

在与人交往之中，随机应变同样能起到巨大的作用，够让自己的言语适合不同人的心理，从而满足他们的心理需求，使自己得到更多的收获。

一个小徒弟，跟着师傅学做木椅。他的第一个主顾是位中年商人，椅子做好以后，商人端详了半天，说："这把椅子做得怎么这么大啊！"小徒弟刚想上前分辩，师傅走过来，对商人笑道："先生，这是我们专门为您做的，它比别的大一点，恰好可以放在您的客厅之中，这样才显得大方得体，再说您心宽体胖，坐在宽松的椅子上会舒服些。"商人听了，觉得很有道理，将他们夸奖一番，拿走了椅子。

过了几天，来了一个年轻人。徒弟做好椅子之后，将它交到年轻人手中，年轻人看了看很不满意，说："这把椅子怎么看起来这么小啊！"小徒弟还没开口，旁边的师傅就走了过来，对年轻人说："这种小巧的椅子，是我们专门为年轻人设计的，体型是小一些，但放在房间里占的空间就小，再说小点能够显出主人干练、做事麻利的风格，不是吗？"年轻人听了，点点头，高兴地搬着椅子回去了。

又一天，来了一位老人，小徒弟心想：这次一定要将椅子做得毫无瑕疵，让主顾彻底满意。于是，他精益求精，足足做了几天，才将椅子做好。等到拿椅子的时候，老人还没有看到椅子，就抱怨："一把椅子让我等这么多天，哪有这样做活的！"小徒弟一时不知道如何说了，这时师傅笑着说道："慢工才能出细活，我一看您老就是一个品位较高的人，于是故意吩咐徒弟慢慢来，一定要做出精品，在质量、样式上都让您满意。"老者一听，再看椅子的确做得不错，立刻转怒为喜，高兴地回去了。

同样的特点，在客户眼中有毛病的椅子，但经过木工师傅的解释，便成了优点，让客户心满意足，这便是在与人交往时随时调整策略而达到的效果。

原　文

　　兵者，诡道①也。故能而示之不能，用而示之不用，近而示之远，远而示之近；利而诱之，乱而取之，实而备之，强而避之，怒而挠之②，卑而骄之，佚而劳之，亲而离之。攻其无备，出其不意。此兵家之胜，不可先传也。

注　释

　　①诡道：欺诈、多变的方式。

　　②怒而挠之：挠，干扰。即敌人愤怒了，就设法使其屈挠。

译　文

　　战争，是一种诡诈之术，所以能战时，要示敌以不能战；能用时，要示敌以不能用；拟取近道，反而示敌以走远路；拟走远路，反而示敌要取近道；敌人好利，就诱惑他们；敌人混乱就趁机攻击他们；敌人力量充实，就要谨慎防备；敌人力量强大，就要暂避锋芒；敌人愤怒了，就设法使其屈挠；敌人谦卑时，就要使他们骄傲；敌人安逸，就要使之疲劳；敌人团结一致，就要想法离间他们。攻打敌人没有防备之处，出击要在他们意料不到之时。这就是兵家制胜的秘诀，不可预先讲明。

经典解读

诡道制胜

　　曹操注解说："兵无常形，以诡诈为道。"行军打仗目的是战胜敌人，其中必然要采取诡诈的招数。

春秋之时，宋襄公想要争夺霸主之位，但旁边的郑国却支持楚国，于是他准备攻打郑国。公子目夷劝谏说："宋国是小国，小国去争取霸主之位，这就是祸患的根源。"宋襄公不听，率军进攻郑国。郑国向楚国求救，楚国军队进入宋国，宋襄公准备迎战。公子目夷又劝道："上天丢弃我们商朝后代已经很久了，您想复兴它，这是违背上天旨意，不能受到赦免。绝不可与楚军交战。"襄公不听，于是爆发了泓水之战。

宋襄公率军与楚成王在宋国泓水相遇，宋军已经列好了阵势，而楚军还在渡河，目夷说："楚军兵多，我军兵少，趁他们没有全部渡过河的时候，请君主下令攻击他们。"宋襄公摇摇头说："我争霸天下要靠仁义之师，怎么能趁人家渡河攻打呢？"楚军渡完河以后，还没有摆开阵势，目夷说："现在可以进攻了！"宋襄公依然摇摇头，说："等他们列好阵吧！我们是仁义之师。"

楚军列阵完成以后，立刻发动了进攻，宋军寡不敌众，大败而退，宋襄公也被箭射伤了大腿，宋国人都责怪宋襄公。宋襄公解释道："有仁德的君子不两次伤害敌人，不擒捉头发花白的敌人。古代的作战，不靠关塞险阻取胜。寡人虽然是殷商亡国的后裔，不攻击没有摆开阵势的敌人。"

目夷听了，叹息道："您还不知晓如何作战。强大的敌军，处于劣势，又还没摆好阵势，老天在帮助我们啊。一边使其受阻，一边擂鼓猛攻，不也可以吗？还有什么害怕的呢！当前强大的，都是我们的敌人的。即使是遇到了老态龙钟的对手，只要抓得到就要抓住他，为何还管什么头发是否白呢？使部下明白什么是耻辱，懂得奋勇杀敌，为的是重创敌人。敌人受了伤，只是还没有断气，为什么不能再去杀伤他们呢？如果不忍心对手再度受伤，就如同根本没有打伤他们；如果同情那些头发花白的敌人，就如同向他们投降。整个军队是要用来抓住战机取胜的，擂鼓鸣金是用来鼓舞士气的。只要抓住有利的战机，利用敌人处于劣势时是可以的。凭雄壮的声势来鼓舞起士兵的斗志，擂鼓进攻那些还没摆好阵势的敌人当然也是可以的。"

宋襄公坚持以"正道"用兵，结果他的仁义道德并没有感动对手，反而让自己的国家吃了大亏，自己的称霸的美梦也破灭了。战争本来就是以谋略取胜之事，不能讲什么仁义。

生活之中也是如此，有时也需要一些计谋。比如，在经商的时候，如果完全讲究坦荡荡，如实相告，把什么商业机密都告诉别人，就不可能取得成功；在管理别人的时候，什么事情都照直办，那就很难协调好各方面利益。

做人，不应该有邪心歪念，必须坚守仁义道德；行事，却不能死抱着常规，不懂变通。

示敌不能 一举克之

"能而示之不能，用而示之不用。"就是说，在能够做什么的时候，偏偏向敌人显示出自己不能做，故意示弱，让敌人麻痹大意，轻视自己，然后等待合适的时机，给其致命一击。

公元前 342 年，魏惠王为了吞并韩国，派遣太子申和大将庞涓统领 10 万精兵直扑韩国都城。韩国虽然顽强抵抗，但很快就被打败，退守城内，情势危急。韩王连忙派遣使者向齐国求救。齐国答应了韩国的请求，任命田穰为大将，孙膑为军师，领兵 5 万前去救援。

齐军采取了"围魏救赵"的策略，直接向魏国都城大梁进发，这条计策在几年前就让庞涓吃了大亏，他见齐国再次如此，不禁勃然大怒，索性放弃了韩国，带领所有部队追击齐军，准备将他们彻底消灭。魏国军队训练精良，人数又多，难以正面对抗，齐军只好撤退，但庞涓在后面紧追不舍。

孙膑于是献计说："魏军自认为强悍勇猛，天下无敌，一向不把我们齐军放在眼里，我们可以将计就计。兵书上常说，用百里速度急行军去追赶敌人，就会使部队前后无法接应，我军已深入魏国境内，可以故意示弱，让庞涓轻视我们，这样他一定会率领轻骑脱离大部队来追赶我们，那样我们就可以将敌人分开消灭了。"田忌觉得此话很有道理，于是采纳了孙膑的计谋。

庞涓率领大军一直跟在齐军的身后，开始的时候他发现齐军有十万人吃饭的炉灶，过了几天只剩下五万人的炉灶了，又过几天只剩下三万人的炉灶了。他哈哈大笑，对属下说："我就知道，齐军胆小怕事，看到我们回来就溃散逃跑了，这样的敌人不堪一击！"于是他丢下大部队，亲自率领五千轻骑，昼夜不停地向前追去，准备将齐军的残兵溃卒一举歼灭。

孙膑侦知这个消息，便令齐军在马陵地区设伏。马陵道路狭仄，地势险要，一般情况下，将领到此都会格外小心，但庞涓认为齐军已经是惊弓之鸟了，不用提防，依然前进追击。当他的军队进入埋伏圈以后，齐军忽然杀出，魏军一点防备都没有，被打得措手不及，庞涓为了避免被俘，拔剑自杀而死。

孙膑因为不断示弱，从而让庞涓产生轻敌之心，脱离大部队，冒险轻进，最后进入埋伏之内。可见在军事斗争之中，逞强好胜不一定能够取得胜利，善于隐藏实力显示自己的"不能"，才可笑到最后。只要善于利用，缺点、弱小也可以变成制胜的砝码。

北宋狄青统帅军队和西夏作战的时候，组建了一支新的军队——"万胜军"，因为军队是新建的，士兵训练较差，在作战的时候被西夏人连连打败，西夏人因此十分轻敌。一日，狄青将久经战阵的"虎翼军"调上战场，把"万胜军"的旗帜都配给他们，令其出战。西夏人看到旗子，以为又是一些新兵，不加提防，轻佻迎战，结果被"虎翼军"打得落花流水，几乎全军覆没。

可见，示敌以"不能"，可以让敌人放松警惕，从而给自己带来巨大的收获。

相传，成吉思汗在进攻花剌子模的时候，遇到一座非常坚固的城池，城墙又高又厚，但一个谋士发现城池能够轻易攻下，因为距离城池不远处有一条大河，只要引水灌城，城池必破。将领们立刻主张引河水灌城，将其攻下来，成吉思汗却笑着摇摇头。在后面的日子里，成吉思汗一面统帅大军攻打附近的城池，一面经常派小股部队进攻这个城池，但命令部队不要全力进攻，每次都要大败而回。

花剌子模人看到了这种状况，认为成吉思汗真的对这个城池无可奈何了，于是让对方将很多重要物资囤积在这座城中，很多重要人物的家人都安置在这个城里。就在他们以为万无一失的时候，成吉思汗的部队忽然将这座城池团团围住，同时引河水灌城，不到十天就将城攻了下来。这样一来，很多重要物资，一下子都落在了成吉思汗的手中，附近很多关隘守将的家人也都被俘获了。那些将领斗志顿失，纷纷投降。

成吉思汗本来能够轻易攻下那座城池，却故意让敌人认为自己攻不下来，将很多重要的人物和物资集中在那里，然后再一举攻下来，既俘获了大量重要的人和物，又让敌人心中无比的惊恐，可谓是一举多得。

要想战胜对手，首先不让对手摸清你。当对手自以为你不堪一击的时候，忽然出现的撒手锏会让他措手不及。"能而示之不能"，往往成为克敌制胜的关键。

攻其无备 出其不意

对于这两条，曹操注释道："击其懈怠，出其空虚。"战争之中，情势瞬息万变，双方谁能考虑得更加周全，在对方进攻的时候就能充分地防守，在对方出现疏忽的时候立刻抓住机会，谁就能够取得战争的胜利。然而，防守一方在战争中往往占据了地利优势，攻击一方又如何找出对方的疏漏之外呢？

疏漏往往出现在敌人最放心之时，缺口往往存在于对方最认为不可能遭到攻击的地方，能够跳出常规思维，敢于行别人不敢行之事，才能建立非常之功。

三国末期，司马昭派遣邓艾、钟会等讨伐蜀国，蜀将姜维出战不利，退守剑阁。剑阁素有"一夫当关，万夫莫开"之称，姜维凭险据守，纵使魏国兵强将盛，也无计可施。拖延日久，魏军粮草不济，钟会等准备退兵。

这是，邓艾上书说："如今贼寇大受挫折，应乘胜追击。可派精悍部队从阴平沿小路、经汉德阳亭，奔赴涪县，直接攻击敌人的心脏。姜维虽死守剑阁，但在这种情形下，他一定得引兵救援涪县。此时，大军便可乘虚而入。兵法说道：'攻其不备，出其不意。'今进攻其空虚之地，一定能打败敌人。"

于是，邓艾趁姜维被牵制在剑阁，率军从小路入蜀。小道险峻，魏军只能一边前进，一边凿山开路，修栈架桥，鱼贯而进。然而，前进了数百里，到处都是高山深谷，走到马阁山，道路断绝，粮草紧张，士卒心中都生出了畏惧退缩之意。邓艾见此，身先士卒，用毛毡裹身滚下山坡，士卒也纷纷跟随。

就这样，他们绕过重重关隘，直抵江油，出其不意地出现在了蜀国防守大军背后。面对这"天降奇兵"蜀国江油太守马邈惊恐万分，不战而降。蜀国连忙任命诸葛亮之子诸葛瞻为将，抵抗魏军。

邓艾派其子邓忠攻打诸葛瞻的右翼，司马师纂攻其左翼。邓忠、师纂失利，退回，对邓艾说："贼兵坚守牢固，很难击破。"邓艾大怒，说："生死存亡之际，全在此一举，还说什么可与不可！"大声叱责二将，并要将其斩首。二将策马奔回，挥军再战，邓艾也亲临督战，终大破蜀军，遂克绵竹，斩蜀将诸葛瞻及尚书张遵等人。

绵竹陷落以后，蜀军全线崩溃，邓艾直逼成都城下。后主刘禅惊恐失据，感到大势已去，只好派人送上皇帝印绶，请求投降。姜维等在前线的将领知道成都投降的消息以后，也只好向魏军请降。

邓艾趁两军相持之际，率领偏师奇兵，直接绕到蜀军背后，出现在敌人认为最安全的地方，彻底摧毁了蜀军的抵抗意志，创造了历史上著名的奇袭战例，这便是对"攻其无备，出其不意"最淋漓尽致的演绎。

在平时处理各种事务当中，大多数人都拘泥于平常的思维，按部就班地解决问题，但真正能够取得一番成就的人，是不会这样的。非常之功，往往来自于非常之为，能够在普通的事物上，想到别人想不到的地方，做到别人没有做的事情，为自己开启成功的大门。

"攻其无备，出其不意"，就是要做他人想不到的事，行他人没行过的路。成功者之所以成功，就在于他们敢于如此，而失败者之所以失败，就是他们从来不敢跳出常规，从来不敢挑战陌生事物。只有突破才能带来改变，只有创新才能迎来新生。成功并不遥远，只要你能做别人做不到的事情，就一定能创造辉煌的明天。

原　文

夫未战而庙算①胜者，得算多②也；未战而庙算不胜者，得算少也。多算胜，少算不胜，而况于无算乎！吾以此观之，胜负见矣。

注　释

①庙算：兴师作战之前，通常要在庙堂里商议谋划，分析战争的利害得失，制定作战方略。

②得算多：意为取得胜利的条件充分、众多。算，计数用的筹码，此处引申为取得胜利的条件。

译 文

未战之前就能预料取胜的，是因为筹划周密，得到胜利的条件众多；未开战而估计取胜把握小，是因为筹划不周，得到取胜的条件少。得到取胜条件多的就会胜利，得到取胜条件少的就会失败。何况一点条件也不具备的呢！我根据这些来观察战争，胜败也就清楚了。

经典解读

战争之前就对形势进行严密分析，找出己方的优势，并认为己方能够取胜的，胜利的把握就有十之八九了；战争开始之前，对形势进行分析，积极利用优势，避免缺陷，即使取胜的把握不多，依然有胜利的希望。如果轻视战前筹划，不考虑胜败因素，就轻易发动战争，这样去作战，不一败涂地才怪呢！

经典解读

预则立，不预则废

战争之前严密分析，牢牢把握战场之中的各种利弊因素，才能在作战之时顺应，或是创造有利于自己的态势，最终取得胜利。古人云："凡事预则立，不预则废。"成功者之所以能够脱颖而出，就是因为他们在做任何事之前都会进行缜密的分析，制定严格的计划。

若是做事之前，心中只有盲目的取胜欲望，却没有任何对客观条件的分析，那么在其后的行动之中，一定会时时受阻、处处碰壁，最终为盲目行动付出惨重的代价。有一位管理专家曾经对听课的学员说过这样一句话："无论做什么事，在开始行动之前，做好细致的计划，便是成功了一大半。不做计划的人只是消极地应付工作，他不是做工作，而是被工作摆布；那些善于做计划的人，却是有意识地支配工作，永远处于主动地位，所以他们的工作效率要比另一部分人更高，他们距离成功也更近。"

明正统十四年（1449），瓦剌首领也先因为向明朝政府邀赏未能如愿，因而发动了对明朝的攻击。由于准备不足，明军作战不利，瓦剌"兵锋甚锐，大同兵失利，塞外城堡，所至陷没"。前线失败的消息不断传到北京，明英宗朱祁镇在宦官王振的煽惑之下，产生了亲征之念。大臣们认为，瓦剌势头正强，皇帝不可亲赴险地，兵部尚书邝埜和侍郎于谦"力言六师不宜轻出"，吏部尚书王直率群臣上疏劝阻亲征。但英宗对战争的凶险毫不知情，又受到王振蛊惑，认为只要自己带领几十万大军一到，就可以轻易击退瓦剌的入侵，不仅比闷在宫中有趣，还可以在史书上留下美名。

于是，明英宗率领二十余万大军，浩浩荡荡地开出了北京城，向前线奔去。对于这样大的一场战争，明英宗丝毫不放在心上，他下令"一切军政事务皆由王振决定"，随行的文武大臣无法参预军政事务。大臣、将领们跟随着大军，却对前线情况毫不知情，来了紧急军报，王振也不及时下发，出了北京城，军队还没有清晰的部署，只知道一窝蜂似的向前线进发。

到了大同以后，也先主动北撤引诱明军，王振不懂任何谋略，看到敌人撤退，就以为是瓦剌害怕自己，要逃走，连忙命令前部轻举追击。带兵的成国公朱勇有勇无谋，冒险深入，被瓦剌围困全歼。

前军被全歼的消息传来以后，明英宗、王振惊慌失措，连忙命令大军撤退。就在此时，王振竟然又想出了一个"好主意"，让皇帝去自己家乡转一圈，那样自己可就威风了。对于王振的想法，大同总兵郭登和大学士曹鼐等人坚决反对。行进到了一半，王振忽然又想：如果大军前去家乡，踩坏了庄稼可怎么办啊，家乡父老还不得骂自己？算了，还是拐弯继续回北京吧！就这样明军十几万人既不上前抗敌，又不迅速脱离险地，反而在前沿阵地上绕起了圈子。

也先看到明军如此作战，知道对手统帅无方，可以战胜，便亲率大军追袭而来。王振派出了三万殿后的骑兵，但被折腾来、折腾去的明军早就丧失了斗志，三万人很快被杀掠殆尽。其余大部队，逃到居庸关外的土木堡，兵部尚书邝埜一再要求立刻驰入居庸关，以保证安全，但王振不准，反而下令在土木堡扎寨。

瓦剌大军到达以后，将土木堡团团围住，土木堡缺水，明军士兵惊惧万分，再加上饥渴难耐，士气低落。第二天，也先遣使诈和，并主动撤离，以麻痹明军。王振不知提防，下令军队到水源附近扎营，大军移动时，饥渴难忍的军士一哄而起，奔向河边，人马失序。此时，瓦剌军忽然杀回，趁机发动攻势。明军只得仓促应战，大臣多数被杀，明英宗也被瓦剌俘虏，护卫将军樊忠愤恨王振奸佞昏庸，将其一锤打死。经此一役，明军精锐士卒死伤十多万人，文武官员死伤无数。

明英宗任由宦官王振撺掇，轻易亲征，在出发前没有对战争进行谋划，以至于临敌生惧，仓忙逃撤。在撤军的时候，又任由王振胡来，随意更改行军路线，最终被瓦剌追上。交战之中，王振指挥无方，致使全军乱成一团，惨遭围歼……这一系列的失误，造成了土木堡惨剧，十几万将士丧生，大明帝国也险些遭到灭顶之灾，这就是庙算不足的后果。

宋人张预在注解此段时说："筹测深远，则其计所得多，故未战而先胜。谋虑浅近，则其计所得少，故未战而先负。"不单单战争如此，其他任何事都是一样的。做之前，进行深远的计划，才能发现种种有利的客观因素，做事时就能将优势牢牢攥在手中；反之，虑少谋浅，在做事的时候就会白白丧失很多有利机会，无法躲避本来可以免除的失误，想要做成就很难了。所以，无论干什么，都要先对它进行一番分析、策划，看看如何才能取得成功，如何才能避免错误，需要做什么准备工作……

祸莫大于轻敌

为什么人们有时候会进行严密的计划，有时却筹划不周呢？很大一部分原因，就在于人们对敌人的看法。面对强大的对手时，心存谨慎，计划就会更加细心；面对弱小的对手时，心生自负，计划就会粗疏，这样就导致了一个悖论——人们更容易战胜强大的对手，而在弱小的对手面前会马失前蹄。

在任何时候都不要轻视你的对手，正因为你的轻视，让他们变得更加难以战胜。轻敌，是与人抗争之中最大的祸患。特别是一些有能力的人，本来他们可以凭借自己的能力战胜对手，但就是因为轻敌，或是错过了胜利的机会，或是让对手抓住了自己的弱点，从而与胜利失之交臂。

汉高祖在击败项羽统一天下以后，分封了大量异姓诸侯王。但天下安定以后，他就对这些异姓诸侯产生了疑忌。韩王信本来被封在颍川一带，但刘邦认为颍川一带为天下腹地，是兵家必争的战略重地，一个异姓人在此为王一定会构成威胁，便以防御匈奴为名，将韩王信迁至太原一带。

太原一带接近边疆，经常有匈奴入侵，韩王信与匈奴交战，胜少败多。遇到了单于亲自率军进攻，更是无法抵抗，只能派遣使者向匈奴求和。但这种求和的行为，却引起了汉高祖刘邦的怀疑，他发书责备韩王信，暗示他与匈奴私通。韩王信惊惧万分，担心被诛，索性真的投靠了匈奴，并与匈奴单于约定共同进攻汉朝。而后，匈奴人在韩王信的带领下，进入雁门关，攻下了太原郡。

刘邦听到韩王信叛变的消息后，亲帅 32 万大军，带领陈平、周勃、樊哙、夏侯婴等将领，北上出征匈奴、镇压叛乱。刘邦所率领的都是久经战场的将士，将军也是楚汉相争中的名将，所以进展顺利，连连取胜。铜鞮一战，汉军大获全胜，使韩王信军队遭到重大伤亡，其部下大将王喜被杀，韩王信逃奔匈奴。不久，汉军又在晋阳、离石等地，多次打败了匈奴以及韩王信的残部。

在这一连串的胜利之下，刘邦产生了轻敌麻痹的思想，便想深入草原彻底击败匈奴。他派遣十几拨使者，前去侦察匈奴的虚实。匈奴单于冒顿看穿了刘邦的心意，便将其精锐士兵、肥壮牛马等隐藏起来，只显露出年老弱小的士兵和瘦弱的牲畜。使臣回来以后，都说匈奴只剩下老弱病残了，可以轻易击败。刘邦万分高兴，决意亲率大军彻底解决匈奴之患。

这时，另一个使臣娄敬回来，对刘邦说："两国交兵，这时该炫耀显示自己的长处才是。现在我去匈奴那里，只看到瘦弱的牲畜和老弱的士兵，这一定是故意显露自己的短处，而埋伏奇兵来争取胜利。我以为匈奴是不能攻打的。"刘邦不听，反而骂道："娄敬孬种！凭着两片嘴捞得官做，现在竟敢胡言乱语阻碍我的大军！"娄敬再次劝谏，要慎重考虑，得到的只是刘邦的更大不满，他下令将娄敬用镣铐锁起来，等大军击败匈奴再治理他。

刘邦害怕匈奴逃走，便率领部队快速前进追击，当他达到白登山后，忽然四面八方都冒出了匈奴的部队。原来匈奴单于冒顿召集了40万人马，早就在此设下埋伏，只等着汉军入瓮呢。刘邦因为轻视敌军，而被匈奴团团围住。白登山上，汉军内无粮草，外无援军，形势万分危急。刘邦组织多次突围，经过几次激烈战斗，也没能突围出去，多亏手下都是久经战斗的精锐士卒，面对敌人包围，没有产生混乱。匈奴也发动了猛烈攻击，但无法将汉军冲散，双方都损失惨重。

此时，正值隆冬季节，北方严寒难耐，汉军士兵不习惯这种气候，冻伤很多人，冻掉手指的就有十之二三。汉军被围七天，饥寒交迫，多亏陈平献了一道计策，令使臣趁雾下山，将很多金银财宝贿赂给单于的阏氏。单于对阏氏十分宠信，听从了放过汉军的话，同时因为没有等到韩王信的部下，于是下令打开包围圈的一角，让汉军撤出，汉高祖刘邦才逃过了一场灭顶之灾。

刘邦回来以后，立刻杀死了那十几个前去视察匈奴的使臣，同时对反对轻率进攻的娄敬给予重重赏赐。

永远不要轻视任何对手，永远不要对任何一场战争掉以轻心。轻视对手等于自掘坟墓、自取灭亡。即使你占尽优势，也要在行动之前进行详细的考察、计划，做到知己知彼。

骄傲使人得意忘形，盲目的自信后面紧紧跟着惨痛的失败。轻敌的人，容易忽略竞争之中的细节，而这种细节正是制胜克敌的关键。一个人太过于骄傲，不把其他人放在眼里，认为自己可以轻而易举地赢得胜利，这种心态就是他最大的致命伤。只有重视对手，善于在竞赛之前仔细谋划的人，才能免除骄兵必败的危险，对事态的发展有一个客观准确的认识，最终获得成功。

作战篇

孙子曰：凡用兵之法，驰车千驷①，革车千乘②，带甲③十万，千里馈粮④，则内外之费，宾客之用⑤，胶漆之材⑥，车甲之奉⑦，日费千金，然后十万之师举⑧矣。

注　释

①驰车千驷：战车千辆。驰，奔驰，驱驰，驰车，指快速轻便的战车；驷，古代四马拉一车称为一驷。

②革车千乘：革车，用皮革缝制的篷车，多用于运载粮秣、军械等物资。用于运载粮草和军需物资的辎重车千辆。

③带甲：穿戴盔甲的士兵，指军队。

④馈粮：运送粮食。

⑤宾客之用：与各诸侯国使节往来的费用。

⑥胶漆之材：张预注曰："胶漆者，修饰器械之物也。"谓制造与维修弓矢等作器械的物资。

⑦车甲之奉：张预注："车甲者，膏辖金革之类也。"此句意为千里行军车甲修缮的花费。

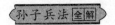

⑧举：出动。

译　文

孙子说：要兴兵作战，需做的物资准备有，轻车千辆，重车千辆，全副武装的士兵十万，并向千里之外运送粮食。那么前后方的军内外开支，招待使节、策士的用度，用于武器维修的胶漆等材料费用，保养战车、甲胄的支出等，每天要消耗千金。按照这样的标准准备之后，十万大军才可出发上战场。

经典解读

"兵马未动，粮草先行"，行军作战，必须有充足的后勤保障。战士能够吃饱肚子才能战胜敌人，粮草都不足，用不着敌人进攻，军队自己就会溃败。所以，在发动战争之前，决策者一定要谨慎考虑后勤供应问题，确保自己一方能够为军队提供足够的钱粮供应。

战争拼的不仅仅是人，更是钱财和国力。国力强大才能禁得起消耗，最终坚持下去战胜敌人。经济因素引导着战争，也决定着战争的结果，决策者在准备发动一场战争的时候，就应该好好思量成本和收益是否值得发动战争，确保自己不要被拖进战争的泥潭无法抽身，甚至因为战争而导致更大的灾难。

哲理引申

后勤保障是战胜的关键

楚汉相争的时候，项羽多次将刘邦打得落花流水，可刘邦总能收拾残兵败将，再次崛起；项羽虽然兵威强盛，却不能再进一步，将刘邦彻底消灭，最后竟然一败涂地，落得个自刎乌江的下场。为什么双方在失败之后的表现如此不同呢？这就不得不提到一个人——萧何，正是萧何的运筹让刘邦在屡次战败后都能重新站起来继续对抗项羽。

　　萧何没有张良那样的智谋，不能运筹帷幄于千里之外，也没有韩信那样的韬略，可以挥斥百万大军，攻必克、战必胜，更不像樊哙、周勃一样，勇力绝伦，怒吼一声就让人胆破心惊，但他精通政事，对于选拔人才、招募士兵、安抚百姓、筹集钱粮等十分在行。刘邦被封为汉王以后，萧何就将巴蜀治理得井井有条，为汉军出关奠定了丰厚的物质基础。等刘邦东向与项羽争夺天下之时，萧何坐镇关中，安抚百姓、恢复生产，很快就将满目疮痍、疲弊不堪的地区变得富庶有序。他还选拔贤才、制定律例、修筑城郭等，重新建立起汉的统治秩序，为刘邦建立了一个牢固的后方。

　　每当刘邦作战失败，萧何就派新征召的士卒去救援。彭城之战时，汉军输得一败涂地，50万大军被项羽杀得四散溃逃，刘邦本人只带着数十骑残兵逃回荥阳，当时关中的壮丁多数已被征发，萧何便调拨老弱及不到服役年龄的少年到荥阳增援，刘邦得到了这些援兵才重整旗鼓。刘邦曾多次被打败，弃军逃跑，都是萧何征关中兵，补充汉军缺额，使他重新振作。

　　后来，楚汉相持于荥阳、成皋一带，彼此都不能击败对方，但刘邦有萧何不断向前线输送的粮食和兵力，而项羽则因为受到彭越的骚扰，粮道断绝，陷于兵尽粮绝的困境。这样，刘邦虽然屡战屡败，却越败越强，项羽虽然屡次战胜，却越胜越弱，最后被困垓下，自刎乌江。

　　三国之时，诸葛亮智谋无双，手下又有赵云、魏延、姜维等大将，却屡屡北伐失败，最关键的一点就是国力不行，后勤供不上。比如，第四次北伐，开始蜀军进展顺利，但司马懿清晰地认识到了蜀军劳师远袭，粮食补给困难的致命弱点，凭险坚守，拒不出战。诸葛亮用尽各种办法挑衅，魏军就是不战，这时负责蜀军后勤的李严又粮运不济，伪造退兵喻旨，诸葛亮也只好退兵了，就在这样一次次因为粮草不足而退兵中，诸葛亮的北伐大业无果而终。

　　后勤保障是战争制胜的基础，没有充分的后勤保障，就是再有能力的统帅也不可能取得胜利。

　　1812年6月，不可一世的法国皇帝拿破仑，突然向俄国发起大规模的进攻。法军迅速向俄国腹地进军，很快占领了维尔诺、明斯克、波洛茨克等地。俄皇虽然启用了出色的将领库图佐夫为总司令，但依然无法阻挡法军的强大攻势，很快法军就攻到了莫斯科城下。

　　但法军很快发现了一个比俄国军队更加严重的威胁，那就是后勤补给不够了。原来，拿破仑在制定进攻战略的时候，只带了24天给养，他以为可以在20天左右结束战争，然后从战败的俄国身上得到军队的补给。但俄国人的抵抗相当顽强，即使莫斯科保不住了，他们依然没有投降。而且库图佐夫元帅敏锐地觉察到了法军的这一重大缺陷，采取了坚壁清野的战术。当他们撤退的时候，带走了所有能够带走的粮草物资，带不走的就放火烧掉，也不留给法军。

　　就这样，深入俄国数百公里的法军，虽然攻城略地，却得不到一点粮草供应，法军陷入了饥饿、寒冷之中。拿破仑不得不下令从莫斯科撤退，这时俄军在后面紧紧追击，游击队则截断了法军运输粮草的路线。法军士兵忍饥挨饿，士气低落，无心作战，战马因为没有草料而饿死，从而导致行军速度更慢，境况更加危险。很快饥饿、寒冷、疾病就摧毁了这支拿破仑本人认为不可战胜的部队，俄军趁机发起猛烈进攻，法军全线溃败。当拿破仑雄心勃勃地向俄国进发时，他有60万人的军队，可当他退回巴黎时，只剩下不到3万的残兵败卒。

　　充分的物资保障是进行战争的先决条件，项羽的勇猛天下无敌，拿破仑的指挥才能更是无可挑剔，然而他们的才能却都无法弥补后勤保障上的缺陷，最终导致了惨重的失败。在现实生活中，当我们准备做一件事的时候，也应该仔细计划好后勤保障事宜。如果什么都计划得很好，却在关键时刻因为钱财不够、物资不能到位而导致事情的失败，那就太可惜了。

原　文

其用战：胜久①则钝兵挫锐②，攻城则屈力，久暴师③则国用④不足。夫钝兵挫锐，屈力殚货⑤，则诸侯乘其弊而起，虽智者不能善其后矣。故兵闻拙速，未睹巧之久也⑥。夫兵久而国利者，未之有也。故不尽知用兵之害者，则不能尽知用兵之利也。

注　释

①胜久：战争持续很久而取胜。

②钝兵挫锐：兵器钝坏，锐气受挫。梅尧臣注："兵杖钝弊而军气挫锐。"

③暴师：指军队在外，蒙受风霜雨雪。

④国用：国家资财。

⑤屈力殚货：力气疲惫，财货空虚。

⑥兵闻拙速，未睹巧之久也：速，速胜。巧，工巧。久，拖延。李贽《孙子参同》卷二注："宁违毋久，宁拙毋巧；但能速胜，虽拙可也。"

译　文

因此，军队作战就要求速胜，如果拖得很久，则军队必然疲惫，挫失锐气。一旦攻城，则兵力将耗尽，长期在外作战还必然导致国家财用不足。如果军队因久战疲惫不堪，锐气受挫，军事实力耗尽，国内物资枯竭，其他诸侯必定趁火打劫。这样，即使足智多谋之士也无良策来挽救危亡了。所以，在作战上，只听说因才能有限而难以速胜的，却没有见过拥有才能而追求久战的。战争旷日持久而有利于国家的事，从来没有过。所以，不能详尽地了解用兵的害处，就不能全面地了解用兵的益处。

经典解读

战争不仅耗费财力，还耗费时间，一方面时间拖得越久，耗费的粮草物资就越多，这也是耗财的体现；另一方面，时间拖得越久，就越容易生变，出现很多无法掌控的因素，可能会使战争结果大大出于自己预料之外。所以说，为将者在进行战争的时候，要尽可能争取速战速决，这样既减少了战争成本，又可以避免难料的变故。

"故不尽知用兵之害者，则不能尽知用兵之利也"，在谋求战争利益的时候，首先应该详细了解战争的危害，衡量其中的利弊关系，能够承担它的坏处，才能享有它的利处。做任何事情都应该如此，看到它的利处时要多想想利益背后的害处，用冷静的头脑衡量得失，才不会被利欲所蒙蔽，到头来后悔自己得不偿失。

在人生的道路上，当我们处于顺境之时，不要沾沾自喜，不可怠惰松懈，要看到那些潜在的不利因素，要居安思危、见利思害，这样才不会在忽然到来的逆境之中措手不及。

哲理引申

先知害，然后得利

战争在给统治者带来土地、人口、财富等好处的同时，也会消耗巨大的成本：财货物资、时间、士兵的生命等。所以，在发动战争之前，谋划者一定要对战争所带来的灾害做出全面的估量。有些统治者，只看到了发动战争的好处，却对灾害、所耗成本视而不见，轻易发动自己不能承受的战争，结果受到了严重的损失。

周赧王五十三年（前262年），秦国攻打并占领了韩国野王，这样一来韩国北部的国土上党郡，就与本土的联系完全断绝了。韩桓惠王知道这些国土已经无力保卫了，索性下令上党郡守冯亭将土地献给秦国，以求其息兵。但百姓都不愿意投降实行严刑峻法、以杀人立功的秦国，冯亭想到了利用赵国的力量对抗秦国，于是他便派使节奔赴赵国，说愿意将上党十七座城池奉上。

赵孝成王接待完使节后，却不知如何应付。人人都知道，秦国攻打韩国，就是为了夺得上党地区，如今赵国若是接受的话，也就和对秦宣战差不多了。赵国虽然军力十分强大，但国力上和秦国还是有很大差距的，可白白得到十几座城池也的确诱人，到底该要不要呢？于是他召来平阳君赵豹询问策略。赵豹说："秦国蚕食韩国的土地，从当中断绝，不让两边相通，就是为了夺取上党的土地。韩国所以不归顺秦国，是想要嫁祸于赵国。秦国付出了辛劳而赵国却白白得利，怎能不引来秦国的怨恨、报复？况且秦国的政令已经施行，不能和它为敌，一定不要接受。"孝成王说："如今出动百万大军进攻，一年半载也得不到一座城。现在人家把十七座城邑当礼物送给我国，这可是大利呀！"

赵豹出去以后，孝成王又召见平原君赵胜和赵禹，他们听说了这件事，劝道："出动百万大军进攻，过一年也得不到一座城，如今白白地得到十七座城邑，这么大的便宜，怎么能白白丢掉！"孝成王说："好。"于是派赵胜去接受土地。

赵国接收长平的消息传到秦国以后，秦昭王大怒，认为赵军坐收渔翁之利是赤裸裸地向秦国挑战，于是立刻派将军王龁带兵进攻上党，这就是长平之战。秦赵两国，数十万大军在长平对峙，赵军国力不如秦国，逐渐承担不住大军的粮草消耗。同时，秦国又使用反间计，称秦军不怕廉颇，独畏惧赵括。赵王中计，用赵括代替廉颇，赵括指挥失误，四十余万赵军被秦国歼灭。不仅上党地区落入了秦军之手，都城邯郸都险些被攻破。

赵王和平原君等人只看到了十几座城池的好处，却没有想到与秦国爆发战争之后的巨大灾祸，从而导致了长平惨败，国力从此一蹶不振。

在生活之中，无论做什么事，都要先想到其中的灾祸，再去图谋它的好处。单单知道好处的诱人，不晓得灾祸的惨烈，等事情搞砸以后，后悔就晚了。

小王有一份安稳的工作，虽然不能赚来什么大钱，倒也称得上是"小康"。但她最近却心事重重，因为同办公室的李姐买的股票最近走势相当不错，从中获利颇丰。每当看到李姐穿着名牌衣服、戴着名贵首饰，小王就想自己要是也去股市赚上一笔，就不用每天为了节省几块钱而忧心，就可以购买自己喜欢的项链、裙子了。

她将这个想法告诉了男友，并提出要将两人共同攒下的买房钱投入股市之中。开始，男友反对，这是他们所有的积蓄，万一出了什么事可怎么办！但小王实在是羡慕李姐那种迅速的来钱方式，于是屡屡在男友面前提起。男友经不起她的软磨硬泡，终于答应了她。在李姐的指导下，他们购买了那支股票。就在小王满心欢喜的算着能够收获多少钱、将要买些什么东西的时候，忽然，股市开始大幅下跌，他们买的那支股票连续跌停，几天之间，两人数年的积蓄化为乌有。小王陷入了深深的痛苦之中，后悔莫及，想当初要是不贪图那些利益就好了……

当你看到一件可以带来利益的事时，一定要谨慎思量一下，是否它也会给你带来难以承受的灾害。如果你无法完全掌控它，无法百分百地避免这种灾害，切莫因为贪图利益而让自己置身于危险境地。古人云：祸患莫不起于心贪，灾难莫不源于多欲。世人都想过美满幸福的生活，都希望获得更多的利益，这是人之常情。但是，如果对利益贪求无度，不能控制不理智的欲求，人就无形中成了欲望的奴隶了。被欲望所驱使，不计后果地追求它们，灾祸就不远了，正如伊索所说的："许多人想得到更多的东西，却把现在所拥有的也失去了。"

鹬蚌相争与卞庄刺虎

孙子说："夫钝兵挫锐，屈力殚货，则诸侯乘其弊而起，虽智者不能善其后矣。"就是说，如果战争不能速战速决，耗力持久，自己也会因此而疲惫不堪，等到攻守双方两败俱伤之时，其他诸侯就会乘其困弊而起，坐收渔翁之利。这样，发动战争的一方，不单没有得到任何好处，为他人做了嫁妆，还可能受到攻击，这就相当于为别人火中取栗一样，好处别人得，损失自己承担，世上最蠢的事莫过于此了。

战国时，赵国准备讨伐燕国，苏代为燕国去劝说赵惠王说："我这次来，经过易水，看见一只河蚌正从水里出来晒太阳，一只鹬飞来啄它的肉，河蚌马上闭拢，夹住了鹬的嘴。鹬说：'今天不下雨，明天不下雨，你就变成肉干了。'河蚌对鹬说：'今天不放你，明天不放你，你就成了死鹬。'它们俩谁也不肯放开谁，一个渔夫走过来，把它们俩一块捉走了。现在赵国将要攻打燕国，燕赵如果长期相持不下，老百姓就会疲弊不堪，我担心强大的秦国就要成为那不劳而获的渔翁了。所以希望大王认真考虑出兵之事。"赵惠文王说："好吧。"于是停止出兵，放弃攻打燕国。

苏代清晰地看到了燕、赵两国若相持不下，就会都陷入"钝兵挫锐，屈力殚货"的境地，从而使周围的诸侯获利，从而形象地想出了"鹬蚌相争"的故事来劝谏赵王。很幸运，赵惠文王也不是蠢人，立刻明白了苏代的比喻，从而停止了对燕国的战争。但历史上，很多统治者并没有赵惠文王这样的见识，或是贪图利益，或是因为怨愤而坚持发动两败俱伤的战争，最后做了可怜的鹬蚌，成为渔人的猎物。

三国之时，袁绍虽然在官渡战败，但袁氏拥有四州，依然势力强大，若是全力抵抗，曹操恐怕也讨不得什么便宜。但袁绍却犯了一个错误——在设定继承人之时"废长立幼"，给了长子袁谭很大的权力，却将位置传给了三子袁尚。这样在袁绍去世以后，袁氏家族内部立刻产生了分裂，郭图、辛评等人拥立袁谭，而其他人则大部分拥立袁尚。

开始二人还能同心协力共同抵抗曹操，但曹操敏锐地察觉了他们之间的矛盾，便撤军而去，等着二人同室操戈。果然，曹操撤退不久，两人的矛盾就爆发了。袁尚对袁谭充满疑心，袁谭则怀恨袁尚占了自己的位置，同时不给自己补充兵力。二人开始口角，之后相互厮杀，在父亲去世不久，外面强敌窥伺的时候，袁氏兄弟竟大打出手。

王修劝说他们："兄弟好比左右手，假如一个人准备同人格斗而弄断自己的右手，说'我一定胜你'，像这样行吗？丢掉兄弟情分而不相亲，天下还有谁同他亲近？近来有人从中挑拨离间造成争斗，用来谋取一时的利益，希望您堵住耳朵不要听。要是杀掉几个阿谀奉承的手下，兄弟重新亲近和睦，来抵挡四方的敌人，便可以横行天下。"荆州刘表也写信劝说两人，希望他们同心协力，不要让曹操坐收渔翁之利。然而，二人并不接受建议，依然为了利益而同室操戈。

袁谭实力不济，被袁尚打败。为了对抗弟弟，他竟向对头曹操求救。这正合了曹操心意，他立刻带兵北上攻打袁尚，袁尚败走，不久袁谭因叛乱也被曹操消灭。

袁氏兄弟坐拥四州土地，不思同心协力为父亲报仇，却同室操戈，结果让曹操渔翁得利，真是可悲可叹。没有远虑的人是可悲的，只知道盯着眼前利益，却不知道旁边有"渔翁"正窥伺着自己呢，争来争去，做了火中取栗的蠢事，成为他人笑料。

由此看来，相争不下的鹬、蚌是愚蠢的，渔翁那是很有智慧的。曹操主动退兵，等到了二袁火拼，所以轻而易举地平定了河北，在其他方面我们同样可以借用这样的道理，让其他敌人相互斗争，而自己坐收渔翁之利，"卞庄刺虎"就是一个很好的例子。

卞庄子想要去刺杀老虎，旅店里的仆人制止他，说："山中有两头凶猛的老虎，您虽然勇猛异常，但如果贸然进去与它们搏斗也是充满凶险的。为何不采取计策呢?"卞庄子问:"有什么办法可以让老虎变得虚弱吗?"仆人回答:"老虎生性好斗，又喜欢独行，如果发现什么猎物，它们一定会相互斗争，等它们争斗疲乏了，您再去出手就好办多了。"

卞庄子听了很欢喜，于是将一头牛放入山间，两只老虎发现牛后，果然争夺打斗了起来，结果大老虎受了重伤，小老虎战死了，卞庄子拿着剑走过去，向大虎刺去，轻而易举地就获得了刺杀两只老虎的功劳。

聪明的人善于调动他人的力量来实现自己的目的，而愚蠢的人则容易被他人利用来给别人谋利。当我们处于一个充满竞争的环境中时，一定要时刻告诉自己，不要为了和某一方争斗而耗尽自己的实力，要做看虎斗的卞庄，而不要做被渔人轻易捡到的鹬和蚌。

原 文

善用兵者，役不再籍①，粮不三载②，取用于国，因粮于敌③，故军食可足也。国之贫于师者远输④，远输则百姓贫；近师者贵卖⑤，贵卖则百姓财竭，财竭则急于丘役⑥。屈力中原⑦、内虚于家，百姓之费，十去其七；公家之费，破军罢马⑧，甲胄矢弓，戟盾矛橹，丘牛大车⑨，十去其六。故智将务食于敌⑩，食敌一钟，当吾二十钟；芑秆⑪一石，当吾二十石。

注 释

①役不再籍:役，兵役。籍，名册，这里作动词，指征调。此句的意思是不再次按名册继续征发兵役。

②粮不三载:三，意指多次。曹操注云:"始载粮，后遂因食于敌，还兵入国，不复以粮迎之。"言不多次征收运送军粮。

③取用于国，因粮于敌:因，就，顺便夺取。曹操注:"兵甲战具，

取用国中，粮食因敌也。"即在敌国得到军用物资，夺取粮食。

④远输：远距离输送粮食。

⑤近师者贵卖：贵卖，言物价上涨。曹操注云："军行已出界，近师者贪财，皆贵卖，则百姓虚竭也。"指军队驻地附近物价上涨。

⑥财竭则急于丘役：财竭，财力枯竭。丘役，指军赋。意为国家财力枯竭，急于加重劳役、赋税。

⑦中原：国内。

⑧破车罢马：罢，同"疲"。战车破损，马匹疲惫。

⑨丘牛大车：曹操注："丘牛，谓丘邑之牛。大车，乃长毂车也。"指牛拉的辎重车辆。

⑩务食于敌：务，力争。食，取食。务求就食于敌国。

⑪萁秆：萁，同"箕"，即豆秸。杜牧注曰："萁，豆秸也；秆，禾藁也。"

译　文

善于用兵的人，不用再次征集兵员，不用多次运送军粮。武器装备由国内供应，从敌人那里设法夺取粮食，这样军队的粮草就可以充足了。国家之所以因作战而贫困，是由于军队远征，不得不进行长途运输。长途运输必然导致百姓贫穷。驻军附近处物价必然飞涨，物价飞涨，必然导致物资枯竭，物财枯竭，赋税和劳役必然加重。在战场上，军力耗尽，在国内财源枯竭，百姓私家财产损耗十分之七。公家的财产，由于车辆破损，马匹疲惫，盔甲、弓箭、矛戟、盾牌、牛车的损失，而耗去十分之六。所以明智的将军，一定要在敌国解决粮草，从敌国搞到一钟的粮食，就相当于从本国启运时的二十钟，在当地取得饲料一石，相当于从本国启运时的二十石。

经典解读

战争需要庞大的后勤补给，日积月累会给国家、百姓造成沉重的压力，为了避免这种状况出现，孙子提出了"取用于国，因粮于敌"的策略，即在敌国就地获得资用，在敌人那里得到粮食补给。这样做既满足了自己的军需，又打击了敌人的经济实力，同时还免去了自己人民的压力以及运输部队在途中遇到袭击的风险，可谓一举多得。

在此，孙子解决问题的思维很值得人们学习：我们要善于借助他人的力量，借助对手的力量，让自己变得更加强大，使自己在竞争之中处于最有利的地位。

"以战养战"还有很多优点，比如生产企业就地取材、就地生产、就地销售等行为，降低了企业成本，扩大了它们的竞争优势；还比如有的企业通过不断击倒竞争对手，从而收购它们，获得它们的先进技术和人才，从而使自己更加强大；甚至还有的企业，没有"战胜"的时候，就通过财务运作预支战胜后的成果，从而使自己拥有了更多的资本，以提高竞争能力。

哲理引申

善于借助他人之力

孙子说"取用于国，因粮于敌"，是告诉人们在战争之中要善于从敌人身上获得补给。其实，在生活之中，无论做什么，我们都要善于从他人身上获得帮助，无论对手、朋友、还是陌生人，都有我们可以借力的地方，一个人即使天赋再高、机会再好，如果不学会借助他人的力量，也很难取得大的成就。

牛顿是天才科学家、世上最聪明的人之一，当他谈起自己的成就时，也要说自己之所以取得那样的成就，完全是因为站在了巨人的肩膀之上。天才、伟人，也不可能凭借一己之力完成丰功伟业，身边一定有一群亲人、朋友支持他、帮助他，他本人也一定善于向别人学习，虚心请求指导帮助。无论在学习、生活，还是经商、为政之中，学会借助他人的力

量，既是一种技巧，也是一种难得的智慧。

一条街上，铁匠铺和木匠铺相邻而开，但铁匠和木匠的关系很不好，他们都觉得自己的手艺才是真正的手艺，而对方只不过是卖力气的粗活。就这样铁匠不搭理木匠，木匠也不理睬铁匠，两人仿佛互相看不到对方一样。一天，铁匠放工具的架子坏了，他想请求木匠帮着修一下，可是出于自尊心，便止住了。木匠转过头忽然看到铁匠在摆弄木架，又不求自己帮忙，便故意冷笑着看铁匠：连个木架子都摆不好，一看就是个干粗活的。铁匠看在眼中，怒在心里。

几天以后，木匠的工具坏了，这事铁匠在行，可木匠想到前日的不快，也不愿意去求铁匠，自己简单地修理几下，凑合着继续使用。于是，来到这里的人都发现了一个奇怪的现象，木匠身边就是铁匠铺，工具都豁了大口也不知道去修整一下；铁匠身边就是木匠铺，架子用绳子绑着摇摇欲坠，也不让木匠来修理一下。

就这样，他们谁都不愿意求对方。就在两人还相互斗气的时候，铁匠铺的木架子忽然倒塌了，铁锤等工具重重地砸在了铁匠的脚上。看到铁匠的窘状，木匠心中幸灾乐祸，一不小心，早就出现裂纹的锯条忽然绷断了，在他的手臂上划出了一道深深的伤痕……

铁匠和木匠坚持自己的高傲，最后，都受了伤。生活中那些不肯求人的人，不肯在他人那里寻求帮助的人，大多都会像他们一样，为自己的固执、高傲付出代价。

一个人有多么伟大，并不在于他有多么聪明、有多少天赋，而在于他能够获得多少人的帮助、能够整合多少资源。陈永泰说过的一句话很有道理："聪明人都是通过别人的力量，去达成自己的目标。"我们处在社会之中，不要做一个自大、自负、自傲的孤僻者，而要学会借助他人之力，借助他人之势；不要将自己关在一个牢笼之中，与人隔阂而要多交朋友，多以人为师，相互提携、相互促进、相互学习。

一个小男孩在沙滩上玩耍。他在用自己的一些小工具——小汽车、塑料水桶、塑料铲子，修筑一条"沙滩公路"，忽然他发现自己的公路上出现了一块很大的岩石。

小男孩用力地推岩石，可是它卧在沙滩之上，一动不动。他开始挖掘岩石周围的沙子，企图把它从泥沙中弄出去，可对于他来说，岩石太大了。即使挖掉了周围的沙子，他还是对石头无可奈何。小男孩一次又一次地向岩石发起冲击，岩石纹丝不动。他使出吃奶的力气猛推猛挤。但是，得到的唯一回报便是岩石滚回来时挤伤了他的手指。最后，他筋疲力尽，坐在沙滩上伤心地哭了起来。

这整个过程，都被旁边的父亲看在了眼里。当男孩坐下哭泣的时候，父亲来到了他的身边。父亲的话温和而坚定："儿子，你为什么不用上所有的力量呢？"男孩抽泣道："爸爸，我已经用尽全力了！"

"不对。"父亲亲切地纠正道，"儿子，你并没有用尽你所有的力量。你没有请求我的帮助。"说完，父亲弯下腰，抱起岩石，将岩石扔到了远处。

很多事，对于我们自己来说，要想完成简直比登天还难，可是如果我们善于借用别人的力量，再去做它就易如反掌了。与其苦苦追求独立完成，不如转过身来，请求他人的协助。

这个世界上到处都充满了各种可以利用的资源，有的人善于利用它们，所以事业做得有声有色，在哪里都风生水起；那些不善于利用资源的人，只能陷于平庸、贫乏之中。能够发现和利用别人的智慧，并为我所用，就等于找到了成功的力量。

预支未来并非不可

孙子指出战争补给最好的解决办法就是在战争进行之中获得。成吉思汗的军队之所以能够征服那么多土地，战胜无数强大的敌人，其中很关键的一个原因就是草原骑兵携带军用物资极少，大多数供应都通过战争在征服的地区获得补充，因此大大提高了军队的灵活机动性，在战争之中更容易获得主动。

不进行充分的后勤准备，将补充物资的期望寄托在战胜敌人之后，这种做法其实就是对未来的一种预支，这种预支如果未能实现，将会给自己带来灭顶之灾，拿破仑的失败就是实例；如果成功的话，它将创造出常规做法所不能想象的厚重回报。只要计划得当，很多时候，未来的资本的确可以提前预支，而且这种预支是一种很好的筹集资本的策略。

一个著名的企业家，曾经讲过这样一个创业故事：

他的公司刚开始的时候，准备将产品打入一个新的地区，公司花了很长时间对该地区进行调研，但忽然遇到了一些变故，公司资金出现了紧缺，无法实现原来的计划。这位年轻的老板陷入了苦思之中：市场还未饱和，行业正处于发展的黄金阶段，此时如果放弃原来的计划，公司可能就会永远失去那一地区的市场，甚至会严重影响公司未来的发展。可现实是公司实在是拿不出资金去那里发展了，放弃计划似乎不可避免了。

在一次意外的机会中，他了解到了一个大企业正在寻求合作伙伴，这让他十分心动。但这想法却有点异想天开，那个企业在他们领域中是全国数一数二的领头者，他们需要的合作伙伴自然也必须实力相当。年轻的企业家并没有放弃，相反他主动写了一封邮件，期望能与那个大企业的董事长会谈。他得到了这个机会，实际上是"骗"到了这个机会，因为他在邮件中对自己公司进行了大肆的夸张，称其为"全国最有实力的集团"、"该领域中的龙头老大"。

见面以后，对方董事长对他笑道："据我所知，这个领域中并没有一家实力特别强大的公司，也似乎没什么龙头老大，请问您为何对自己的公司如此夸大？而且据我们调查，贵公司如今经营上似乎有些困境。我这次见你，与其说想和你合作，倒不如说是因为这个好奇心的缘故。"年轻的企业家笑了笑，将自己公司的发展现状和前景介绍了一下，随即说道："这个领域之中确实还没有一个企业能够与贵公司一样在自己的领域拥有压倒性的优势，但只要发展上四五年，我想我们公司一定会做到最好的。"看到董事长带着不屑的微笑，他继续解释道："贵公司选择合伙人一定会选择做得最好、最有实力的，现在市场还不明朗，您很难做出选择。虽然我们公司现在有些困难，但只要能够获得和贵公司合作的机会，这些困难也就不复存在了，而且我们一定会成为行业中的佼佼者，因此您现在选择和我们合作就是选择和未来这个领域中的龙头老大合作。"

他对未来的清晰勾画，赢得了董事长的信任，很快他们这两个"很不协调"的公司，达成了合作计划。果不出其所料，取得这个重大的合作伙伴以后，他的公司迅速发展，很快就在行业中脱颖而出，成为了一个重量级的企业。

这位年轻的企业家，通过向别人描述自己公司的美好前景，从而获得了成功的机会，真的让自己的公司与众不同起来，这便是对未来的一种预支。普通的人只会利用手头上的资源，而那些真正善于经营的人，没有什么资源是不可利用的，他们利用过去的资源、别人的资源，甚至那些本来就不存在的幻想中的资源，让自己拥有更强的竞争力。

需要注意的是，预支未来并不是让人们通过不切实际的幻想去欺骗别人、去非法集资，而是以合理的规划分析为基础，对那些真实的资源的一种提前应用。未来的东西并非不可兑现，既然我们知道为未来储蓄、为未来支付，那么未来就不是虚无缥缈的，未来的资源就是确实存在的，既然存在，就不应让那些资源白白地躺在那里浪费，它们就是我们资本的一部分，对它们善于利用，有时会给自己带来意想不到的优势！

原　文

故杀敌者，怒也①；取敌之利者，货也②。车战得车十乘以上，赏其先得者而更其旌旗。车杂而乘之，卒善而养之，是谓胜敌而益强。

故兵贵胜，不贵久。

故知兵之将，民之司命③，国家安危之主也。

注　释

①杀敌者，怒也：曹操注："威怒以致敌。"即激怒士兵，以杀敌制胜。

②取敌之利者，货也：梅尧臣曰："取敌则利吾人以货。"对夺取敌人资财的士兵要予以奖励。

③司命：主宰、掌控者。

译　文

所以，要使士兵拼死杀敌，就必须怒之、激励之。要使士兵勇于夺取敌方的军需物资，就必须以缴获的财物作为奖赏。在车战中，抢夺十辆车以上的，就奖赏最先抢得战车的。而夺得的战车，要立即换上我方的旗帜，把抢得的战车编入我方车队。要善待俘虏，使他们有归顺之心。这就是战胜敌人而使自己越发强大的方法。

所以，作战最重要、最有利的是速胜，最不宜的是旷日持久。

真正懂得用兵之道、深知用兵利害的将帅，掌握着民众的生死，主宰着国家的安危。

经典解读

善于作战的将领，不仅要善于调动敌人，更要善于调动自己的士兵。要想让士兵杀敌，就激发他们对敌人的怒气；要想让士兵建功，就给他们奖赏，鼓励他们；面对强大的敌人，给他们勇气；面对困难的任务，给他们希望。这样，运用手下士卒，就像运用自己的四肢一样自如，如此，才能建功立业。

战胜敌人一般会造成巨大的损耗，为了弥补这些损失，就要在敌人那里获得补充。战胜之后，能够获得弥补的，实力就会随着战争而不断强大，否则，就会越战越弱。所以，要善于吸收对手的资源，对被俘虏的士卒要善待并供养他们，对那些优秀的人才更要吸收进自己的队伍之中。

战争最大的目的是战胜敌人获得利益，而持久作战，将会消耗大量财力、人力，以至于即使战争取得胜利，对国家也是一种灾难，这就违背了发动战争的初衷了。再者，军事形势瞬息万变，有了策略就应立即实施，等到战机就该速战速决，而不是持久拖延。任何事情都是如此，"时乎时，不再来"，良好的时机一旦错过，就再也等不来了，所以决策者要当机立断，不可犹豫不决。

哲理引申

不要吝啬于奖赏

"取敌之利者，货也。"只有给将士丰厚的奖励，才能激发他们在战场之上的进取之心。战争的目的往往是获得一定利益，如果统治者垄断这种利益，将士流血牺牲却什么也得不到，那他们心中就会产生不满、怨恨，当怨恨积累到一定程度爆发时，统治者就要为自己的贪婪付出沉重的代价。故《六韬·文韬·文师》中说："同天下之利者，则得天下，擅天下之利者，则失天下。"

春秋之时，晋国发生了严重的内乱，六卿之中的赵氏和中行氏、范氏之间爆发了战争。在其他三卿的调节下，赵氏成为了朝廷的代表，而范氏和中行氏则成为了叛乱者。为了镇压叛乱，赵简子带兵进攻叛军的据点邯郸，邯郸告急，范氏、中行氏连忙向齐、卫、郑等诸侯国求救。

因为二卿素来掌管晋国外交，与诸侯关系密切，且齐景公等人又有削弱晋国之心，便派遣大军救援邯郸。

范氏、中行氏得到诸侯援助，带领大军向邯郸进发。赵简子连忙调军抵抗，双方在戚邑相遇。面对得到诸侯支援的叛乱大军，晋军全军上下都充满悲观的气息，大家都认为敌众我寡，几乎不可能取得胜利。这时，赵简子走到全军面前，对全军当众做了一场让后世称赞不已的演说，他起誓道："范氏、中行氏违背天命，斩杀百姓，欲专权晋国而灭亡晋侯。我们的国君依靠着郑国才得以保全。如今郑国无道，抛弃国君而帮助臣下，我们几个人决定顺从天意，服从军令，推行德义，消除耻辱，就在此战。如战胜敌人，上大夫得县、下大夫得郡、士得良田十万亩、庶人工商可为官、奴隶可获得自由。我如果能够战胜敌人而免于问罪，还请国君加以考虑。如果战败有罪，我愿接受绞刑一死。死后以下卿之礼下葬，用三寸厚桐木棺，不用衬版与外棺，用没有装饰的车马装运我的棺材，也耻于将我的尸体葬于我先祖的墓地！"

"上大夫得县、下大夫得郡、士得良田十万亩、庶人工商可为官、奴隶可获得自由"，这丰厚的奖励点燃了所有人的战斗欲望。那时候，等级制度森严，一个人要想改变自己的地位几乎是不可能的，现在通过这场战争就能永远改变自己，乃至整个家族的地位，士兵们怎能不兴奋！

战争开始以后，晋军士兵拼命地向敌人冲了过去，诸侯军队的士兵都惊呆了，他们不知道这些士兵为何如此勇猛。虽然人数众多，但挡不住晋军士卒不要命地猛冲，诸侯军逐渐被压得喘不过气来，最终全线溃退，大败而逃。

赵简子之所以能够取得战争的胜利，和他战前对士兵许诺的奖励是密不可分的。将士们正是因为看到了切切实实的奖励，感受到了战争胜利将给他们带来的巨大利益，所以才奋不顾身、勇猛杀敌。可以说是重赏使怯懦的晋军将士们变成了奋勇杀敌的勇士，最终让他们取得了战争的胜利；若没有那番重奖的誓词，晋军早就被击败了，赵氏家族只怕也不能保全了。

在现代管理之中，领导者同样需要用奖赏来激励下属，有调查表明，经常受到奖励的员工——即便奖励很轻微——要比那些平时没有奖励的员工的工作积极性、公司认同感高很多。加拿大的一个调研机构更是精确地统计出，在奖金、福利之上的投资，公司每付出 1 美元就会得到 6 美元的回报。

有些员工，入职的时候激情高涨，但半年以后，很多就开始抱怨起工作来，甚至产生了后悔入职、想要离开的想法。这些人很多就是因为平时从来没有受到过奖励，从而感到自己不被重视，像一个"幽怨的弃妇"。如果员工都是这种情绪，公司的业绩也就可想而知了。

聪明的领导明白自己的利益由员工创造产生，所以他们在公司获得利润的时候，会将很大的一部分回馈给员工，让他们对公司更加热爱，对工作激情更高。可是我们生活中却经常听员工发牢骚："老板太小气了，我为公司创造了那么多利益，就得到这么点报酬……"这样的员工大部分选择了离开，在人才无比重要的今日，无疑是公司巨大的损失。那些自以为精明的领导者，实际上是在断绝自己的"财路"，损害自己公司的发展。

所以说，作为领导者要懂得奖励下属，在奖励下属之时，亦不可吝啬小气——学会散财，才能聚财；学会利人，才能得人之利！

有道者才能越战越强

在孙子看来，最高明的作战境界是"胜敌而益强"，也就是说善于作战的将领，要能够确保自己在的战斗之后不会受到太大损失，反而能够得到更多的补充。这种补充当然是从战胜的敌人、获得的战争收获中得来。那么，如何才能够做到这样呢？

要想越战越强，首先必须获得民心，让自己所占领土地的人民拥护自己，这样才能把这些新得到的土地作为士兵、粮草、劳役的来源，而这些是维持战争不可或缺的资源。如果一个势力在占领土地之后，不仅不爱惜百姓，反而残害那里的人民，它就永远不会真正将那块土地转化成自己的优势，相反为了防止那些痛恨自己的百姓，为了保护那些胜利果实，他不得不分散自己的兵力来把守这里，导致自己的力量更加分散、更加虚弱。

秦末，刘邦和项羽接受楚怀王的命令进攻秦地。刘邦首先进入了关中，秦人都十分畏惧，害怕这些反秦的诸侯军队会对他们大开杀戒。秦王子婴亲自出宫投降，带着大臣战战兢兢地跪在道路旁等待刘邦的惩罚。刘邦看到他们如此，心中顿时生出了恻隐之心。他接受了投降，扶起了子婴，将秦朝贵族、旧官吏都安排到合适的地方，并对秦地父老约法三章："杀人者死，伤人及盗抵罪。"秦人看到刘邦如此，悬起来的心终于放下了。

不久项羽也来到了关中，刘邦的势力弱小，只能将咸阳让给项羽。秦人对项羽的怨恨是到了骨头深处的，因为他们得到消息，投降项羽的20多万秦兵，不久前全部被项羽坑杀了。可是没有办法，战败了，他们只有接受耻辱，秦王子婴带领着大臣、百姓，依旧跪在道旁等待项羽的宽恕。然而，项羽却没有刘邦那种仁慈，他看到这些昔日欺压六国的秦人，怒从中来，立刻下令将秦王子婴和其他贵族、高官全部处死，放纵士兵在咸阳城内大肆掠夺，掠夺完了还将秦朝的宫殿、陵墓放了一把大火，整个咸阳城陷入一片火海，大火烧了整整三个月。杀秦王、烧秦宫让项羽彻底地发泄了心中的怨气，显示了他的霸气，但同时也彻底让他失去了民心，尤其是秦地百姓，无不对他恨之入骨。

项羽走后，刘邦反攻关中，当地百姓怀念他的仁慈，怨恨项羽所分封的秦国降将，使刘邦很快平定了秦地。在以后的楚汉相争之中，关中地区成了刘邦最可靠的后院，那里的百姓每次在刘邦失败的时候，都争相赴军作战，他们唯恐刘邦战败，项羽再来关中进行大屠杀。更重要的是，各地百姓听说刘邦宽厚仁和的传闻后，都愿意归附他，刘邦虽然屡屡在战场上被打败，却得到了越来越多的拥护，不断强大。项羽因为有了残暴好杀的名声，诸侯不敢向他投降，百姓不愿受他的统治，齐、魏等地，虽然多次被他攻下，但等项羽的大军一走，豪杰、百姓就立刻造反。项羽虽然号称百战百胜，但兵力得不到补充、粮草没有稳定的供给，势力在一次次战斗中不断被削弱，最后被刘邦一举击败，落了个自杀身亡的下场。

要想能够越战越强，就要懂得将获得的资源，尤其是人民，转化成自己的力量，坚守道义、得到民心，永远是决定战争胜负的最根本因素。

有些企业投机取巧，利用一些不道义的手段击败了对手，但在这种竞争之中，他们并没有获得多少利益，相反，信誉、名声的损失是无法弥补的。竞争的胜利，让他们失去了更多的进取机会，甚至最终导致了企业的倒闭。

真正的胜利并不是简单的赢过对手，而是让自己的实力变得越来越强，让自己在竞争之中获得更多的发展机会——只有坚守道义者，才能实现这些目标，这就是"胜敌而益强"，给人最大的启示。

越战越强者要有博大的胸怀

大海之所以广阔，是因为它在收纳江河之时，能够吸收江河所有的精华；高山之所以雄浑，是因为它在高过那些矮丘时，还能将它们收为己用，作为自己的延伸。一个胜利者也有高山大海的这种胸襟，能够囊括自己所战胜的一切，能够将所有被自己征服的人收为己用，才可能在战争之中变得更加强大，更加不可战胜。

读三国时，很多喜欢蜀、吴的人可能都要抱怨上几句：曹贼如此险恶，可手下人才却实在是多得要命，良将成群，谋士众多，上天真是不公平啊！其实，曹操之所以能够如此，不单单是因为地域优势，更在于他拥有宽广的胸襟，能够在战胜之后吸收敌方的优秀人才。试看他手下那些名将就知道了：张辽本是吕布部将，在曹操击败吕布后获得；徐晃本是杨奉部将，在曹操击败杨奉后降伏；张郃本是袁绍部将，在官渡之战后投降；文聘本是刘表部将，在平定荆州后投降；庞德本是马超部将，在曹操击败张鲁后投降……别人的部将战亡一个便少一个，而曹操却能够通过战争不断地吸收他人的力量，越战越强。

曹操不仅能够收纳普通降将，还能从大局出发，包容那些曾经和自己有过节、有仇恨的人。张绣曾经降而复反，导致曹操长子曹昂、侄子曹安民、爱将典韦都战死，但当他要投降时，曹操大度地放弃了仇恨，还与他结成儿女亲家；张绣的谋士贾诩多次让曹操吃苦头，但投降以后曹操对其尊敬有加，贾诩也成了曹操的重要谋士，为曹操出了很多计谋；就连帮曹操起家的青州兵，都是原来和他作战的黄巾余党。所以说，曹操能够统一北方，拥有博大的胸怀，善于吸引被战胜敌人中的精华力量是密不可分的。

跟敌人作战，将敌人击倒，你所拥有的力量并不会比以前更多，可是如果你能够将敌人变成自己的一部分，那么你会发现战争对你不是在损耗，而是让自己变得更加强大。

韩信攻打赵国的时候，广武君李左车曾经献计断绝韩信粮道，可惜主将陈馀没有采纳。在击败赵军以后，韩信下令搜捕李左车，捉到的赏赐黄金千两。不久，就有人将李左车绑缚帐下，将士们纷纷思忖：李左车的计谋险些将汉军害死，不知道韩将军今日将怎么惩罚他？

没想到，韩信不仅没有下令惩罚李左车，反而亲自下阶，解开了他身上的绳索，将其请到上座座下，以师礼相待。将士们都错愕不已，李左车本人也受宠若惊，韩信却恭维地说道："您之所以被擒，就是因为陈馀不听从您的谋略啊，不然现在被绑住的就是我们了！"李左车安心以后，韩信便向他请教："您深知谋略，又了解燕赵一带的形势，我现在准备进军燕地，不知有什么好的计谋？"李左车推辞道："败军之将，岂敢言智。"经韩信再三请求，李左车献计道："目前不宜攻燕。应抚恤百姓，犒劳将士，同时以优势兵力向燕国进发，以造声势，迫使燕国顺从。一旦燕王顺从，齐国就会闻风而归服。这就是兵书上说的先虚后实之法。"韩信听了大喜，立刻开始实施李左车的计谋，果然燕国听到韩信声威，闻风而降。

韩信的宽容大度感动了李左车，受感动的李左车献出妙计使燕地数十座城池不战而降，这宽容大度比得上多少胜仗？又节约了多少士兵？所以说，能够以宽容的胸襟，吸收敌人之中的有才之士，是让自己变得越来越强大的关键。

战场如此，商业竞争之中同样如此，人才是企业发展的核心，一个企业要想在行业中脱颖而出，就必须广泛地吸收各种优秀人才，哪怕这些人才曾经在同行企业中工作过，和自己的公司发生过竞争。如果领导者因为一些小怨而排挤、抛弃他们，这些人自然会流向自己的竞争对手那边，这就是"为渊驱鱼，为丛驱雀"。所以说，管理者最大的缺点不是不能带领团队实现竞争胜利，而是不能在竞争之后吸引更多的优秀人才来丰富、提高自己的团队。

"胜敌而益强"，"胜"不是目的，"益强"才是最重要的。胜了一场，却让对手更加强大，那就是成了相争的鹬蚌，为他人做了嫁衣裳；聪明的竞争者，要以宽阔的胸怀，去吸收被战胜势力中的人才，这样自己才会通过竞争而不断积累更多的优势。

兵贵胜，不贵久

战争的巨大消耗和严重危害性决定了它不可能持续太久，优秀的将领必须寻求速胜的手段，宁可"拙胜"，不求"巧久"。如果战争持续太久，不仅使己方损失太大，还会产生各种无法预料的变故，可能导致攻击者自己的失败。比如在晋阳之役中，智伯带领三家军队围城三年，导致城内"析骨而炊，易子而食"，然而，这种惨烈的结果除了坑害百姓外，并没有让智伯实现消灭敌人的目的，反而韩魏两家，日久变心，最后联合赵襄子一起消灭了智伯。

其次，战争是讲求士气的，士气强盛的时候，将士们能作战杀敌，但时间久了，就会像曹刿所说的"一鼓作气，再而衰，三而竭"，这时不仅无法击败别人，士兵还会因为长期服役，而感到对战争的厌恶，从而迁怒怨恨起自己的统治者。历史上，很多政权就是因为长期战争，前线士兵不堪其苦，最终发生哗变而倒台的。

再者，战争最重视时机，战机一旦错过就不会再来，所以在作战的时候，必须当机立断，寻找机会立刻战胜敌人实现速战速决，否则就会陷入漫长无际的持久战之中，那时的消耗巨大，对任何一方来说都是一场灾难。故《六韬·论将》中说："兵不两胜，亦不两败。兵出逾境，期不十日，不有亡国，必有破军之将。"所以，为将当迅速决策，抓住战机，做到"攻其无备，出其不意"，力图将敌人一举攻破。

官渡之战以后，曹操利用袁氏兄弟同室操戈的机会，平定了河北，消灭了袁谭，但袁绍的另外两个儿子袁尚、袁熙却逃走了，投奔了乌桓单于。乌桓单于蹋顿受过袁绍恩惠，又想染指中原，所以对二袁很礼敬，也同意帮助他们东山再起。为了消除这个祸患，永远安定北方边境，曹操在 207 年，决定亲自带兵远征乌桓。

因为乌桓地远路艰，出征的曹操军队阵势浩大，人马、战车、粮草延绵数十里，行军速度极为缓慢。曹操看到这一情况以后，心中产生了忧虑：乌桓骑兵以机动性著称，这样的行军速度不知什么时候才能找到他们，即使找到了能够追上消灭吗？而且，行军缓慢，士兵再行一段时间，只怕士气就消磨殆尽了，那时遇到凶悍的乌桓，岂不是自投死地吗？

曹操的谋士郭嘉同样看到了这一点，也了解了曹操的忧心，便进言道："兵贵神速，现在我们千里袭击敌人，辎重粮草过多，难以在战场上占到便利，况且如果乌桓了解了我们的行军路线，一定会做好准备，不如放弃辎重，轻装前进，加倍赶路，攻其不备。"郭嘉的计谋正和自己心意，于是曹操下令放弃辎重，从卢龙塞秘密出关，骑兵加速进军直指单于庭。

乌桓知道曹操出兵，但从来没想到他们竟然如此之快，当几千骑兵忽然出现在附近之时，蹋顿慌忙失措，赶快召集部众抵御。曹操麾军促战，乌桓军队由于准备不足，仓促应战，被打得措手不及。混乱之中曹军先锋张辽部直接将单于蹋顿斩杀，看到失去了主帅，剩下的乌桓军一溃而散。袁熙、袁尚听到了蹋顿阵亡的消息，连忙带领随从逃出乌桓，到辽东投奔太守公孙康去了，不久被公孙康设计杀死，曹操的北部边疆就此安定了下来。

曹操之所以能够战胜乌桓，关键就在于他大胆地放弃了辎重车马，轻骑出击，攻敌不备，一举斩杀了蹋顿。有部电影台词说得很好："天下武功，无坚不摧，唯快不破。"其实，战争也是如此，唯快能不败，唯快能胜敌。

"兵贵胜，不贵久"的思想，不单单适用于战争，也适用于商业角逐之中。商场如战场，市场情势瞬息万变，发现商机之后，果断决策，才能迅速地占领市场，获得利润，如果犹豫不决，行事迟延，好的机会便会落入他人之手，先机就会被竞争对手所掌握，再去投资就难以取得好的效果了。

时间是一个人最宝贵的财富，如果为了求得所谓的胜利，而浪费大量的时间，这种胜利就是"失败的胜利"，丝毫没有任何可以值得骄傲的地方。把握时机，迅速出击，远远比自身力量强大更加重要，无论在战场、商战、还是人生道路上的一些选择上，都要懂得珍惜时间、把握时机。

谋攻篇

孙子曰：凡用兵之法，全国为上，破国次之①；全军为上，破军次之；全旅②为上，破旅次之；全卒③为上，破卒次之；全伍④为上，破伍次之。是故百战百胜，非善之善者也；不战而屈人之兵，善之善者也。

注 释

①全国为上，破国次之：曹操注："兴师深入长驱，距其城廓，绝其内外，敌举国来服为上；以兵击破，败而得之，其次也。"即使敌人举国屈服，不战而降是上策，以兵击破敌国就次一等。

②旅：《说文》："五百人为旅。"

③卒：军制单位，百人为卒。

④伍：五人为伍。

译 文

孙子说：大凡用兵的原则，使敌人举国屈服，不战而降是上策，用兵击破敌国就次一等；使敌人全军降服是上策，打败敌人的军队就次一等；使敌人一个"旅"的队伍降服是上策，击破敌人一个"旅"就次一等；使敌人全"卒"降服是上策，打败敌人一个"卒"的队伍就次一等；使敌人全"伍"投降是上策，击破敌人的"伍"就次一等。因此，百战百胜，不算是最好的用兵策略，不进行战斗就令敌人屈服，才算是高明之中最高明的。

经典解读

"全国为上，破国次之"、"不战而屈人之兵"，对战胜方来说有多种好处。首先，这样可以迅速地解决战争，避免了己方士兵的战亡，节省战争消耗，保存自身实力。其次，这样避免了战争之中对对方百姓的伤害，是仁德的表现，战胜之后可以更好地获得民心。再者，正如尉缭子所说的："讲武料敌，使敌之气失而师散，虽形全而不为之用，此道胜也……破军杀将，乘闉发机，溃众夺地，成功乃返，此力胜也。"以道胜过敌人，敌人心悦诚服，可以真正为我所有，而以力战胜敌人，敌人只是暂时臣服于武力，当你的力量不足时，敌人就会反叛。一个增强了自己的势力，一个增加了自己的威胁，利弊显而易见。最后，对待一个敌人的态度，其他敌人都看在眼中，如果能够通过道义、威势令其不战而降，那么其他人也会纷纷效仿降伏。相反，如果对敌人轻易开战，残酷杀戮，一定会激起其他敌人兔死狐悲、同仇敌忾之心，这样的胜利相当于为自己树立更强大的对手，倒不如不胜的好。

智者重视保存自己实力，追求最小的代价取得最大的收获；仁者不会为了获取胜利而残杀无辜的百姓。一个优秀的将领，应尽量减少战争带来的伤亡，这是一种智慧，也是一种仁爱。

哲理引申

不战而屈人之兵

曹操说："未战而敌自屈，胜善也。"战争的最高境界便是，兵不血刃地让敌人屈服。其实，"不战而屈人之兵"本身也分几种不同的情势、档次。

智者言兵，莫不将道德仁义视为根本，所以令敌人屈服最高的境界便是以道胜敌。商汤伐桀、武王伐纣的时候，都是以有道攻无道，很多臣服于桀纣的诸侯，还未开战，便站到了汤武一边，这便是以道胜敌。

相传，商朝末年，天下有数百个诸侯，武王准备讨伐纣王，便会盟诸侯，准备出兵，但到来的诸侯没有几个。武王看到这种情况，心想殷商还未完全失道啊，诸侯之心还在纣王那边，便罢兵回国了。几年以后，纣王继续任用奸佞、残害百姓，很多忠臣遭到杀戮，武王看时机已到，再次会盟诸侯，天下诸侯前来的有三分之二。武王知道此时殷商已经完全失去了道义的支持，诸侯都归心于自己了，便下令讨伐纣王，一战而平定了天下。这便是凭借道义而取得胜利的典型。

君主贤能，政治清明，辅臣称职，百姓生活安乐，国家自然强大，不用名将锐兵就已经处于不败之地了。相反君主平庸，奸佞当权，朝政混乱，百姓就会心生不满，即使领土再大也是"纸老虎"。

齐威王即位之初，齐国屡次受到其他诸侯的侵略，后来齐威王听从邹忌的谏言，宣布"群臣、官吏和百姓能够当面指责我的过错的，受上等奖赏；书面劝谏我的，受中等奖赏；能够在公共场所批评议论我的过失，并能传到我的耳朵里的，受下等奖赏。"一时间，言路大开，朝政焕然一新。诸侯听到了这个消息，连忙派遣使者前来朝贺，实现了"战胜于朝廷"的效果。

其次，是通过法令严明、赏罚恰当，实现"不战而屈人之兵"，如司马穰苴处死庄贾，从而让赵军、燕军不战自撤。

再次，是通过强大的兵势而令敌人心生畏惧，不战而退。如韩信挟平魏破赵之势，兵临燕国，采用李左车的建议，令燕地数十城拱手降伏。

最后也可以通过谋略，避免兵刃相接，令敌人退去，这也可以看成是不战而屈人之兵的一种形式。比如，三国时候，诸葛亮面对司马懿大军，临危不惧摆出了空城计，让司马懿不战而退；诸葛亮去世以后，蜀人利用假的诸葛亮雕像，吓退司马懿，都是用谋略而实现目的，在战争中取胜的。

综上所述，"不战而屈人之兵"其实有很多形式，有很多方法可以实现，在平常的竞争之中，在真刀真枪的对拼之前，不妨想想这些"不战而屈人之兵"的法子，如果谋划得当可以实现事半功倍的效果，省去很多不必要的麻烦。

另外，"不战而屈人之兵"的层次是不同的，要想取得长久的胜利，必须从根本上下功夫，让自己符合道义，以道胜敌。道义并不是一个死板的东西，只有有智慧，让自己从一个侵略者变成一个爱民者，让敌人从一个正义者，变成一个邪恶者。将道义运转到自己这一边，想要取得战争胜利，就容易得多了。

战国时候，赵奢受命进攻齐国的麦丘。出发之前，赵惠文王询问他说："将军攻下麦丘需要多久？"赵奢心想连强大的秦军都败在自己手下了，对付这样一个区区小城，一个月足够了，便回答："一个月足够了。"赵王听了很高兴，隆重地为他举行了出兵仪式。

赵奢一到麦丘，就下令军队进攻。可是这座小城，想不到竟然那么坚固，赵军死了很多人也没有攻打下来。这时，他的儿子赵括对他说："守城的齐军之中有墨家弟子，对赵军的进攻很有防御办法，使赵军攻了几年都无功而返。而此次的赵军与以往的赵军没有什么不同，不比他们更善战，攻城的手段也并不比他们更多，如果像以前的赵军一样硬攻的话，必然也要付出像以前一样的惨痛代价。而且城中的人经常在晚上出来偷袭赵军。城外也有不少墨家游侠组成的游击队对赵军进行骚扰。如果继续这种情况的话，一个月的时间很快就会过去。不如，转换一种策略吧！"赵奢听了，点头认可。

在被俘的齐军俘虏那里，赵奢了解到城内的粮食已经不多了，都被守军控制着，百姓生活十分困难，甚至出现了人吃人的现象。赵奢于是下令停止进攻，并给俘虏发放一些粮食，将他们全部放回去。这支俘虏回到城内以后，将粮食分给家人，并告诉他们说城外的赵军十分仁慈，不仅没有虐待他们，还给他们粮食，让他们回来救济百姓。于是，城中有很多百姓开始偷偷地溜出来，投奔赵军。赵奢依然给他们发放粮食，这样很快城中都开始宣扬赵军的好，而痛恨守城齐军的残忍。

齐将看到这种情况，连忙下令将那些被放回的俘虏抓起来，并禁止百姓出城。百姓士兵对此都十分不满，怨言纷纷。赵奢又令士兵用投石车将粮食抛入城中，齐将害怕人心被收买，就禁止百姓拾取粮食，派人将粮食送给赵军，对赵奢说要攻就攻，不要再抛粮食了。赵奢遣回齐使，依然向城里抛粮食，守将知道如此下去，必出骚乱，就派了代表，期望出城于赵军决一死战。但赵奢拒绝开战，只是不时向城中抛粮食。几天以后，城中发生暴乱，百姓杀死了守城的齐将，举城投降。

赵奢父子抓住城中缺少粮食的劣势，故意送给百姓粮食，让自己成为了爱民者，轻易夺取了麦丘，这便是占据道义，而"不战而屈人之兵"。

无论做什么事都应记得：取胜的最高境界就是"不战而屈人之兵"，"不战而屈人之兵"的最高境界就是让自己拥有"有道伐无道"的形势。

原 文

故上兵伐谋①，其次伐交②，其次伐兵，其下攻城。攻城之法，为不得已。修橹轒辒③，具器械，三月而后成，距闉④，又三月而后已。将不胜其忿而蚁附⑤之，杀士卒三分之一而城不拔者，此攻之灾也。

注 释

①伐谋：用智谋使敌人屈服。

②伐交：利用外交途径战胜敌人。

③修橹轒辒：修，准备，曹操注："治也。"橹，曹操注："大楯也。"轒辒，古代攻城用的四轮车，用排木制作，外蒙生牛皮，下可藏十数人。杜牧注："轒辒，四轮车，排大木为之，上蒙以生牛皮，下可容十人，往来运土填堑，木石所不能伤，今俗所谓木驴是也。"

④距闉：闉，通"堙"，积土成丘。杜佑注："距闉者，踊土积高而前，以附于城也。积土为山曰堙，以距敌城，以观虚实。"

⑤蚁附：曹操注云："使士卒缘城而上，如蚁缘墙。"蚁，在此用如状语，意为"如蚁一样……"

译 文

所以上等的用兵策略是以谋略使敌人屈服，其次是以外交手段令敌人屈服，再次是出动军队攻敌取胜，最下策才是攻城。攻城只有在万不得已时才使用。准备攻城的蔽橹、轒辒、各种攻城器械，需要花费三个月的时间。构筑攻城的土山又要三个月。将帅控制不住忿怒的情绪，驱使士卒像蚂蚁一样去爬梯攻城，使士卒伤亡三分之一而城池不能攻克，这便是攻城所带来的危害。

经典解读

善用兵者要以己之长，攻敌之短，运用策略令天时、地利都利于自己一方，这样才可减少攻战中的损失。如果，将领凭恃一时气愤，不顾地势条件，驱使士兵攻打坚固的城池，这就是以己之短，攻人之长，即使能够侥幸得胜，所付出的代价也是惨重的。

生活上同样如此，遇到困难的事不可强干、蛮干，要等待时机、选择策略，改变形势。有种说法叫"懒人好办事"，为什么说懒人好办事呢，就是因为他们不愿意付出太多的努力，所以遇到了困难知道暂时躲避，想方设法地采取策略求省事，正是因为这种"偷懒"之心，反而让他们在很多事上做得比那些执拗、不懂策略的人更好。

哲理引申

遇城不可强攻

一想到战争，很多人就会立刻想到电视剧《三国演义》片头那些扛着长梯，推着冲车的攻城画面，并深深被这种极具冲击力的战争画面所震撼，但在兵家大师眼中，攻打城池是最低档次的战争，是最不可取的行为。只有被愤怒冲昏了脑袋的将领，才会驱使士兵像蚂蚁一样攀附城池，用血肉堆积出可怜的胜利。

攻打坚城者无不是妄图通过人数的优势，来战胜拥有地利的敌人，这种将领首先就失去了仁慈之心，不知道爱惜自己手下，这种人即使得到了胜利，他的统治也不会长久；再者，攻打坚城往往"杀士卒三分之一而城不拔"，是对自己实力的一种极大损耗。即使不爱惜士兵，聪明的将领也不会因此而将自己的优势葬送。历史上，因为执意攻打坚城而失败的将领数不胜数。

338年五月，后赵皇帝石虎以燕军违约独攻段氏，得胜后又劫掠而归为由，发兵数十万北伐。前燕刚刚成立，慕容氏立业不稳，很多城市看到后赵军的强大，纷纷投降。只要安抚那些投降的城池，前燕的大势就已经去了，但石虎为人残暴、骄横，这次受到了前燕的挑衅，心中十分愤怒，发誓一定要一举攻破燕都棘城，将敢于轻蔑自己的人赶尽杀绝。

燕主慕容皝看到后赵军来势汹汹，本想弃城逃走。但大将慕舆根劝谏他说："本来就是赵军强大，我军弱小，如果这个时候您逃走，我们的士气就彻底散尽，而赵军的士气则更加强盛。那些动摇的城池必然都会投降赵军，他们劫掠土地、人民，兵强粮多，就再也不能被击败了。窃以为赵人大张声势，正期望您这么做呢，为何要主动中了他们的计谋呢？现在我们固守城池，得到地势之利，力量就相当于增大了百倍，即使他们紧急攻城，我们也可以支持得住。我们时刻观察形势，等待时机，求取利益才是。即使守不住城池，那时再突围撤走，也不晚，如今望风而逃，就必然灭亡了！"慕容皝又问计于大臣封弈，封弈回答说："石虎凶虐残暴到了极点，人神共愤，败亡即将到来！现在他倾尽全国之兵来攻打我们，但他们有远道攻城的不利，而我们则占尽城高池深的便利，攻守易势，即使敌人兵强马壮，也不能给我们带来什么灾患。赵兵痛恨石虎的残暴，厌恶他无端发动战争，如果前来攻城，大军屯兵城下，时间久了一定会自己生出衅隙，我们只要坚守城池就可以了。"

　　慕容皝听了这些大臣的分析，认为很有道理，坚定了守城之心。后来再有大臣劝他撤退，慕容皝就大声训斥道："我正要击败石虎，创立天子之业，才刚刚开始，怎么能够退却呢！"

　　后赵的军队到了棘城以后，石虎日夜催促将领攻城，城池不能攻破。石虎便亲自率领大军，令赵兵"四面蚁附缘城"，慕舆根等昼夜力战，攻城进行了十余日，城下赵兵的尸体堆积如山，城墙还是固若金汤。后赵军从上到下，都弥漫着懈怠、畏惧的气息，石虎虽然残暴，但他知道如果再驱使这些人进攻的话，不用燕军动手，他们内部就会发生叛乱，于是，只好带着极不甘的心情下令退军。

　　赵军将士听说不用攻城了，如蒙大赦，浩浩荡荡地向后撤退。这时，慕容皝知道赵军气势完全消失了，便令儿子慕容恪率领两千骑兵开城追击。赵军没有想到敌人还敢出城追击，未设任何防备，见到敌人骑兵忽然冲来，顿时溃败。石虎带头丢盔弃甲逃跑了，这些可害惨了手下的将士，失去了指挥，他们在凶悍的燕军骑兵面前成了待宰杀的羔羊，一战下来，被斩首者三万多人，后赵势力从此大大衰弱。

　　石虎本来拥有巨大的优势，但他非得要攻打敌人最坚固的城池，这种意气用事，终于让他尝到了苦果，不仅棘城没有攻下来，还遭受了惨败，那些投降他的城池也全都丢掉了。他用他的愚蠢行为，验证了孙子的话——"杀士卒三分之一而城不拔者，此攻之灾也。"

"遇到坚城，不可以强攻"，这是一个鲜血淋漓的历史教训，也是一条很重要的生活智慧。在生活之中，我们经常会遇到一些难事，如果我们非要和它较量个胜负的话，就会在这里浪费太多的时间、经历，弄不好还要吃大亏。遇到这种情况，不如换个路线，或是跳过困难，过一段时间回过头再去解决那个困难的话，也许就没有那么棘手了。

园子中一片荒芜，一个小男孩正在努力地清理它，因为父亲承诺只要在晚饭前清理干净了园子，他便可以得到一辆新的自行车。野草虽然很茂盛、有时还会有带刺的蒿子划伤手指，但这点痛对于这个年纪轻轻的"大丈夫"来说，并不算什么，他心里盘算着有了新的自行车，又可以在小伙伴们面前骄傲一阵了，这是多么让人兴奋啊！

可是，忽然他在园子快到尽头的地方碰到一块大石头，石头半截埋在土中，男孩费力地推了又推，却发现石头一动不动地立在那里。男孩很不服气，他不相信自己连一块石头都移不走，他挖掉了石头旁边的泥土，使它完全暴露在外面，但这个石头对他来说，还是太重了，他采用了各种办法，用手推，用绳子牵，石头纹丝不动。小男孩就这样在这块石头上耗费了整整一个下午，眼看太阳就要下山了，自己只怕完不成清理园子的任务了，小男孩急得掉出了眼泪。

他的父亲看到了这种情况，走上来对他说："既然石头推不动，为何不先清理后面的土地？"男孩抽泣着说："后面的土地清理完了，石头还不是依然挪不动，那样也不算清理完园子啊！"父亲笑了笑说："未必。"男孩将信将疑地越过石头，继续后面的工作。但他清理到园子边缘时，忽然发现杂草之中藏着一根长长的撬棍。他回过头，看到父亲意味深长地看着他。用这个撬棍，男孩轻易地将石头挪到了园子边上。

这个父亲的教育很成功，他让孩子明白，当遇到困难的时候，不可因为愤怒而与它斗气，只要将它暂时放一放，思考一下，也许很快你就会在别处找到打开困难之锁的钥匙。

在生活中，我们常常会遇到一些"牛脾气"的人，他们做事永远不知道拐弯、永远不知道退步，这种坚毅的性格是一种优点，但有时也是一种致命的缺点。并不是所有的困难经过不屈的努力便可以完美解决的，有时，过于"不屈不挠"反而会让自己付出过大的成本。生活中的困难就像战争中的坚固城池一样，我们可以智取，可以暂避，唯独不可因为意气用事，而和它纠缠不清，非要碰个头破血流。

调动他人力量，实现自己的目的

孙子说："上兵伐谋，其次伐交，其次伐兵，其下攻城。""伐交"就是利用外交手段，也就是通过调动其他国家的力量来为己所用，从而战胜敌人。学会利用他人的力量为自己造势，要远远比自己亲自发动战争高明得多，也有效得多。当然，调动别人，并不是让人恶意地欺骗、利用他人，只要谋划得当，完全可以实现双赢、多赢的局面。

春秋之时，田常想要在齐国作乱，却害怕高、国、晏、鲍等旧贵族的势力，所以想发动一场战争，攻打鲁国以转移国内视线。孔子听到了这件事，对门下弟子说："鲁国，是祖宗坟墓所在的地方，是我们出生的国家，国家到了危险地步，怎么能不挺身而出呢？"子路请求前去，孔子制止了；子张、子石请求前去，孔子同样不答应；这时，子贡请求去挽救鲁国，孔子很高兴地同意了。

子贡来到齐国，游说田常说："您讨伐鲁国实在是一个不明智的举动。鲁国是一个难于征讨的国家，它的城市防御薄弱，它的国土狭窄不堪，它的君主愚昧不仁，大臣们虚伪而没有能力，它的人民不喜欢战斗，这样的国家不可以开战。您不如去攻打吴国。吴国，它的城墙高大而厚实，护城河宽阔而水深，铠甲坚固而崭新，士卒经过挑选而精神饱满，可贵的人才、精锐的部队都在那里，又派英明的大臣守卫着它，这样的国家是容易攻打的。"田常听了子贡的话，认为他是在捉弄自己，十分生气，斥责道："你认为困难的对于别人来说是容易的；你认为容易的对于别人来说很困难的。你用这样的话来指教我，是什么居心！"子贡不紧不慢地回答："我听说，忧患在内要去攻打强大的国家；忧患在外，要去攻打弱小的国家。如今，您的忧患正在齐国之内。我还听说，您多次想要封号，都未被授予，是因为朝中大臣反对您呀！现在攻打鲁国，打胜了国君就会更加骄纵，大臣就会更为尊贵，而您却只能受到更多的猜忌和中伤，如此只怕想要继续在齐国立足就难了。相反，攻打吴国大多要以失败告终，那样很多大臣家族的子弟要死在国外，这就趁机削弱了其他大臣的力量，朝中空虚就没有人可以牵制你了。"

田常觉得子贡说的很有道理，但又愁眉不展道："这样虽好，但我应经下令军队开赴鲁国，现在要转头进攻吴国，大臣们一定会起疑心，这可如何是好呢？"子贡说："不碍事，只要您按兵不动，我去见吴王，让他出兵援助鲁国，您就可以调转兵锋了。"田常许诺了。

子贡来到吴国，对吴王说："我听说，施行王道的不能让诸侯灭绝，施行霸道的不能让另外的强敌出现。如今，齐国将要吞并鲁国，如果他们成功，那吴国北方就会出现一个强大的敌人，您想要称霸就难了。况且援救鲁国可以扬显名声，攻打齐国可以获得大利，一旦齐国被击败，吴军就可以利用这威势镇服强大的晋国，成为霸主了。这种名利双收的事，大王切不可错过！"吴王点头连称好，可一会又说道："先生计谋固然很好，可我听说越王在南面厉兵秣马，准备报复吴国，我打算先攻打越国。"子贡说："如果大王先攻打越国，那鲁国只怕早就被齐国灭掉了，那时大王的霸业就不可成了，不如让我去说服越国，让越王臣服于大王，并派遣军队追随大王伐齐！"吴王同意。

子贡来到越国，越王亲自清道相迎，问："越国是个偏远落后的国家，大夫怎么屈尊自己庄重的身份光临到这里来了!"子贡回答："现在我已劝说吴王援救鲁国攻打齐国，他心里想要这么做却害怕越国，说：'等我攻下越国才可以。'像这样，攻破越国是必然的了。况且要没有报复人的心志而使人怀疑他，太拙劣了；要有报复人的心志又让人知道他，就不安全了；事情还没有发动先叫人知道，就太危险了。这三种情况是办成事的最大祸患。"越王听说后，大惊，连忙问计。子贡又说："吴王残暴，杀死了忠臣伍子胥，奸佞的太宰嚭执政当权，您如果用重金贵宝来博取他的欢心，用谦卑恭顺的言语给他礼敬，他一定会报答您，从而撺掇吴王攻打齐国，那时你再派遣军队协助吴军，吴王一定会麻痹大意而放弃攻越的想法，我再北上晋国，劝谏晋国攻打吴国，那吴国大势就去了，您也就可以成功复仇了。"

越王非常高兴，答应按照计划行动，并给子贡重赏，子贡推辞之后便上路了。他回到吴国，对吴王说："越王十分惶恐，声称自己自不量力冒犯了吴王，绝不敢反叛，并派遣军队来协助吴国。"几天以后，越王果然派使臣文种带着军队、来听从吴王调遣，吴王大喜，随即调动全国之兵准备攻齐。

子贡又赶到晋国，对晋定公说："我听说，不事先谋划好计策，就不能应付突然来的变化，不事先治理好军队，就不能战胜敌人。现在齐国和吴国即将开战，如果那场战争吴国不能取得胜利，越国必定会趁机扰乱它；和齐国一战取得了胜利，吴王一定会带他的军队逼近晋国。"晋定公非常恐慌，问："那我该如何是好呢?"子贡说："整治好武器，休养士卒，等着吴军的到来。"晋定公厚谢了他的善言，依照他的话做了。子贡这才回到鲁国，向老师孔子复命。

果然，吴王进攻齐国，在艾陵把齐军打得大败，又不肯班师回国，带兵逼近晋国，和晋国人在黄池会盟，争抢盟主之位。这时，越国趁机偷袭了吴国，攻破了吴国都城，几年以后吴国灭亡。

鲁国力量弱小，面对强大的齐军没有什么战胜的机会，所以孔子并没有派遣有勇力的子路去带兵救援，而是让能言善辩的子贡去游说诸侯，采用"伐交"之策。子贡也不负众望，成功地察觉了各个诸侯的欲望，将他们的力量调动起来，从而实现了保存鲁国的目的。

乐毅之所以能够攻破强齐，一个很关键的原因就是他先通过外交途径联合赵、秦、韩、魏等国，将齐国孤立了；秦国之所以能够将各个诸侯分化击败，也是因为张仪等人通过外交途径，将六国合纵分化离析；刘备之所以能取得赤壁之战的胜利，前提也是诸葛亮舌战群儒，通过外交实现了孙刘联盟。要想建立一番事业，必须善于利用伐交之道，调动他人力量。

原　文

故善用兵者，屈人之兵而非战也，拔人之城而非攻也，毁人之国而非久也，必以全争于天下①，故兵不顿②，而利可全，此谋攻之法也。

注　释

①必以全争于天下：全，全国、全军。指战争中要实现全胜的战略。

②兵不顿：兵刃不钝，兵锋未损。比喻战斗力未损，士气未挫。

译　文

因此，善于用兵的人，使敌人屈服而不靠战争，占领敌人的城池而不靠硬攻，消灭敌国而不靠久战，用完善的计策争胜于天下，兵力不至于折损，却可以获得全胜，这就是以谋攻敌的方法。

经典解读

战争的目的是使敌人屈服，但真刀真枪地战斗会给自己也造成严重损害，很多时候只要谋略得当，根本无须兵刃相接，就可以让敌人不战而溃、不战而降。七国之乱的时候，吴楚兵锋锐利，周亚夫于是退军昌邑，坚守不出，又使轻兵绕道敌人背后，断绝叛军粮饷，叛军攻城不能下，欲战不能得，只好在粮食吃尽以后逃遁而去，此时，周亚夫趁机追击，大破敌军。这就是不战而以谋略屈敌。

东汉妖巫作乱，大将臧宫围困原武，但城内粮草丰足，汉军几次攻打，都未能攻克，士卒多有死伤。光武帝召集大臣咨询方略，东海王（即后来的明帝刘庄）说："妖巫劫持吏民，其心不会长久。他们内部一定有因后悔而想逃跑的。只不过由于我们围城太急，他们没有机会出逃罢了！为今之计，最好是略缓城围，让他们得以逃出城去。一逃，有一个亭长就足可以擒获了。"光武帝采纳东海王的建议，命令臧宫撤出部分兵力，暂缓城围，敌人果然分散逃出。臧宫等斩杀了乱贼首领，轻易平息了变乱。这就是以不攻而拔人之城。

勾践想要报复吴国，但又畏惧吴国国势强大，便听从大夫文种的建议，向吴国借粮。第二年，选择个头饱满的种子，蒸熟以后还给吴国。吴人欣喜，以为是良种，结果种下去以后颗粒无收，府库因此空虚。这便是不战而毁人之国。

只要谋略得当，完全可以通过不战的手段，实现苦战的成果，所以说，为将者伐谋为上。

哲理引申

上谋不斗

孙子说："故善用兵者，屈人之兵而非战也，拔人之城而非攻也，毁人之国而非久也，必以全争于天下。"《司马法》中也说："上谋不斗。"可见战争的最高境界并非凭借威勇杀将破敌，而是如曹操所说："不与敌战，而必完全得之，立胜于天下，不顿兵血刃也。"

　　三国末年，姜维率领蜀军进攻魏国雍州。这次蜀军吸收了以前失败的教训，采取稳扎稳打的策略，依傍曲山筑城，派牙门将苟安、李歆等人驻守；同时姜维熟悉陇西风土人情，诱降当地羌胡归降蜀国，一时军威大振，大有一举吞并雍凉之势。

　　魏国征西将军郭淮和陈泰统兵抵御。郭淮见姜维势大，准备激励士兵与其决一死战，陈泰制止，说："曲城虽然坚固，但是远离西蜀，道路险峻，粮食只能长途运输；羌胡因为害怕姜维势大而暂时依附他，一定不会长久配合。与他们直接交战，不一定能够取胜，即使侥幸胜利，士卒损伤一定很严重，如果我们围困曲城，又不与之交战，那么他们救不能救，粮食又无法运到，很快两城就不攻而破，姜维失去了这两个据点，也就无法和我们相争了。"

　　郭淮听从了陈泰的计谋，于是命陈泰迎阻蜀军，南安太守邓艾进围曲城，切断交通及水源。蜀军援军到来，陈泰坚守不战；城中蜀军出城挑战，邓艾也不与理睬。这样不久曲城守军就困窘不堪，士兵们只能靠吃雪水过日子。姜维亲自领军前来，在牛头山与陈泰对峙，连连挑战、相激，陈泰都不为所动，对部下说："兵法贵在不用打仗就能让人屈服，如今只要我们切断牛头山的道路，使姜维没有了退路，就能把他擒获了。"遂令各部坚垒自守，同时，郭淮率军进逼洮水，企图切断姜维退路。姜维发现魏军动向，大惊失色，连忙带领大军撤回。而被围困的苟安、李歆等人孤立无援，只好献城投降了。

　　郭淮、陈泰等将领清晰地看到了蜀军粮草运输困难的弱点，于是围而不攻、固守不战，兵刃未接就迫使姜维无功而返，实现了以谋胜敌的目的。

　　以谋胜敌的关键在于度量敌人的意图，分析敌人的弱点，再运用形势变化让他们主动朝着自己所预想的轨道行动，从而避免直接冲突就达到自己的目的。在战争之外，处理其他事情上，同样也要有谋略，多动动脑子，远比总动用武力有效得多。

晋国大夫赵简子喜欢在自己的苑囿中骑马，但令他烦恼的是苑囿中长满了树木。想要清除这些树木可是个费力的事，如果下令让百姓来做这件事的话，百姓心中一定会产生不满，他不愿因为自己骑马的事而结怨于百姓，可又实在是想不出什么好的办法。

一天，范氏的三个孩子来家做客，赵简子便将自己的烦恼告诉了他们，问有什么好的主意。最大的一个说："贤明的君主不经过讨论的事情，便不会去做；昏乱的国君不经过讨论，什么事情都敢做。"中间的那个说："爱惜马脚就无力顾及民力，顾及民力就不会爱惜马脚。"他们这样说是在劝赵简子：人力、马力，不可两得，您还是算了吧！

这时，第三个孩子说话了："我有一个办法，可以既让你实现目的，又能够让老百姓高兴。"赵简子听了心中大喜，忙问有什么好办法。那孩子说道："可以用三德来役使老百姓，假如先砍伐了山上的树，便可以在这里养马，然后再开园，这时则山远而园囿近，这便能让老百姓高兴一次。然后再平掉险阻的山，砍伐平地上的树，老百姓便会高兴第二次。砍伐之后，再贱卖给老百姓，他们便会高兴第三次。"赵简子采用了他的计谋，果然实现了自己的目的，又取悦了老百姓。

范氏小儿子的计谋是很有效的。如果，单单采用法令强制的方法让他人服从，得到的一定全部是抱怨、不满。

愚蠢的人强制别人为自己服务，平庸的人请求别人为自己服务，狡诈的人欺骗别人为自己服务，真正的聪明人既不强制，也无须欺骗，他们能够采用计谋，制造形势，让他人心甘情愿地朝着自己所预想的方向行动——无论做什么事，都要善于通过谋略来实现自己的目的！

原 文

故用兵之法，十则围之，五则攻之，倍则分之，敌①则能战之，少则能逃之，不若则能避之。故小敌之坚，大敌之擒也②。

注 释

①敌：匹敌，实力相当。

②小敌之坚，大敌之擒也：只知固执硬拼的小敌，必为大敌所擒。

译 文

用兵的原则是：有十倍的兵力就包围敌人，五倍的兵力就进攻敌人，两倍的兵力就分割消灭敌人，有与敌相当的兵力则可以抗击，兵力少于敌人就要避免与其正面接触，兵力弱少就要撤退远地。所以弱小的军队顽固硬拼，就会变成强大敌军的俘虏。

经典解读

战争之中要根据敌我双方力量对比，在不同情况下，采取不同的策略。当力量胜过敌人之时可以主动进攻，当没有压倒性优势的时候就要采取策略分化敌人。如果力量比敌人还弱小，就需要暂时避其锋芒。若是不衡量实力对比，凭借意气轻易开展，结果只能是被敌人击败、擒获。故《左传》中说："既不能强，又不能弱，所以败也。"

在平常生活中，面对各种对手、困难，不能一味刚强。老子说"柔弱胜刚强"，人只有懂得以柔克刚之道，在自己力量不足的时候选择退避、甚至暂时屈服，才能保全自己，最终等到战胜敌人的机会。一味逞强，只会自取灭亡。

哲理引申

先衡量一下自己实力

孙子说："用兵之法，十则围之，五则攻之，倍则分之，敌则能战之，少则能逃之，不若则能避之。"这告诉人们一个很重要的道理：在与别人开战之前，要好好掂量一下自己的实力。你有十倍、五倍于敌人的力量，可以一举将敌人击败，那么你可以选择开战；如果你自己和敌人力量相差不大，没有必胜的把握，那就要好好想想开战是否能够必胜，是否应该采取些策略；如果你的力量还不如他人，那么就不要逞强，上去自己找打。

实力弱小的人，经不起失败，一旦主动进攻强者，可能就再也无法翻身了，甚至连苟延残喘的机会都失去了；实力强大的人，同样经不起失败，失败了就会丧失自己威严——本来可以通过威势不战而屈敌，一旦轻易开战，吃了败仗，别人就不再将你放在眼中，甚至开始主动挑衅、欺负你。

周穆王执政的时候，西方的犬戎开始强大起来，周穆王感到了威胁，准备兴兵讨伐。大臣祭公谋父知道了周穆王的意图，感到不妥，就进宫拜见，劝阻说："大王，我们不应当讨伐犬戎。历代先王之所以能服众，是因为显示美德而非兵力。况且，积蓄兵力，相机而动，一旦行动就要确保成功，如此才能拥有威势；如果轻易发动战争，使战事形同儿戏，就不能让人畏惧，也就失去了威势。武力只有在不得已的时候才能用来为民除害，只有在万无一失的时候才能用来威服敌人，面对强大的对手，天子应该加强修治自己的品德，而不是轻易发动人民去远征。现在的犬戎，一直能尽它的职责纳贡、朝王，而大王您却说：'我一定要以"不享"的罪名征讨他们，而且要向他显示武力'，这难道不是有违先王的教诲，破坏先王的制度吗？我听说犬戎树立敦厚的风尚，遵循先人的善德，

始终如一地固守，他们应该有抵御我们的力量。"

周穆王拒不听从祭公谋父的意见，调集军队进攻犬戎，结果正如祭公谋父所料，犬戎部落坚决抵抗，周朝的军队没有占到任何便宜，周穆王只得到了四头白狼和四头白鹿。而且，这场战争让西方的少数民族看到了周朝的外强中干、蛮横失德。从此以后，戎、狄等少数民族居住的地区的所有部族，全都脱离了周朝的约束，再也不来朝拜周王了。

周穆王没有必胜的把握，而且在道义不在自己一方的情况下轻率发动战争，既使大军劳而无功，又导致王朝的威严尽失，这就是在战前没有好好衡量一下自己实力的过错。在"掂量实力"时，绝不能对自己太自信，更不能轻视对手，要量力而行。

东汉建安十九年（214），曹操准备征讨孙权。参军傅干进谏说："治理天下的大道有两种，文治和武治。用武治则需要先立威，用文治则需要先立德，威德并济才可以成就王道大业。往者天下大乱，上下失序，明公用武力攘除群雄，天下十平其九。如今没有归顺的只有吴、蜀两国。吴国有长江之险，蜀国有崇山阻碍，难以用武力威服，可以用德义感怀。愚以为只需按甲息兵，修养军士，论功行赏，坚固内外之心，使天下知法制；然后兴办学校，教导人民，增长他们的义节。您的神威震慑四海，如果再修文治，普天之下自然就归服了。现在举兵数十万，困顿于长江之滨，如果敌人深藏固守，兵强马壮、奇谋权变也不能收获其功，则自己的威势大损而敌人更不会心服了。"

曹操不听，执意发兵，果然在长江受阻，无功而返。

《左传》上说："力能则进，否则退，量力而行。"知道自己的力量量力而行，才能达成目的，"不度德，不量力"盲目行事，必将给自己带来灾祸、耻辱。

在平常生活之中，量力行事同样重要。有些人自身没什么实力，却到处挑衅、树敌，自以为这是一种勇敢的表现，可一旦别人反击起来，他就会深深地尝到"自不量力"的下场；有人实力不大，却自以为是，故意欺凌身边的人，面对别人的忍让依然咄咄逼人，一旦他人忍无可忍，奋起反击了，所有人都会发现这个人原来一直在虚张声势，根本没有什么能耐；还有些人，别人开始对他比较尊重，他便自以为了不起，不断提出过分的要求，结果被强硬地拒绝，事情没办成，尊严也丢尽了……

无论什么时候都要记得：不要以弱犯强，不要自以为是，在做事之前，一定要记得掂量掂量自己的实力。

欲强先弱 欲胜先避

孙子说"小敌之坚，大敌之擒也"，就是告诉将领们，当自己势力弱小的时候，不可硬打硬拼，毕竟战争是一件讲究实力的事，以少胜多并非常态。在实力对比没有任何胜算的时候，果断退却，保存实力也未尝不是一个好的计策。司马法中也说："凡战，击其微静，避其强静；击其倦劳，避其闲窕；击其大惧，避其小惧。"作战并不是凭借勇力向前、向前、再向前就可以的，而要灵活进退，避其强，攻其弱；避其锐，击其怠。避与进同样重要，不知退避则不能全胜，不懂在弱小时退让，就不能保存自己，等到有利时机，反败为胜。

第二次世界大战的时候，德国忽然发动闪电袭击，给苏联造成了严重的打击。此时，德军的气势、战争准备要远远优于苏军，可苏联最高决策层却认为己方可以抑制住敌人的攻势，甚至在正面对战中击败敌人。于是他们下令，苏军要不惜一切代价地消灭入侵的德军，将侵略者彻底赶出国门。然而，这种"不惜一切代价"的命令所带来的后果是惨痛的，短短几个星期内，苏军败退数百公里，无数反击敌人的部队在大平原上被德国精锐的装甲部队切割、歼灭，上百万人被俘获。

通过这一惨痛的教训，苏军将领认清了和敌人面对面硬拼不会取得胜利，便改变了作战方针，"避敌锋芒，击敌之虚"，主动退守那些战略

91

地位重要，防守设施齐备的大城市；并组织游击队等在背后牵制敌人，实行焦土抗战，减少敌人补给。尤其在斯大林格勒保卫战中，苏军不正面出击，而是死守城市，将德军困在城下，等德军疲惫不堪以后，调动大量主力军对德军实施突然的猛烈打击。德军由于长期攻城不下，又遭遇冬季严寒，补给不足，士气低落，这时苏军从两翼发动突然攻势，把攻城的德军陷于反包围中。不久以后，这些锐气散尽、缺少食物、缺少弹药的德军几十万人全部被苏军围歼、俘虏，整个战争的形势也开始了逆转。

苏军开始的失败，是因为采取了与强敌正面硬拼的方式；后来，能够扭转战局，和"避敌锋芒，击敌之虚"的战术是密不可分的。这也验证了孙子"小敌之坚，大敌之擒"道理的正确。

岂止是战争，生活中无论面对什么，都要懂得避强趋弱的道理。《菜根谭》中说："舌存常见齿亡，刚强终不胜柔弱；户朽未闻枢蠹，偏执岂能及圆融。"只知刚强，不知柔弱，只知偏执，不懂圆融，就会因争强而被打击，因偏执而结怨于人，不仅功名难就，只怕安身立命都成问题。

越王勾践在被夫差打败以后，于会稽山收拾残兵，准备拼死一战，他知道自己这点残兵根本不可能取胜，不禁哀叹："难道我的生命就要在此终结了吗？"大夫文种听到以后，劝他说："商汤被囚禁于夏台，文王被拘系在羑里，晋文公重耳奔逃翟国，齐桓公小白逃亡莒国，他们并没有灭亡，反而成就了王霸之业。此时与吴国死战，不如忍受屈辱，等待复兴的机会。"

勾践于是派遣文种到吴国求和，文种贿赂吴王宠臣太宰嚭，并答应了很多屈辱的条件，终于得到了赦免。勾践亲自带着夫人来到吴国，为吴王夫差做仆役，他们住在破旧的石屋之中，吃着粗糙的食物，干着又脏又累的低贱活儿，还要时刻忍受吴国人的侮辱、堤防伍子胥的陷害。这一切苦难和羞辱，勾践都默默地忍受了下来，为了获得夫差的信任，他甚至在夫差生病以后品尝他的粪便，来推测其病愈时间。

数年忍辱负重，勾践终于回到了自己的国家。接下来的时间里，他无日无夜不想着自己受屈辱的经历，于是，卧薪尝胆、励精图治，终于打败了吴国，成就了霸业。

如果勾践不懂柔曲退让，率军与夫差决一死战，也就不会有卧薪尝胆的故事了，他的耻辱就不可能雪洗，他的霸业也不可能实现。

原　文

夫将者，国之辅也，辅周①则国必强，辅隙②则国必弱。

故君之所以患于军③者三：不知军之不可以进而谓之进，不知军之不可以退而谓之退，是谓縻④军。不知三军之事而同⑤三军之政者，则军士惑矣。不知三军之权⑥而同三军之任，则军士疑矣。三军既惑且疑，则诸侯之难⑦至矣。是谓乱军引胜⑧。

注　释

①周：周密。

②隙：疏漏不周。

③患于军：患，为患、贻害。即危害军队。

④縻：原义为牛辔，可引申为羁绊、束缚。杜牧注："縻军，犹驾御羁绊，使不自由也。"

⑤同：参与，干涉。

⑥权：权变、权谋。

⑦诸侯之难：诸侯国的发难，指诸侯国乘其军士疑惑之机，起而攻之的灾难。

⑧乱军引胜：乱军，自乱其军。引胜，导致敌人的胜利。自乱其军，给敌人带来胜利。

译 文

将领，是国家的辅佐，辅佐周密国家就会强大；辅佐疏漏，国家必然衰弱。

国君对军队造成的危害有三种情况：不知道军队在什么条件下可战而使其出击，不了解军队在什么情况下可退而使其撤退，这就束缚了军队的手脚。不通详三军内务，而插手三军的政事，就会使部队将士不知所从。不了解军中的权变之谋而参与军队的指挥，就会使将士们疑虑重重。军队既迷惑又疑虑，诸侯国军队乘机而进攻，灾难就降临到头上，这就是自乱其军而丧失了胜利的机会。

经典解读

唐人贾林注解道："国之强弱，必在于将。将辅于君而才周，其国则强；不辅于君，内怀其贰，则弱。择人授任，不可不慎。"也就是说，将领有德有才，忠心辅佐国君，又智谋周密国家才会强盛；如果他们心怀二意，或是才疏谋浅，国家就会衰弱。所以，作为君主一定要善于识别、任用人才，选择德才兼备的人作为自己的辅佐。

作为国君不可轻视军事，但也不能对军事进行过分干预。国君肆意干涉具体军事，一则可能因为自身"业务不精"而做出错误的决策，一则这样会束缚前线将领的手脚，使他们有才也不能充分展现。相信下属、不过分干预下属，这是任何成功的领导者都应必备的素质。

哲理引申

过分干预是失败之源

在孙子眼中，国君的职责是识别贤才、选拔良将，而指挥作战，权衡战场形势调整军政则是带军将领的任务。对于战场上的那些具体事务，君主不应该过分干涉，不懂军情而强加干涉就是縻军、乱军。每个人都应找准自己的位置，认清自己的职责，把自己的本职工作做好才是最重要的。越俎代庖的事，做得太多，不仅无功还有过。

汉高祖刘邦在指挥作战上并没有什么出色的地方，他自己带部队经常被项羽打得落花流水，但他能够任用将领，让韩信、彭越、英布等独挡一面，最后合力消灭了西楚霸王。有些君主，自己对军事不精通，却又自以为是乱指挥，或是对将领不放心，在战事上横加干涉，这样他们反而成了胜利最大的绊脚石。北宋太宗赵光义，不懂军事，又喜欢指挥作战，结果两次征辽作战都大败而归，导致国家元气大伤。

战争之时皇帝往往远在千里之外，消息传递时日长久，而战场之上形势瞬息万变，如果对战事进行指挥，即使出发点是好的，谋划正确，命令传到也早就不适用了。所以，与其劳心费力地思索如何指挥战斗，不如将精力放在选拔优秀的、可以相信的将领身上。同时，在战事上要虚心采纳有经验的将领的意见，不可因为权高位重而自作主张。

战国时候，燕昭王派遣乐毅率领燕、赵、韩、魏、秦五国军队攻打齐国。诸侯军士气高昂，兵锋锐利，齐国西北的城池纷纷陷落，齐闵王连忙派将领触子率军抵抗。触子看到诸侯气势正强，难以正面克敌，便在济水深沟高垒地进行防守，以待转机。但齐闵王素来狂傲，有称霸天下之志，现在被其他诸侯攻击了，欲立刻消灭敌军，重建自己的威望。于是，他下令触子交战，触子不听，齐闵王十分生气，派遣使者辱骂触子道："你如果不尽力作战，我就灭绝你的族类，掘平你的祖基!"触子无奈，只好主动出战，结果齐军一交战便大溃，触子既怨恨齐闵王胡乱指挥，又害怕回去受到惩罚，便乘着一辆车子逃走了，从此不知所踪。

诸侯军一下子攻到了齐国都城之下，齐闵王又任命了新的将领达子对抗联军。达子想要据城固守，齐闵王不同意，强迫他出城交战。达子说："我军士气低落，而敌军士气高涨，如果非要交战的话，请先奖赏将士，激励士气吧!"齐闵王听了大怒，训斥道："你们这些无用的东西，敌人到了国都之下，不赶快去将他们消灭，还敢向我要奖赏！"达子无奈，硬着头皮和联军作战，结果齐军一交战就败下阵来，达子战死沙场。乐毅抓住时机，一举攻下齐城七十余座，齐闵王仓皇逃往了卫国。

不懂战争的统治者对于战事胡乱指挥，对军队是最大的伤害，在这种情况下即使有名将也无法建功立业。人才需要有发挥才能的自由，否则就像被套上了枷锁一样，难以建立功勋。

楚王用重金聘请伯乐为他找来一匹千里马，几个月以后伯乐将马带到了楚王宫殿之中。第二天，楚王便举行了盛大的赛马仪式，来测试千里马。结果，五场比赛，千里马全部败落，楚王大怒，认为受到了伯乐的欺骗，便下令将伯乐抓来要惩罚他。

伯乐来了以后，楚王怒斥道："我赏赐了你那么多黄金，你为何欺骗寡人！"下令将伯乐推下去斩首，伯乐连喊冤枉，说："我愿亲自为大王测试千里马，如果失败，大王再处罚我不迟。"楚王同意了。十几匹马一同赛跑，伯乐驾着千里马遥遥领先，比第二名快了不知多少。楚王大惊，连忙将伯乐请到面前，问："我方才多次测验这匹马，可它并不比其他马出色，为何先生一来，便能让它展现了千里马的本质呢？"

伯乐回答说："千里马和别的马不同，其他马需要鞭策、指挥，而驾驭千里马只需顺着它的性情，让它自由驰骋就是了。大王开始测试千里马的时候，驾驭的人不知此道，千里马积蓄力量的时候，他就在后面鞭打他，千里马准备冲锋的时候，他又改变它的方向，千里马调整气息的时候，他却催促不停，这样千里马不能得到发挥，那它和驾马又有什么区别呢？"楚王听了大喜，高兴地说道："我今天不仅学会了驾驭千里马，更学会了驾驭大臣、将领之道，这都是因为先生的指教啊！"于是，奖赏伯乐千金，送他回去了。

一个好的领导，要想让下属展现出千里马的才质，就必须给他们充分的自由，不对他们进行过分的干扰。《易》曰："君子以思不出其位。"

《中庸》上说："在上位，不陵下；在下位，不援上。"每个人都安于自己的职责，事情才能井然有序地做好。

真正的好领导，不一定自己能力有多强，而是懂得信任，懂放权，懂自我节制，如此才能团结比自己更强的力量，驾驭那些有专业天赋的人才。

过分的干预是一道绳索，会成为下属前进之中的羁绊；过分的干预是一方牢笼，会将下属的创造精神牢牢紧锁，过分的干预是不合时宜的风，会将本来有序的一切吹得杂乱无章；过分的干预是失败的根源，它唯一能够产生的就是错误和迷惑。如果你想成为一个英明的领导，就不要对职责之外的事干预太多。

原　文

故知胜有五：知可以战与不可以战者胜；识众寡之用者胜；上下同欲者胜；以虞①待不虞者胜；将能而君不御②者胜。此五者，知胜之道也。

故曰：知彼知己，百战不殆；不知彼而知己，一胜一负；不知彼，不知己，每战必殆。

注　释

①虞：备。

②御：统御，制约。

译　文

预知取胜的因素有五点：懂得什么条件下可战、什么条件下不可战，能取胜；懂得兵多兵少不同用法的，能取胜；全军上下一心的，能取胜；以有备之师待无备之师的，能取胜；将帅有才干而君主不从中制约的，

能取胜。这五条，是预知胜利的道理。

所以说：了解对方也了解自己的，百战不败；不了解敌方而熟悉自己的，胜负各半；既不了解敌方，又不了解自己，每战必然失败。

经典解读

这里孙子给出了预知胜利的五个条件。第一，料知敌情，审明虚实，知道可否开展；第二，懂得敌我人数多寡，量力而行；第三，使君臣同欲，上下一心；第四，准备充分，防备完善；第五，将领有才能，君主不加干涉。其实，做任何事情这五点都是取得成功的保障。当我们着手一件事情之时，都应该先想想，自己是否对该事有了透彻的了解？自己现有的资源是充裕还是不足，应该如何对它们进行规划？团队中的人是否团结一致、为实现目标而共同努力？自己任用依靠得那些人是否足够胜任，自己是否对他们干扰过度？思考完这些问题，也就可以预知事情可能做成什么样，可以在那里进行改进了。

作战之时，既要对自己有清晰的了解，又要对对手有足够的认识，做到"知己知彼"才能更好地规划进攻、防守策略。"不知彼，不知此"，就如无灯夜行，不撞墙也要坠坑。在生活之中，知己知彼有很多应用：竞争的时候要了解对手优点、缺点；与人交往的过程中要了解对方的喜恶；说服、争取别人的时候，要了解对方的需求、兴趣；学习一门知识，要了解不同的观点、看法……

哲理引申

有备无患

孙子曰："虞待不虞者胜。"也就是实力相伯仲的双方，准备完善，防备充分的那一方一定能够取胜。在开战之前，必须事先对战争做出充足的准备，如此才能立于不败之地，前所论述的后勤、庙算以及察明敌我虚实，都是进行充分准备的某一方面。再者，到了战场之上，还要有时刻发起进攻的准备，这样才能够抓住转瞬即逝的战机。比如，黄忠在定军山之时，面对兵势强盛的夏侯渊固守不战，却又披坚执锐等待战机，等夏侯渊疲惫休息之时，猛冲下山，将其一举斩杀。最后，行军作战，还要时刻准备好敌人的偷袭，这样才能安稳无忧。

春秋之时，卫国借燕国军队讨伐郑国，郑国三军迎敌，与燕军对峙，同时又派两支偏师潜行到燕军背后。燕军害怕郑军，没有进攻，同时又不加紧防备，结果郑军前后夹击，打败燕师。《左传》上评论说："不备不虞，不可以师。"就是说，不能防备敌人的袭击，就不能带兵作战。

秦末，项梁率领义军在东阿击败了章邯的军队，领兵西进，等到达定陶时，再度打垮秦军。项羽、刘邦又在雍丘与秦军交战，大败秦军，斩杀了三川郡守李由。项梁于是对秦军产生了轻视之意，显露出骄傲自大的神色。宋义规劝他说："打了胜仗后，如若将领骄傲、士兵怠惰，必定会失败。现在士兵已有些怠惰了，而秦兵却在一天天地增多，我替您担心啊！"并建议项梁加强防备，防止秦军偷袭，但项梁不听从劝告，以为秦军屡次被自己打败，一定不敢再来挑战了，便日日与将军们饮酒作乐。宋义见他如此，便请求出使齐国。就在项梁骄傲自大的时候，章邯等到了援军，趁楚军防备松懈之时忽然攻来。楚军仓皇迎战，结果被秦军打得大败，项梁也在战斗中被杀死。

三国的时候，曹丕亲征东吴，满宠率军在前，与吴军隔水对峙。满宠命令手下说："今夜风很急，敌人一定会来烧营偷袭，应该及时做好准备。"各路军队都加强了戒备，果然，半夜之时，十来股吴军前来偷袭。魏军早有准备，满宠指挥大军打击敌人，吴军反倒因为计划偷袭，没有防备，被打得大溃而逃。

燕军、项梁因为"不备不虞"，而打了败仗，满宠因为防备充分而取得了大胜，在战场之上，只有时刻抱着"战战兢兢，如临深渊，如履薄冰"的心态，为各种风险做好准备，才能让自己立于不败之地。

在生活，同样需要有战场上的那种警戒之心。《尚书》中说："惟事事，乃其有备，有备无患。"生活中充满各种难以预料的风险，只有平时有所准备，才不会在发生意外时不知所措。尤其是在处于安逸、成功之中，更要懂得"居安思危，有备无患"的道理。

春秋时，晋悼公和好戎狄，会盟诸侯，迫使依附楚国的郑国归顺晋国，恢复了文公时代的霸业，诸侯都来朝见他，送给他很多礼物。晋悼公将礼物的一半赏赐给魏绛，说："魏绛，是你劝我跟戎、狄和好，又安定了中原各国；八年来，我们九次召集各国诸侯会盟。现在我们和各国的关系，就像一曲动听的乐曲一样和谐。郑国送来这么多礼物，让我和你同享吧！"魏绛听了并没有骄傲自满，而是谦虚地说："能和狄、戎和好相处，这是我们国家的福气，大王做了中原诸侯的盟主，这是凭您的才能，我出的力是微不足道的。不过，我希望大王在安享快乐的时候，能够多考虑一些国家的未来。《尚书》里说：'居安思危，思则有备，有备无患。'我愿意用这些话来提醒大王！"晋悼公听了大喜，对魏绛的远虑深为赞赏，终其一生，励精图治，为晋国奠定了长期称霸的基础。

有备无患，就要时时准备——为以后可能遭遇的困难做好预防，为以后将要成就的大事打好基础，为将来可能出现的变动做好谋划。《菜根谭》中说："闲中不放过，忙处有受用；静中不落空，动处有受用；暗中不欺隐，明处有受用。"

在闲暇的时候不要轻易放过宝贵的时光，要利用空闲做些事情，等到忙碌紧张时就会有受益不尽之感，这是在为学之上有备无患；安静的时候，不陷入空寂，多做些充实精神之事，以免年老之时悲慨碌碌无为、荒废终身，这是在生活之中有备无患；处事之时，坚持原则，不做违心丧德之事，这样才能心胸坦荡，无忧无患，积攒福泽，这是在修身之中有备无患……

明日的失败都是因为今日的不小心，明日的灾患都是源于今日的松懈荒忽，当失败、灾祸还未到来之时，我们就应该为未来做好准备，防备被敌人或是生活本身所打败。

了解自我，洞悉他人

"知己知彼，百战不殆"，在战争之中充分了解对方的情况，并掌握自己方面的现实，分析利用对双方有利或不利的条件，是取得胜利的关键。孙膑之所以能够在马陵之战中击败庞涓，就是因为他了解魏军的情况，而庞涓却对齐军产生了错误的推断；《三国演义》空城计中，诸葛亮之所以能够成功，就是因为知道对手司马懿的实情，而司马懿却对诸葛亮城中的虚实毫不清楚，故而撤兵。了解双方情况，就能准备把握战机，做出正确策略，不了解对方情况，就会因疑惑而令战机白白溜走，错过克敌制胜的机会。

作为一个优秀的将领，在面对敌人的时候，最先要做的就是弄清敌我双方的真实情况，同时尽量隐瞒自己的实力，让对方琢磨不透，然后，采用计谋、制造声势，就可以让对方被自己所牵制了。

北魏大将侯渊，追随尔朱荣讨伐葛荣。当时，葛荣的别帅韩楼、郝长等拥众数万，屯据蓟城，尔朱荣令侯渊前去讨伐。这次讨伐，尔朱荣并没有抱太大的希望，他对手下说："侯渊为将，能够临机设变，但如果授以众军，他未必能够统帅。如今讨伐贼军，一定不能平定。"所以只给了侯渊七百骑兵。

侯渊得到了这么点兵力，并没有灰心丧气，他广张声势，准备了很多攻城器具，制造出要大举进攻的假象，同时，带领数百骑兵深入敌境，将韩楼军的虚实打听得清清楚楚。回来的时候，恰好遇到了敌人的一队步兵，侯渊纵兵出击，大破敌军，抓了很多俘虏。看着人数众多的俘虏，侯渊没有将他们杀害，也没有强迫他们投降，反而将缴获的口粮等都还给他们，让他们回去。部下都劝他不要放虎归山，以增加敌人的实力。

侯渊向身边的将士们解释道："我军仅有七百骑兵，实力十分单薄，敌众我寡，无论如何也不能和敌人硬拼，敌人粮食充足，硬拼我们没有胜算。这些俘虏被我们一举击破，一定心惊胆战，以为我们实力很强，现在将他们放回去，既可以迷惑敌人，还能起到离间的作用，使韩楼对这些人充满疑心，举棋不定，这样我们便可以趁机取胜了。"部下们这才恍然大悟。

侯渊推测那些俘虏快要回到蓟城的时候，便率领所有士兵连夜跟进，拂晓前就开始攻城。韩楼刚刚接纳这些被俘的士兵，以为侯渊的兵力一定很强大，心中有了些许畏惧；当侯渊的攻城部队忽然出现的时候，他又怀疑这些士兵之所以能够完好地被放回来，一定是答应了给侯渊做内应，心中又疑又惧，无心抵抗，便率部弃城而逃。韩楼手下的将士，不知道主帅为何要逃，心想敌人一定强大得无法抵抗，于是军心涣散，毫无斗志。此时侯渊，趁机在后面大喊追击，一下子就将韩楼活捉了。

作为一个企业的管理者，在众多竞争对手虎视眈眈的情况下，更要对对手进行清晰了解，对自己进行深入剖析，然后，采取一些有针对性的策略，以弥补自己缺点，攻破对方缺陷。同时，企业如果想在竞争中脱颖而出的话，还要对公司内部情况、外在市场环境、潜在客户需求等进行深入的分析，做到"知己知彼"。

可口可乐公司之所以这么成功，和他们重视对手、重视市场的传统是分不开的。一次，CEO郭思达向他的同事提出这样一个问题，全世界42亿人每人每天喝多少水，同事的回答是62盎司。他又问，每人每天喝多少可乐，回答是2盎司。郭思达反问道，我们平时都将百事可乐视为唯一的对手，可是我们好好研究过那些喝水的、喝牛奶的和喝咖啡的人吗？而后，他立刻组织了一次大的调研活动，去研究为何那些人不喝可口可乐。根据这次调查结果，他们对生产、销售形式进行了调整，扩大了市场，也收获了更多的利润。

你不仅要了解自己的竞争对手，也要了解那些需要争取的对象，更要了解自己的优缺点之所在。"知己知彼，百战不殆"，这是从实践中得出的真理，无论你从事何种行业，想要成功的重要前提就是"了解自我，洞悉他人"。

知己知彼，才能将事情做得更好

在战场、商场的竞争之中要做到知己知彼，在其他事情之上同样如此。尤其是与人交往之中，如果你想与别人交往，就需要了解他人喜恶；如果你想说服别人，就要知道他的想法，顺势对其进行引导……

北宋之时，寇准被派到地方州县任职。到任之后，他发现自己管辖的地域正在遭遇粮荒，百姓没有粮食，而那些富豪大户却不肯将积蓄拿出来救急，当地官员对此无可奈何。寇准还没有安置好，手下的官吏就来向他吐苦水："那些富户囤积居奇，不肯拿出一点粮食救济百姓，官府上门多次都说服不了他们，真是软硬不吃，毫无办法啊！"寇准听了以后，并没有说什么，只是让下属们先回去，他研究一下。

几天以后，下属看到这个新来的上司，什么行动也没采取，既找不到粮食，又不去那些富户家中游说，都很失望。这时，寇准忽然将下属集合起来，告诉他们去让富户开仓放粮。下属们都不相信，他们实在想不出这个看着还很年轻的新上司，有什么面子能够说服那些顽固的富户。

寇准带着下属来到了当地最大的富商家中，开口就表明了自己的意图。这个富商家财万贯，存粮无数，却一口咬定自己根本没有粮食，还信誓旦旦地让寇准亲自去粮仓中查验。屋子中氛围十分紧张，下属们都盯着寇准，因为他的前任就是这样被挡回去的。寇准却神色自若，坐在座位上，悠悠地喝了一口茶，轻声地说道："我不去查验，不过外面的灾民都传言说您家中囤积大量粮米，对于那些饿红了眼的灾民，朝廷可没有办法管束啊，只怕很快他们就会自己冲进来查验，那时有没有就知道了!"说着，他站起身，背着手朝外走去。富商听了这话，脸色一会红，一会白，冷汗直冒，连忙跑到寇准面前满脸赔笑地将他请回座位。等寇准坐下以后，富商搓着手，变了一个人似的，慷慨激昂地说为国家分忧是自己义不容辞的职责，虽然家中没有故意囤积粮食，但存粮还有一些，愿意全部拿出来赈灾。

得到富商放粮的承诺后，寇准又带人来到另一个员外家中。这个员外更不好对付，亲戚在京城为官，本人又读过书，有学问，很有威望，强的来不了，软的他又不听，寇准的前任跑了几趟都没能说服他。

员外知道寇准是来求粮的，故意摆出一副冷冷的面孔，等着拒绝他的请求。没想到，寇准进门以后，绝口不谈粮食的事情，只是四顾观赏员外家的摆设、修饰，大大称赞书香门第、仁德之家。员外也被他弄糊涂了，但听着这些赞美，不由地心花怒放，咧着嘴不停地捋自己的胡须。说了半天，员外被恭维得飘飘然忘乎所以。这时寇准说道，他上任的第一件事就是重修州志，彰明贤德，贬斥贪鄙小人，让明德为善的人可以流传千古，而让那些为富不仁的人遗臭万年。接着，又对那些看着灾民不放粮的富商大加责骂，说人人要都像员外这样知书达理，他的官就好做多了，说着便要告辞回去。寇准刚刚起身，那员外忙说自己早就看到灾民的惨状了，想要救济他们很久了，这不刚刚从外地买回一些粮食，还没来得及发放，您就来了……

在回去的时候，下属们都对寇准敬佩不已，问他为何能这么顺利地就说服这两个老顽固。寇准笑着说："'知己知彼，百战不殆'，要想做成功什么事，都要了解对方。前几天，你们看我什么也没干，其实我是让仆人去打听这两个人的详细情况。那个富商，虽然有钱，但只在小处精明，为人胆小怕事，所以我用灾民暴动来威胁他，一下子就将他吓住了，不得不将粮食拿出来；而那个员外，有文化、又有靠山，但他有好名声，所以只要多称赞他，让他心里舒服了，在用留名青史来吸引他，他就自愿地将粮食拿出来做好事了!"下属听了，都竖起大拇指对寇准的策略赞叹不已。看到富商和员外都捐出了粮食，其他富户也将粮食拿出来贱卖给百姓，粮荒问题立刻就解决了。寇准彻底稳定了灾区的形势，挽救了无数灾民的生命，自己也获得了极高的声望!

在与人交往时，要想说服某人并不是件简单的事，每个人都有自己的想法和观点，不会轻易同意或被你的观点折服。当你的想法和观念不被别人接受的时候，一般都会对试图攻破对方内心的"防守"，使其同意自己的观点。但是，想要攻破对方的"防守"，不能强词夺理，而是需要巧妙的引导，让对方在你的引导下一步步地实现你的预期，这样做的前提就是要"知己知彼"，充分了解对方的心理。

知己知彼，并不是一件困难的事，它无须我们知天知地、窥见他人想法，只是让我们能对双方形势进行一番正视、总结：在做事之前，对自己所掌握的资源进行估量，分析一下自己的优势所在、劣势所在；再对对方进行一番仔细分析，看一下对方依恃的是什么、需求的是什么、害怕的是什么；之后，再运用自己的优势去引导他们，让他们主动朝着自己的期望行动。知己知彼，才能掌握形势，知己知彼才能占据主动，所以在进行任何事之前，都要尽量了解双方，做到"知己知彼，百战不殆"。

军形篇

孙子曰：昔之善战者，先为不可胜①，以待敌之可胜。不可胜在己，可胜在敌。故善战者，能为不可胜，不能使敌之必可胜。故曰：胜可知，而不可为②。

不可胜者，守也③；可胜者，攻也。守则不足④，攻则有余。善守者，藏于九地之下，善攻者，动于九天之上，故能自保而全胜也。

注__释

①先为不可胜：王皙曰："不可胜者，修道保法也。"即先做到自己不被别人战胜。

②胜可知，而不可为：意为胜利可以预见，但却不能强求。张预注："己有备则胜可知，敌有备则不可为。"

③不可胜者，守也：要想不能被战胜，就要做好防守。

④守则不足：则，因为。防守是因为条件不充分。

译__文

孙子说：从前善于用兵打仗的人，总是先创造条件使自己立于不败之地，然后再等待寻求敌人的可乘之机。使自己立于不败之地，不被敌人战胜，主动权操在自己手中；有没有可乘之机战胜敌人，却取决于敌人是否出现失误，暴露弱点。因此，善于用兵打仗的人能够创造不被敌人战胜的条件，却无法保证敌人一定会被我战胜。所以说：胜利可以预测，但不可强求。

若要不被敌人战胜，必须先要作好防守工作；能战胜敌人，就要进攻。采取防守，是因为条件不充分；进攻敌人，是因为时机成熟。所以善于防御的人，隐蔽自己的军队如同深藏在地下；善于进攻的人，如同神兵自九天而降，攻敌措手不及。这样，既保全了自己，又能获得全面的胜利。

经典解读

"先为不可胜"就是"知己"，"待敌之可胜"就是"知人"，知人知己而后可以掌握胜负之势，这是上一章所着重强调的。除此之外，这段话还告诉人们不管敌人强弱如何，都要先充实自己的力量，使敌人不能战胜自己，然后再等待、寻找可以克敌制胜的机会——即无论敌人多么强大，都要积极地进行准备，自强不息；当敌人不可战胜的时候，要沉住气，等待转机的到来，只有做到了这些，才能在战场上取得最终的胜利。

在生活中同样如此，当你追求一件事，却暂时无法实现的时候，不要松懈放弃，不断提高自己的能力，"藏器于身，待时而动"，转机一定会到来的。只要树立"不可胜在己"的思想，发扬自强不息的精神，就能牢牢掌握命运的主动权。

善于防守使自己立于不败之地，善于进攻可以战胜敌人，何时进攻、何时防守，要根据战场形势灵活调整。既不能不顾主观条件盲目进攻，也不可以消极防守避战，错过胜利时机。

哲理引申

相信自己不能被战胜

孙子说："不可胜在己，可胜在敌。"人是否能够被战胜，实力只占了一部分原因，真正的关键在于面对压力、斗争的态度。如果，因为自己的实力强大，而骄傲自负、放松警惕，那么即使占尽力量上的优势，也可能遭遇失败；如果不因为自己的弱小而放弃，不屈不挠地坚持斗争，即使力量上劣势再大，也未尝不能成功。

三国时，曹操北破袁绍、南平刘表，携胜利之势，兵锋直指江南，他给孙权写了一封威胁口吻十足的信："最近，我奉天子之命，讨伐有罪的叛逆，军旗指向南方，刘琮降服。如今，我统领水陆军80万人，将要与将军在吴地一道打猎。"孙权把这封书信给部属们看，他们无不惊惶失色。长史张昭等人说："刘表所训练的水军，包括数以千计的蒙冲战船，已由曹操接收。曹操是豺狼虎豹，挟持天子以征讨四方，动不动就用朝廷的名义来发布命令，今天我们如果进行抗拒，就更显得名不正而言不顺。况且将军可以抵抗曹操的，是依靠长江天险。现在，曹操占有荆州的土地，刘表管辖下的全部船只沿长江而下，再加上步兵，水陆并进。这样，长江天险已由曹操与我们共有，而双方势力的众寡又不能相提并论。因此，我们最好是迎接曹操，投降朝廷。"

孙权见群臣如此，也不禁心生惧意，产生了投降的念头。但鲁肃却力主抵抗，并向孙权说明了利害：大臣们投降还依然可以在曹操手下为官，可您投降又会有什么下场呢？孙权虽然认可鲁肃的道理，却依然对曹操强大的军力心存忌惮。于是，他将大将周瑜请回来，向周瑜询问计策。周瑜也劝道："曹操虽然名义上是汉朝的丞相，但实际上是汉朝的贼臣。将军继承父、兄的基业，割据江东，应当横行天下，为汉朝清除邪恶的贼臣。怎么能因为曹操兵力强大就不战而降呢?"说着,他又为孙权分析了曹军的弱点,指出曹操只不过是虚张声势,想要吓服江东,让孙权像刘琮那样懦弱投降。

孙权听了周瑜的分析,心渐渐放了下来。恰好此时,诸葛亮又替刘备前来游说,更加坚定了孙权抵抗的决心,于是任命周瑜、程普为左、右督都,各自带领万余人与刘备合力迎战曹操。最终,击败了似乎不可战胜的曹军,取得了赤壁之战的胜利,奠定了三分天下的基础。

如果,孙权开始就畏惧曹操的军威而不敢抵抗,听信大臣们投降的建议,也会像刘琮那样,被曹操欺骗、轻视,就不会有称帝江南、建立吴国的伟业了。一个人首先要有勇气面对强大的敌人,然后才能创造奇迹,战胜比自己强得多的敌人;如果刚刚开始,就因为畏惧而放弃,那就永远失去了胜利的机会,那样才是最可悲的失败。

人生中充满了各种困难和挑战,很多时候它们看起来似乎永远不能被战胜,面对它们大多数人想到了放弃、逃避,但有些人却能够迎难而上,坚持到底。也许他们大多以失败告终,但只要无数次中有那么一次,遇到柳暗花明的机会,他们的人生就将变得与众不同。失败,并不是努力了,却没有成功,而是根本没有去努力争取,就被困难所吓倒了。

海明威说:"人生来就不是为了被打败的,人能够被毁灭,但是不能够被打败!"真正的勇士绝不会向命运低头,无论面对如何黯淡的前景,如何悲惨的遭遇,他们都会选择向命运不挠地抗争,坚持到最后的时刻。

有个登山者,在爬山的时候被一块巨石压住了胳膊。当时没有任何一个人可以依靠,他的伤口在石头下流血,手臂疼痛得麻木了,他无法推动那块石头,他知道这样下去,他即使不会因流血过多而死去,也挺不过夜晚山间的严寒。于是,他决定用随身携带的一把8厘米长的折叠刀将自己的右臂截断。他忍着钻心彻骨的剧痛，右臂前肘处一下下地割起来。鲜血染红了压住他右臂的巨石。最后右臂被切断了，他从身旁的急救箱中取出杀菌膏、绷带等物，给右臂做紧急止血处理。流血止住后，他又忍着剧痛，徒步走下山谷。

很幸运，两名登山者发现了这个跌跌撞撞前行的人，并立刻报了警，不久以后，救援车辆将他送往了最近的医院。

当被问及为何有那么大的毅力断臂自救时，他回答说："我只是想，自己还有很多事情要做，不能就这样放弃。我怎么会被一块石头打败呢？"

正是这种不放弃的精神，这种相信自己不会被打败的信念，让他延续了生命，继续享受着以后美好的生活。如果你经常告诉自己，我永远不能被战胜，那么你会发现，世界上真的没有不能克服的困难，没有永远不能战胜的敌人。

胜利的机会需要等待

"先为不可胜，以待敌之可胜"，从孙子的这句话中，我们还可以得到另外一种启示：当敌人无懈可击，不能被战胜的时候，要有等待胜利机会的耐心。很多时候，机会并不是立刻可以得到的，如果因为没有耐心而放弃，或选择贸然出击，往往得到的是惨败的结果。

燕昭王命令乐毅率领诸侯联军攻打齐国，齐国七十多座城池，只有两座没有被攻下。田单因为有谋略，而被推举为即墨的统帅。但面对乐毅的强大燕军，纵使有谋略也无处可使。乐毅不仅要攻占齐国，还要从根本上将齐国征服，他的目的是让齐国的百姓彻底心服，所以他对莒城、即墨采取了围而不攻的方针，对已攻占的地区采取减赋税，废苛政，尊重当地风俗习惯，保护齐国的固有文化，优待地方名流等收服人心的政策。

面刈乐毅的这种行为，田单明白，总有一天齐国人会被他感化的，那时这两座孤城不可能守得住，他采取了抵制的政策，但都被乐毅轻轻化解了，他又采取反间计，可燕昭王对乐毅太过信任了，任何反间在他们君臣之间都失去了效果。但田单并没有放弃，他依然固守着城池等待机会，一等就是五年。

终于，燕昭王去世了，新即位的燕惠王从做太子的时候就对乐毅不满，田单又用反间计，一下子就成功了。燕惠王让乐毅回国，乐毅害怕被诛，逃亡到了赵国。燕将骑劫取代了乐毅的位置，他有勇无谋，根本没有乐毅的才能、远见。田单轻易地让骑劫失去了乐毅收买了几年的民心，又用火牛计大破燕军，一举收复了所有失地，恢复了齐国。

田单面对无懈可击的乐毅，没有放弃固守孤城的希望，终于等到了转机，最终获得了战争的胜利。如果，他没有这种耐心，面对强大的敌人选择投降，或是出城决战，只怕历史上就没有这么一位火牛破敌的名将了，齐国也不可能光复了。任何人都要有耐心，能够在敌人无法战胜的时候，沉着地等待下去，一直等到机会的出现。

秦将王翦，讨伐楚国的时候也是靠等待而得到了克敌的机会。王翦到达楚国以后，发现楚将项燕气势很盛，于是他下令全军筑寨固守，坚壁不出。整整一年多时间，几十万大军就静静地驻扎在那里，任楚军怎样挑战都不出战，士兵无聊得只能以投石取乐。终于，楚人没有耐心了，项燕准备调整军队，向东撤退，王翦看到楚军动摇，立刻率军出击，大破敌军，杀死项燕，俘虏楚王，平定了楚国。

巴尔扎克说过："善于等待的人，一切都会及时来到。"当机会还未到来的时候，你可以选择放弃，可以选择屈服，选择改变目标，但那样你就永远不可能成功了。恰好碰到机会的运气并不是每个人都常常拥有的，但耐心的等待终将会让你的人生变得与众不同。

一次，大发明家爱迪生正在工作，忽然一个衣衫褴褛的流浪汉来到他的工作室。爱迪生给了他一些吃的，流浪汉却不离开。于是，大发明家问他有什么要求。流浪汉的回答让整个办公司的人都笑了起来——他想要成为爱迪生的合伙人。这荒唐的要求爱迪生当然立刻就回绝了。可是，第二天，这个流浪汉再次出现在爱迪生的门前，还是提出原来的要求，要求依然被拒绝。就这样，一连几天，流浪汉的执着让大发明家生出了一点好奇之心，于是爱迪生决定考验他一番，把一份薪金很低的打杂工作给了他。流浪汉没有怨言，踏踏实实地在这岗位上工作着，一下子就是五年时间。

爱迪生发明了一种新型的听写机，但大部分推销员对它不感兴趣，在这种情况下，爱迪生也准备放弃这一项目。这时，巴纳斯——也就是昔日那个流浪汉挺身而出，他对爱迪生说自己想试一试。死马当活马医吧，爱迪生同意了他的请求。没想到这位打杂人员，推销手法竟然比那些经验丰富的推销员更高明，他一下子就卖出了七台机器，还为爱迪生带来了其他产品的订单，这让爱迪生惊喜不已。

爱迪生立刻与巴纳斯签了约，让他代理实验室所有产品的业务。巴纳斯也因此一举致富，而成为了百万富翁。

高尔基说："一个人可以做到他想做的一切，需要的只是坚毅不拔的毅力和持久不懈的努力。"你可能一无所有，但这并不一定代表你一无是处，也许只是你从来就没有好好等待成功的机会罢了。

战争中胜利的机会需要等待，人生中成功的机会同样需要耐心等待。最美好的希望往往产生于最无望的逆境中，如果今天缺乏耐心而急于求成，就会失去明天成功的机会。只要你有积极的心态，不屈不挠的决心和锁定单一目标的坚韧不拔的意志，胜利和成功总会来的。

原　文

见胜①不过众人之所知，非善之善者也；战胜而天下曰善，非善之善者也。故举秋毫②不为多力，见日月不为明目，闻雷霆不为聪耳。古之所谓善战者，胜于易胜者也。故善战者之胜也，无智名，无勇功，故其战胜不忒，不忒者，其所措必胜，胜已败者也。故善战者，立于不败之地，而不失敌之败也。是故胜兵先胜而后求战，败兵先战而后求胜。善用兵者，修道而保法，故能为胜败之政。

注　释

①见胜：预测胜负。

②秋毫：指兽类在秋天新长出的极纤细的毛，用以比喻细小轻微之物。

译　文

预见胜利不超过一般人的见识，不算高明中最高明的。打败敌人而普天下都说好，也不算是高明中最高明的。这就好像举起秋毫不算力大，看见太阳、月亮不算眼明，听见雷霆不算耳聪一样。古代善于作战的人，总是战胜容易战胜的敌人。因此，善于打仗的人打了胜仗，既没有卓越过人的智慧，也没有勇武显赫的名声。他们进行战争的胜利不会有差错，之所以不会出现差错，是因为他们作战的措施建立在必胜的基础上，是战胜了在气势上已失败的敌人。善于作战的人，总是使自己立于不败之地，而不放过进攻敌人的机会。因此，胜利之师是先具备必胜的条件然后再交战，失败之军总是先同敌人交战，然后期求从苦战中侥幸取胜。善于用兵的人，必须修明政治，确保法制，就能够主宰战争胜负的命运。

经典解读

战争开始以后，分析双方形势，判断孰胜孰负，在孙子看来只不过是末流小技，真正的智者能够在战争到来之前就预测出兴亡得失。常人只知道胜利的条件，却难以察觉制胜的根源。破军斩将，临阵杀敌，虽然能获得智名、勇功，但远不如见微察隐，取胜于无形之中，更为可贵。所以，真正的善战者，能够在战争到来之前，就取得战必胜的政治条件——也就是"修道而保法"。

司马光在《资治通鉴》中说："夫事未有不生于微而成于著，圣人之虑远，故能谨其微而治之，众人之识近，故必待其著而后救之；治其微则用力寡而功多，救其著则竭力而不能及也。"战争的胜败也是如此，早就在战争爆发之前积累的各种因素中决定了，将领只不过将这个结果揭开而已。与其到了战场之上再苦思克敌之术，不如平时就爱民守道，保法明德；与其在战场之上处心积虑地欺骗敌人，不如平时不欺骗自己的百姓；与其战场之上因为强大的敌人而恐惧，不如平时敬畏人民。人民敬爱、上下同心的统治者，哪里还会有敌手？哪里还会被敌人所战胜？他们在不战之前就已经处于不败之地了。

哲理引申

明察始末

孙子说："故举秋毫不为多力，见日月不为明目，闻雷霆不为聪耳。"眼前之胜负，人人都能看见，预测对了也不是真正的聪明，真正的智者应该能够在对决未开始的时候就窥测到胜负的根源，从而断言胜负。

孙子刚刚到达吴国的时候，吴王向他请教政事。吴王问："晋国大权都在六卿手中，您认为这六家哪家率先灭亡？"

孙子回答道："中行氏和范氏先灭亡。"

吴王问："其次呢？"

孙武回答："智氏灭亡。"

"之后呢？"

"韩魏灭亡，如果赵氏不失旧法，晋国终将归政于它。"

吴王很不理解，孙子解释道："范氏、中行氏田制狭小，赋税却很沉重，公家富裕、大臣奢侈，百姓不堪其负，都渴望功勋且期盼发动战争，一定会率先灭亡。智氏田制比他们大一点，税赋低一些；韩魏又比智氏田制大、赋税低，所以他们依次灭亡。而赵氏，田制最大，税赋最低，公家贫困，养士很少，主上节俭，以富裕驾驭百姓，人人归心，所以地位巩固，晋国政事一定会最终归于它。"

吴王听后，称赞道："说得好啊，王者之道，就是施行善政，厚爱他的百姓罢了！"

后来历史的走向，果然如孙子所预料，范氏、中行氏虽然强大，但发动战争、叛乱造反，最先被驱赶出晋国政坛；之后，智氏虽然力量最强，但骄奢暴虐，被其他三家联合击败。赵、魏、韩，三家最终瓜分了晋国。

在常人看来，一家一国之成败往往是由战争、将领而决定的，但孙子在预言成败的时候，却完全没有考虑战争因素，因为他知道，战争只不过是表面，它后面的政治、经济因素才是决定一场胜利的关键之所在。政治清明、得到民心，才能够取得最终的胜利，政治混乱、失去民心，在战场上很难取胜，即便是取胜一两次也很难决定大局。

在生活中，在观察一件事物之时，同样需要有孙子观察胜败兴亡的这种目光——不要单看表面，多观察表象之下影响胜负的根源。很多人看到一方势力强大，便选择投靠，不去看它是否遵守道义；很多人觉得一个人有地位就想结交、依附，却不思量他的地位是否能够长保；很多投资者，看到一家公司发展得好就赶紧投资，却没考察这家公司是否真的具有核心竞争力，能够屹立不倒……这种没有远见的选择，只看表面势力，不察事物发展的根源，往往会给自己带来严重的损失。

明朝的时候，一个读书人中了进士以后，便琢磨着如何才能当官，当大官。他见大学士严嵩正受皇帝的宠信，在朝中一手遮天，便想：如果正常地熬下去，只怕白了头，也不会获得什么地位，一生就如此浪费了，岂不可惜，不如投到严嵩门下，那样就可以无忧了。于是，他写了奉承味十足的帖子，准备投靠严嵩。

这件事，被他的一个朋友知道了。朋友对他说："严嵩虽然目前炙手可热，但他在朝为官贪赃枉法、排挤贤才、结党营私，一定不会有好的下场。你投靠他是个极其错误的决定。"读书人虽然知道严嵩的确像朋友说的那样，但他却不相信他会失败，他说："严相最得皇帝重用，声势无二，谁能扳倒他呢？放着这么好的梯子不去巴结，才是真的不明智。"朋友只好摇摇头告退了。

读书人投靠在严嵩门下，阿谀奉承竭尽其能，很快得到了严嵩的信任，不久便做了富饶地区的知府。而和他一起中举的那些人，有的连县令都没做上，他不禁为自己的聪明抉择而沾沾自喜。

然而好景不长，正在他盼望着严嵩继续提携之时，严嵩忽然被打倒了，皇帝下诏将严嵩罢职，削籍为民，家产抄没，奸党与家人一一治罪。这个在知府位置上的读书人阿谀严嵩的事也被揭露出来，不仅官丢了，连功名都被革去了。这时，他才知道自己当初做了个多么愚蠢的选择，可后悔也晚了。

一个看似强盛的人，如果失去了道义，必将迅速衰弱；一个看似贫困不堪的人，如果能够坚守正道，必然会迎来新的发展。所以说，不要因为一件事物的表面现象而轻易判断它的发展趋势，能够在众人被事物表象所迷惑的时候，清醒地看清事情的本源，才算是真正的明察秋毫。

知其然，还要知其所以然。如果在犯错误的时候，能够想到这错误带来的严重危害，人也就幡然醒悟了；如果在面对诱惑的时候，能够想到这诱惑带来的危害，人就不会做出错误的选择了；如果看到别人的惨痛遭遇，能够真正明白他遭受这种灾难的原因，自己也就在同样的错误面前幡然省悟了；如果在他人取得成功的时候，能够察明他人之所以成功的原因，平时自己也会自觉努力了。

明察事物的本末是一种人生智慧，当我们遇到一件重大的事情时，一定要好好想想：事情如此的根源到底是什么？

深谋远虑，防患于未然

孙子说："故善战者之胜也，无智名，无勇功。"杜牧注解道："胜于未萌，天下不知，故无智名；曾不血刃，敌国已服，故无勇功业。"真正善战的人，在战争开始之前，就已经取得了对敌人的优势，所以他战胜以后，人人都认为是理所当然的，反而看不到战将的智勇。

汉文帝的时候，贾谊看到诸侯国强大，王侯骄奢，便上《治安策》指明如果不对诸侯加以限制，日后必生大乱。可惜，文帝对他的建议并未采纳。到了汉景帝之时，诸侯的强大果然威胁到了汉朝的统治，景帝不得已接受晁错削藩的建议，结果爆发了七国之乱，多亏有名将周亚夫，朝廷才镇压了叛乱。后世，在谈及七国之乱时，无不赞叹周亚夫知兵多谋，但如果当初文帝采用了贾谊的建议，在祸乱到来之前就消除它，哪里还会有叛乱发生，哪里还用得着名将。

三国时，南边割据的吴国、蜀国屡屡兴兵犯界，从曹魏到西晋当政者为此头疼不已。晋武帝即位以后，任命羊祜都督荆州诸军事，让他坐镇襄阳，一方面防守吴国北侵，一方面囤积粮草，训练士兵，准备伺机灭吴。

羊祜到任以后，积极修缮防御工事，关注东吴动向。几年以后，吴主孙浩解除西陵都督步阐之职，步阐害怕被杀，拒绝返回建业，献出城池投降晋国。吴国立刻派遣陆抗进攻西陵。晋武帝见状立刻展开了对步阐的营救措施，一方面让羊祜和将军徐胤分别从东西两个方向进攻江陵、建平，牵制吴军，一方面让靖州刺史杨肇直接出兵西陵救援步阐。没想到陆抗棋高一着，他破坏江陵以北的道路，牵制晋军前进，同时利用江陵城池坚固的优势，将羊祜挡在城下，兵少缺粮的杨肇到达西陵以后势单力孤，很快被陆抗击败，失去救援的步阐也城陷被杀。

这一战让羊祜看到了陆抗的才能，同时也知道了东吴虽然政治黑暗、国力衰弱，但仍有一定的实力，单单凭借武力很难占到便宜，更别说将其一举消灭了。为了避免再在战场上做无谓的拼杀，羊祜决定"交好"敌人。他一面练兵屯粮积蓄实力，一面以信义交好吴人，以保持双方的和平。

以后，每逢将要交战之时，羊祜都先令对方知晓，从不耍阴谋诡计偷袭。凡是有部下向他建议对吴军开战，羊祜都赏赐美酒，使其大醉不醒。打猎之时，羊祜命令士兵不得越境，吴人击伤而被晋军获取的猎物，羊祜也让士兵归还对方。一年，晋军缺粮，兵士不得已收割了吴国境内的粮食，羊祜忙向陆抗说明情况，并用等价值的绢帛给予赔偿。吴国将领陈尚、潘景进攻晋军，被羊祜打败杀死，羊祜盛赞他们以死殉国的美节，予以厚葬。

羊祜的信义，成功地征服了对手，吴人都尊称其为"羊公"，经常祈祷，唯恐羊祜被调走，换来一个好战的将领。对手陆抗也十分敬佩羊祜，称赞他的德量连乐毅、诸葛亮也不能超过。羊祜去世的时候，边境两侧的百姓无不痛哭流涕，怀念他的恩德。

羊祜没有和敌人发生大的战争，却积聚了充足的力量，为后来伐吴打下了物质基础，更在心理上征服了对方的百姓，让他们对晋国没有抵触之心。后来，晋武帝在灭吴之后的庆功宴上举杯流涕说："这都是羊太傅的功劳啊！"

羊祜清晰地看到了对手的强大以及战争的危害，因此并不求在战场之上战胜敌人，反而和陆抗以信义相交，在乱世之中保得了一方百姓的平安。他们虽然没有诸葛亮、姜维、曹真、司马懿那种通过连年作战赢得的智勇之名，但对于国家、百姓来说，却要好上更多。

胜负不一定非要在战场之上解决，灾祸同样无须在暴露之后再补救。

有一个造访主人的客人，看到主人家炉灶的烟囱是直的，旁边还堆积着柴草，便对主人说："把烟囱改为拐弯的，使柴草远离烟囱。不然的话，将会发生火灾。"他的建议主人没有采纳。不久，家里果然失火，左邻右舍连忙赶来救火，幸好把火扑灭了。于是，主人杀牛置办酒席，答谢邻人们。被火烧伤的人安排在上席，燎坏了头发、胡子的坐于下席，以此定位，却没有邀请提"曲突徙薪"建议的客人。有人对主人说："当初如果听了那位客人的话，也不用破费摆设酒席，始终也不会有火患。现在评论功劳，邀请宾客，为什么提'曲突徙薪'建议的人没有受到答谢、恩惠，而被烧伤的人却成了上客呢?"主人这才醒悟，连忙将那位客人请到上席。

在战争之前就取得优势，让自己立于不败之地的将领才是真正的名将；在祸患到来之前就将它们消除在萌芽阶段的人才是真正的智者。深谋远虑，防患于未然，远远比灾祸、战争到来之后，再显示自己的英勇、才智要高明得多。

原 文

兵法：一曰度①，二曰量②，三曰数③，四曰称④，五曰胜⑤。地生度，度生量，量生数，数生称，称生胜。故胜兵若以镒称铢⑥，败兵若以铢称镒。胜者之战民也，若决积水于千仞之溪者，形也。

注 释

①度：贾林曰："度，土地也。"指土地幅员。

②量：指物资多寡。

③数：贾林注曰："算数也。以数推之，则众寡可知，虚实可见。"王皙曰："百千也。"指部队兵员的多寡。

④称：杜牧注："称，校也。"指衡量双方实力之对比的状况。

⑤胜：胜负优劣的实情。

⑥：以镒称铢：铢，古代计量单位，二十四铢为一两。镒，二十四两为一镒，合五百七十六铢。以镒称铢，比喻兵力轻重众寡之悬殊。

译 文

兵法上有五项原则：一是度，二是量，三是数，四是称，五是胜。度产生于土地的广狭，土地幅员广阔与否决定物资的多少，军赋的多寡决定兵员的数量，兵员的数量决定部队的战斗力，部队的战斗力决定胜负的优劣。所以胜利之师如同以镒对铢，是以强大的军事实力攻击弱小的敌人；而败军之师如同以铢对镒，是以弱小的军事实力对抗强大的敌方。高明的指挥员领兵作战，就像在万丈悬崖决开山涧的积水一样，这就是军事实力中的"形"。

经典解读

胜利源自双方实力的对比，善于作战者能够通过合理调用土地、人力、物力等，对敌人形成优势，从而以疾不可挡之势取得战争的胜利。当然，这需要以战前充分准备、详细的庙算作为基础。

很多时候，自己的实力不如对手，这时如果强行对抗，以弱敌强，必然会遭受失败，这样的将领就是庸将。善战者则不然，他们能够根据战场形势，充分调动自己的力量，同时对敌人的力量进行分割，从而在小规模战场上形成优势，将对手各个击破。这便是孙子所说的"以镒称铢"。

哲理引申

制造胜形，以小胜大

孙子说："故胜兵若以镒称铢，败兵若以铢称镒。"胜利者之所以能够胜利，是因为在战争之中他能够集中优势，将自己合成一个"镒"；败军之所以失败，则往往是因为将领不懂得集中优势，将自己分化成无数"铢"。对战的双方，优劣形势相差越大，就越容易决出胜负。差别到一定程度，就像一头狮子闯入千百头羊的羊群一样，羊再多，也只能被一只一只地消灭，不会给狮子造成任何伤害。所以，为将者要懂得集中自己的优势，不断地寻找机会消灭、消耗敌人，从而将战场之上的优势，朝着自己的一方扭转。

1618 年，后金努尔哈赤趁明朝政治混乱、防务松懈之时，发动一场全面占有辽东的战役。经过充分的准备——秣马厉兵、修整战具、扩充军队、刺探军情、招募名将，努尔哈赤在农历四月誓师反明，历数明朝的罪状，率领步骑两万多人向明朝设在关外的城池发动了进攻。

明神宗立刻感觉到了事态的严重性，派遣兵部左侍郎杨镐为辽东经略，主持辽东防务。并积极准备出兵辽东，大举进攻后金。但由于粮饷筹集等原因，直到 1912 年二月，明朝的援军 8 万 7 千多人，才抵达辽东。为节约粮草，减轻国家负担，明神宗不断催促杨镐速战速决。

杨镐于是分兵四路，展开了对后金的战争，他本人坐镇沈阳，打算以赫图阿拉为目标，分进合击，派遣勇将四人分四路会攻，一举围歼后金军。总兵马林率 1 万 5 千人，从北面进攻；总兵杜松率兵约 3 万人的主力部队担任主攻，由西面进攻；总兵李如柏率兵 2 万 5 千人，由西南面进攻；总兵刘綎率兵 1 万余人，会合朝鲜军共 2 万余人，沿浑江北上，由南面进攻。另外，还有一些机动增援部队负责保障后方交通，随时应急支援。对于这次战争，杨镐志在必得，并订立了明确的赏罚制度：擒斩努尔哈赤者赏银 1 万两，升都指挥使；擒斩其八大贝勒者赏银 2 千两，升指挥使；以前降清的叛将，若能俘献努尔哈赤，可以免死……

面对气势汹汹的明军，努尔哈赤在部队人数上占尽劣势——自己的部队仅有 6 万，而明军多达 11 万多人，但他探知明军的行动后喜出望外，因为杨镐采取了最愚蠢的战略，将自己部队分开。努尔哈赤和手下将军商议认为，明军南北二路道路险阻，路途遥远，不能即至，在它们到来之前，集中兵力击败中路之兵，明军士气必然大减，那时战场形势就对自己有利了。于是，决定采取"凭你几路来，我只一路去"的作战方针，将6万兵力集结于都城附近，准备迎战前来的明军。

明军西路军杜松，有勇少谋，为了抢头功，星夜行军，一日冒雪急行百余里。当他得知后金正在修筑工事，防备明军前进时，再次兵分二处，分2万人于萨尔浒山麓扎营，自己亲率轻装1万人渡过浑河，寻找后金军作战。努尔哈赤趁杜松过河之机率领主力对萨尔浒山大营的明军展开猛烈进攻，虽然明军奋力抵抗，但因寡不敌众，全军覆灭。河对岸的杜松部看到这种状况，军心动摇，不久也在后金军的围攻下全军覆没。

消灭西路军以后，努尔哈赤带领八旗主力，迅速袭击了明军的北路军营垒。北路主将马林没有防备，人数又少，在敌军的猛烈攻击之下大败而归，单骑逃回开元。杨镐得知两路兵败的消息，急传檄李如柏、刘綎两军。然而刘綎已深入敌阵三百里，身中埋伏力战而死，全军覆没。

就这样，明朝在萨尔浒战争中因为分散力量的缘故，被后金军各个击破，大败而归，从此逐渐丧失了对辽东的控制权。

李靖曾经说过："夫将之上务，在于明察而众和，谋深而虑远，审于天时，稽乎人理。若不料其能，不达权变，及临机对敌，方使趑趄，左顾右盼，计无所出，信任过说，一彼一此，进退狐疑，队伍狼藉，何异趣苍生而赴汤火、去牛羊而啖虎狼者乎？"将领在战争之前，深谋远虑，审明胜负之情，为自己创造出克敌制胜的形势，才能战胜敌人，如果轻谋浅虑，不知集中优势，反而将自己的优势故意抛弃，就会给敌人创造机会，自取失败。

没有人是全能的，也没有人是一无是处的，我们对自己的缺点、优点一定要有清晰的认识，在人生的道路之上好好设计自己的生活。对自己的优势努力发扬，对自己的缺点尽力避免，这样便可以事半功倍，在成功之路上少走很多弯道。

兵势篇

孙子曰：凡治①众如治寡，分数②是也；斗众③如斗寡，形名④是也；三军之众，可使必受敌而无败者，奇正⑤是也；兵之所加，如以碫⑥投卵者，虚实是也。

注　释

①治：治理、管理。

②分数：曹操注："部曲为分，什伍为数。"刘寅《直解》："偏裨卒伍之分，十百千万之数。"此言军队的编制和员额。

③斗众：指挥大部队战斗。

④形名：《孙膑兵法·奇正》："分定则有刑（形）矣，刑（形）定则有名"，"有刑（形）之徒，莫不可名；有名之徒，莫不可胜。"曹操注："旌旗曰形，金鼓曰名。"张预注云："用兵既众，相去必远，耳目之力所不闻见，故令士卒望旌旗之形而前却，听金鼓之号而行止。"

⑤奇正：正，指一般的、常规的；奇，指特殊的、变化的。战术上先出为正，后出为奇，正面为正，侧击为奇，明战为正，暗袭为奇。

⑥碫：磨刀石。

译 文

孙子说：治理大军团就像治理小部队一样有效，是依靠合理的组织、编制；指挥大军团作战就像指挥小部队作战一样到位，是依靠明确、高效的指挥系统；整个部队与敌人对抗而不会失败，是依靠正确运用"奇正"的变化；攻击敌军，如同用石头砸鸡蛋一样容易，关键在于以实击虚。

经典解读

治理大部队和治理小部队的原理是一样的，只要抓住"组织有序、编制合理"的要点即可；指挥大军团作战和指挥小部队是一样的，只要掌握"命令明确，指挥有效"的关键即可。要想让部队处于不败之地，就要有优良的组织结构、有效的指挥系统。

组织有序、令行禁止，才能在作战之时指挥起来得心应手，在运作虚虚实实的计谋时，能够迷惑敌人，而不至于自己被敌人所迷惑。在"奇正"上运用自如，才能形成石头克鸡蛋似的必胜之势。

哲理引申

平时不懈怠，战时不拙计

孙子指出，组织有序、编制合理，管理大部队才能达到像治理小部队那样得心应手；命令明确、指挥有效，在大军团作战的时候，才能像指挥小战役那样清晰明确。这告诉人们，无论管理什么都要确保组织结构清晰有序，无论从事什么都要确保法令严明、行事有条不紊。平时懈怠、懒散的军队在战场之上不可能打胜仗，平时组织混乱的军队遭到敌人偷袭就会立刻溃败，为将之人必须行事有常守，在闲暇无事的时候，想到危急关头，加强管理、训练，以备不虞。

战国之时，魏国处于四战之地，疆域分散，强敌环绕，稍不慎便有亡国之险。面对这种情况，魏文侯急需访求通晓兵法的良将，这个时候，吴起来到了魏国。魏文侯在大臣李悝、翟璜的推荐下起用吴起，并任命他为西河守。吴起看到秦国军队众多，屡屡想夺取河西之地，便决心为魏国训练一支精良的军队。他选拔材力超群的将士组成了魏武卒，选拔条件十分苛刻——士兵披上三层重甲，头戴铁盔，能开十二石之弩，每人背五十只弩矢，拿着长戈或铁戟，腰带利剑，携带三天的作战粮草，半天能走一百多里，才可以入选。

选择好将士之后，吴起又制定了严密的编制：五人为伍，设伍长一人，二伍为什，设什长一人，五什为屯，设屯长一人，二屯为百，设百将一人，五百人，设五百主一人，一千人，设千人主一人。需要打仗的时候再灵活编制，设将军一人指挥。这种严密的编制，充分实现了将领指挥作战的灵活性，达到如脑使臂，如臂使手，如手使指一样的效果。即便是战争时部队被冲散了，也可以迅速地重新组合起来，这在当时是十分先进的。

编制完成以后，吴起又开始对将士进行了严格的军事技能训练，包括单兵技艺、阵法、编队以及联络记号等。其中，在训练之中吴起最强调法令严明，无论是进行大战役，还是小规模军事行动，只要是违反了法令，无论是否有功都会受到惩罚。在一次战斗之中，吴起还没有下令进攻，魏军中的一个勇士就冲向敌军，斩杀一名敌人驰还。全军为之欢呼，吴起却下令立刻将这个勇士斩首，对士兵们说："遵守法令才能取得战争的胜利，如果人人都逞匹夫之勇，不顾军法私自行动，军队岂不是乱成一团，哪还有战斗力。这个勇士的勇猛让人欣赏，但为了维护军法，我不得不杀死他。"魏军将士听了，无不震服，从此再也没人敢轻视军法了。

在吴起的训练之下，魏军人数虽少，但战斗力极强。后来，秦国起全国之兵准备夺取河西之地，吴起带领五万人抵抗，一战击溃敌军五十

125

万人，威震诸侯。

为将治军，只有平时对士卒多训练、建立良好的组织结构、严明军法，才能使军队具有战斗力，在和敌人的对抗之中上下有序、法令清晰，最终以"人和"而取得战争的胜利。所以说，平时用心，战时不慌，平时懈怠，战时着忙。

在日常生活之中，同样需要平时多用心，行事有条理。平时多用心，在关键的时刻就不会措手不及；做事有条理，就不会因大意而出错，还会节约很多时间、成本。

无论什么时候都不要拖延：等待得越久，事情就变得越难。如果你希望你的生活压力小些，不会遭遇到忽然的困境，那就对工作、生活有序安排。付出努力、尽快完成会缓解这些工作带给你的压力。

不要让时间浪费：善战的将军不会让时间伴着士兵的懒惰溜走，那些将要成功的人也不会让自己的时间在百无聊赖中流逝，他们会把握每分每秒，将它用在为未来的挑战做准备之上。

有条理地安排时间：有条理的人不会浪费时间，他们认识到保持事情井井有条就可以产生工作的动力。他们会为工作作出精确的时间表，表上给出了最后期限，设定了目标。

让一切都有着落：把所有的事物都放在它们固有的位置，这样你就不会因为寻找它们而浪费大量宝贵的时间，如果你发现自己所有的东西都井井有条，那么恭喜你，你是一个成功的"将军"，已经把自己的"部队"安排得很好了。

设定的目标不轻易改变：经常变动的计划，就失去了本来的意义；经常改变的目标，往往都不能实现。这就和军队中的法令一样，敬畏它、坚守它，它才能够为你在战场之上带来优势，轻视它，它便是废纸一张，不会有任何好处。

军队平时不懈怠，战争之时就不会因为短于谋划而遭受失败；个人平常不懈怠，他的人生就不会永远平庸卑贱，总有一天，他会站在高高的领奖台上，对自己昔日的勤奋工作和有序安排而感到欣慰。

原 文

凡战者，以正合①，以奇胜②。故善出奇者，无穷如天地，不竭如江海。终而复始，日月是也。死而更生，四时是也。声不过五，五声③之变，不可胜听也；色不过五，五色④之变，不可胜观也；味不过五，五味⑤之变，不可胜尝也；战势不过奇正，奇正之变，不可胜穷也。奇正相生，如循环之无端，孰能穷之哉！

注 释

①以正合：曹操注："正者当敌"。即以正兵与敌正面交战也。

②以奇胜：曹操注："奇兵从傍击不备也。"指出奇制胜。

③五声：宫、商、角、徵、羽，合称五声。

④五色：青、黄、赤、白、黑五种原色。

⑤五味：酸、甜、苦、辣、咸五种原味。

译 文

大凡作战，都是以正兵作正面交战，而用奇兵去出奇制胜。善于运用奇兵的人，其战法的变化就像天地运行一样无穷无尽，像江海一样永不枯竭。像日月运行一样，周而复始；与四季更迭一样，去而复来。宫、商、角、徵、羽不过五音，然而五音的组合变化，永远也听不完；红、黄、蓝、白、黑不过五色，但五种色调的组合变化，永远看不完；酸、甜、苦、辣、咸不过五味，而五种味道的组合变化，永远也尝不完。战争中军事实力的运用不过"奇"、"正"两种，而"奇"、"正"的组合变化，永远无穷无尽。奇正相生、相互转化，就好比圆环旋绕，无始无终，哪能穷尽呢!

经典解读

老子说: "以正治国,以奇用兵。"治理国家要以清净无为的正道,用兵作战要以奇诈、诡秘的谋略。战争之中如果不使用诈谋,临机应变,就很难战胜敌人。所谓"正",就是人们经常使用的常规做法;所谓"奇",就是人们很少想到,很少使用的特殊战法。战争中,正面交战,指挥兵车相互冲击,驱使士兵相互搏杀就是"正",暗伏奇兵从意想不到的地方杀出,或是采用各种计谋,如反间、火攻、水攻等就是"奇"。善于作战的人,能够应用各种战场条件,出奇策,制奇谋,运转无穷、循环不尽,让敌人不可捉摸,无法应付。

无论是战争还是其他事情,人都不能抱着死脑筋不放,要眼界开阔,思路敏捷,善于利用各种有利因素,寻找达成目标,实现胜利的奇路、捷径。所谓"一招鲜,天下先",出奇制胜,才能在芸芸众生之中脱颖而出,在各种竞争中拔得头筹,才成为名利兼得的"黑马"。

哲理引申

以奇克正 以虚胜实

孙子说: "三军之众,可使必受敌而无败者,奇正是也;兵之所加,如以碬投卵者,虚实是也。"要想使战争取得胜利,不单要以正治军,更要以奇克敌;要想形成以石投卵的态势,必须懂得虚实结合,以谋制胜。正奇、虚实运用的最高境界,就是正中有奇,奇中有正,正奇相生,变化无端,虚中有实,实中有虚,虚虚实实,难以揣测。故李靖在论兵之时说: "善用兵者,无不正,无不奇,使敌莫测。故正亦胜,奇亦胜。"

明太祖朱元璋去世以后,皇太孙朱允炆即位。即位不久,朱允炆就感受到了各个藩王叔父对自己统治的巨大威胁，于是在朝廷大臣的辅佐之下，开始进行削藩。藩王之中，势力最强大的是镇守北平的燕王朱棣，朱允炆在其他藩王身上小试牛刀以后，立刻将刀锋对准了燕王。燕王朱棣素来心怀大志，对性格仁和柔弱的侄子心存轻视，本来屈于其下心中就很不满意了，如今又遭到削藩的逼迫，索性举起"清君侧"的大旗造起反来。

燕王一反，朝廷立刻派兵进行镇压。燕军虽然善战，将领指挥也有方，多次取得胜利，但毕竟只是一个诸侯国，与朝廷的军事，实力仍存在着一定差距。开始，朝廷派耿炳文率军三十万攻燕，连续被朱棣袭击，在雄县和真定打了两个败仗。于是，朝廷又派勋戚李景隆代替耿炳文，更聚集了五十万大军。

朱棣知道自己势力无法和朝廷对抗，便北上大宁，用计谋擒得了宁王朱权，得到了他手下的精锐朵颜三卫骑兵。李景隆围攻北京未下，朱棣带着新得到的精锐骑兵忽然发动了袭击，朝廷军队大败。几个月以后，双方在白沟河大战，李景隆再次战败，燕军从此掌握了战场上的主动权，开始南下进攻济南等城市。

但朝廷毕竟拥有天下，虽然暂时受挫，但来自各地的援军源源不断，粮草也十分充足，而燕军在占领城池之后，却没有力量分兵防守，很多城市燕军占领不久，就被朝廷重新收复。朱棣知道，这样下去虽然暂时取得了一点成果，但自己最终将被朝廷拖死、面临失败的命运。

就在朱棣忧心忡忡，不知出路的时候，有投降的朝廷将领告诉他，朝廷为了及早剿灭燕军，将大部队都派往前线了，而南京内部却兵力空虚；朱棣安插在南京的卧底也在这个时候向他传达了同样的信息。朱棣于是制定了一个大胆的计划，他派遣少量部队牵制、迷惑前线的朝廷军，而自己亲帅主力，破釜沉舟，远袭京师。因为朝廷大军都在前线，所以朱棣的军队如入无人之境，短短几个月就打到了长江岸边，和京城只一水之隔了。

看到朱棣的军队一下子到了对岸，满朝君臣皆惧万分。建文帝连忙派遣使者向朱棣求和，朱棣胜利在望，自然不同意。不久燕军击败了几支实力弱小的援军，开始攻打南京。面对这种无望的局势，谷王朱橞与李景隆开金川门投降，宫中燃起大火，建文帝不知所终。

燕王朱棣面对人数众多的朝廷军队，没有选择正面作战，而是用奇谋远袭南京，从而一举夺得了天下，这便是奇兵在战场之上的经典运用。"奇"能让敌人不知己方虚实，将自己的威慑力升至最大；"奇"能让敌人攻无可攻，将敌人力量消化在无形之中；"奇"能够让敌人防不胜防，实现"以镒称铢"的效果。

战场之上无奇兵便很难克敌制胜，在其他地方同样需要采取一些奇谋妙计，来实现自己的目的。比如在商场之上，很多时候正常的营销、宣传手段无法实现目的，这就要开动脑筋，想出奇谋妙计，让别人了解自己的产品，从而在竞争之中占据有利地位。

1914年12月，一艘轮船乘风破浪，在太平洋上全速向东行驶。这艘从天津港出发，前往美国旧金山的轮船上有一批责任重大的乘客，他们是袁世凯政府的商务官员和来自中国各地的商人。这些人要横渡太平洋，去参加第二年将在旧金山举行的万国博览会，他们要在博览会上将当时中国最典型的商品展示在世界面前。全国的商家为了推销自己的产品，为国争光，纷纷将最好的产品拿出来。其中来自贵州茅台镇的一些商人，也带着自己精心酿制的茅台酒踏上了征程。

这些茅台酒是茅台镇的最大酒厂联合生产出来的，无论在选取原材料还是在酿制手艺之上都达到了完美。可是，他们忽略了一个重要的环节——包装，在酒类博览会上，来自世界各地的名酒何止成千上万，进入会场的人目光都被那些包装精美的酒类吸引去了，茅台因为包装普通，加之展销位置又比较偏僻，眼看博览会就要结束了依然无人问津。

几名评委来到农业展厅参观，可他们根本没有走到茅台酒面前，茅台酒的展销人员十分着急，如果再错过，只怕此行就徒劳无功了。这时，一个工作人员急中生智，他用力将摆在架子边上的一坛酒撞到地上。酒香顷刻之间在整个展厅中飘散开来。评委和观众立刻都被这种香气所吸引了，他们循着香气走来——茅台酒成功地得到了所有人的重视。

如果按照正常的手段等着他人发现，或是生硬地上前推销，茅台酒很难得到评委的青睐，但工作人员采取了一种奇谋——将酒故意弄倒，从而用四溢的酒香征服了评委，这种不按常规出牌的推销手法，取得了意想不到的效果。

战场、商场之上，以奇谋制胜的例子数不胜数。在各种激烈的竞争之中，人人都晓得按理出牌的套路，要想通过"正兵"而赢得胜利，实在是太难了。只有擅出奇招，另辟蹊径，不走寻常路，才能以奇克敌，一鸣惊人。

造势借势，一鸣惊人

孙子很强调"势"对战争的影响，取得了有利的态势，往往能轻易地取得意想不到的效果。其实，造势的重要性，不仅体现在战争、商战之中，在人际交往之中，它同样重要。

很简单的东西，只要合理的利用便可以展现出不同的效果。音符只有简单的五个，却能组合成千千万万种不同的曲调；色不过五种，但它们搭配却可以产生上万种不同的色彩；战势不过奇正，奇正之变，不可胜穷，善于运用奇正便可创造出各种战场态势；不同的说话方式和语气也是如此，善加利用便能让自己身价倍增，立刻改变处境。因此，我们要学会借"势"，也就是利用人类普遍的心理需求获得他人的好感，同时为自己争取更多的名誉。

陈子昂是唐初著名诗人，但他刚入京城的时候却默默无名。那个时候，想要出名不是件容易的事情，即使你满腹经纶，若是没有办法让别人认识你，人们也不会了解你的才能。

一天，他在大街上闲逛，忽然看到一大群人聚在一起，不知在围观什么。出于好奇，陈子昂也挤了进去，看到有人正在卖一把胡琴，要价一万文，人们都因为奇怪为何要价这么高而围在旁边议论纷纷。陈子昂对弹琴不感兴趣，转身准备离去，忽然他看着好奇的人群，心生一计。

于是，他走上前，将胡琴接过来，付钱将琴买下。旁边的人都十分惊讶，想知道这把琴为何值这么多钱，有人建议陈子昂当众弹奏一曲，让人们看看这琴好在哪里。陈子昂对着人群笑了笑，抱拳对大家说："这把琴确实不错，但今天却不是弹琴的好时机，如果大家想听的话，明天这个时候我在城东给大家弹奏一曲。"说罢转身离去。陈子昂买琴、准备第二天在城东弹奏的消息立刻一传十，十传百地在全城传开了。

第二天，无数人涌到城东准备听听万文钱的琴有什么特点。到了约定的时候，陈子昂抱着琴走上城头，对大家说："我陈子昂是个四川来的诗人，写了上百首诗，来到京城很久，却不被人们所知。这把琴虽然价值万文，但和我的诗比起来却一文不值，大家与其听琴，不如读读我的诗！"于是，举起琴将其摔得粉碎，然后在众人惊愕的目光中走下城头，将自己写的文章、诗歌分赠给大家观看。

就这样，很快全城人都知道了长安城里来个才华横溢的四川诗人。

陈子昂通过买琴、摔琴，为自己"造势"，一下子让人们了解了他的才华，这便是兵法所说的"因势利导"、"出其不意"在宣传自己、推销自己之上的精彩运用。

原　文

激水之疾，至于漂石者，势也；鸷鸟之疾，至于毁折①者，节②也。故善战者，其势险，其节短。势如彍③弩，节如发机④。

纷纷纭纭，斗乱而不可乱也；浑浑沌沌，形圆而不可败也。乱生于治，怯生于勇，弱生于强⑤。治乱，数也；勇怯，势也；强弱，形也。故善动敌者，形之⑥，敌必从之；予之⑦，敌必取之。以利动之，以卒待之。

故善战者，求之于势，不责于人，故能择人而任势⑧。任势者，其战人也，如转木石。木石之性，安则静，危则动，方则止，圆则行。故善战人之势，如转圆石于千仞之山者，势也。

注　释

①毁折：指猛禽擒杀鸟雀。

②节：节制。张预注："鹰鹯之擒鸟雀，必节量远近，伺候审而后击。"

③彍（guō）：弩弓张满。

④节如发机：节如扣动之机关，一触即发。

⑤乱生于治，怯生于勇，弱生于强：意为示敌混乱在于我之严整，示敌怯懦在于我之勇敢；示敌软弱在于我之坚强。

⑥形之：曹操注："见赢形也。"梅尧臣、张预、赵注本诸家同。而杜牧则注云："非止于赢弱也。言我强敌弱，则示以赢形，动之敌来；我弱敌强，则示以强形，动之使去。"杜说较是。此句言向敌人示以或真或假的军形。

⑦予之：给予小利诱惑敌人。

⑧择人而任势：挑选合适人才，充分利用形势。

译 文

水流湍急，以至于能漂动大石，这是水势强大的缘故；猛禽疾飞，以至于能一举搏杀猎物，这是飞行节奏迅猛的缘故。所以善于作战的将领，能够造成险急的态势，懂得采取迅猛的节奏。险急的态势如拉开弓弩，迅猛的节奏如扣动机关。

旌旗纷纷，人马纭纭，战场交错混乱但自己的指挥却不乱；浑浑沌沌，迷迷蒙蒙，两军搅作一团，但自己却能保证立于不败之地。我军治理严整，所以能以混乱示敌；我军作战勇敢，所以能够以怯懦示敌；我军士卒坚强，所以能够以软弱示敌。治理还是混乱，在于组织编制是否有序；勇敢还是怯懦，在于兵势是否强盛；强大还是弱小，在于所处的形式。善于调动敌军的人，向敌军展示一种或真或假的军情，敌军必然据此判断而跟从；给予敌军一点实际利益作为诱饵，敌军必然趋利而来，从而听我调动。用利益来调动敌军，用重兵伺机击破敌军。

所以，善于作战的将领追求形成有利的态势，而不是苛求于他人，因而能选择人才去适应和利用已形成的态势。善于创造有利态势的将领，指挥部队作战就像转动木头和石头。木石的性情是处于平坦地势上就静止不动，处于陡峭的斜坡上就滚动，方形容易静止，圆形容易滚动。所以，善于作战的将领所造就的态势，就像让圆石从极高极陡的山上飞滚下来一样，这就是所谓的"势"。

经典解读

流水之势强到一定程度，便能漂动大石；飞鸟之势强到一定程度，便可一举擒杀猛禽；兵势强盛，也会取得同样的效果，能够像流水漂石一样以弱胜强，能够像猛禽搏兔一样以迅猛快捷一举定胜负。所以，善于作战的将领应该能够创造对自己有利的态势，能够顺从态势，成就胜利。

创造态势关键在于自己编制合理、法令严整、准备充分；而顺应态势的关键在于指挥有序、应变迅捷、士兵训练有素。能够得心应手地指挥部队，随意展现出各种或真或假的军形来迷惑敌人，掌握战场上的主动权，再去战争就如从高山之上运转圆石一样势不可当。

孙子在这里既指出了"势"的重要性，又告诉人们如何才能运用"势"，如何才能创造有利于自己的态势——以形诱之、以利诱之。这些方法无论在战场还是日常生活之中都有广泛的应用，合理地利用它们创造有利的形势，往往能够取得意料之外的效果。

哲理引申

乘势而战，其功百倍

水势强盛便可以以柔弱之质，漂起坚硬沉重的石头；军势强盛便可以以弱胜强，以少克多。战争之中所值得畏惧的并不是人数比对方少多少，武器比对方差多少，而是态势上不能胜过敌人。即使实力没有对方强大，如果能够在"势"上取得优势，完全可以战胜敌人。

北魏末年，因为政治腐败、朝政混乱，爆发了轰轰烈烈的六镇起义。那些本来作为北方屏障的边疆将卒们，因为对朝廷不满，而拿起武器反抗北魏的统治，关陇、河北等地贫苦农民、士兵纷纷响应。经过不断的战争和吞并，其中以原怀朔镇将领葛荣为首的一支队伍逐渐壮大，拥有燕、幽、冀、定等七州之地。葛荣遂自称天子，建国号齐，收纳各地反叛武装，号称百万大军，南下围攻邺城，准备一举推翻北魏朝廷。

看到邺城被围，北魏柱国大将军尔朱荣上表请求率军讨伐葛荣。得到许可后，尔朱荣精选了七千士兵，直扑河北。葛荣起义已久，长期横行河北，没有遇到过对手，当他听到尔朱荣只带了七千兵力以后，大喜于色，自负地对部下说："尔朱荣这些人，对于我们岂非手到擒来！你们只需要准备一些绳索，到时候捆人就行了。"

葛荣军队虽然没有百万，但二三十万还是有的，这就已经在兵力上占压倒性优势了。他多次和朝廷军队交战，对朝廷军队一向轻视，心中认为这次到来的尔朱荣一定也是以前那些将领一样，战前吹嘘起来是英雄，一交战就会变成狗熊，于是并没有将尔朱荣放在眼中。葛荣命令军队调转方向，背对邺城，在城外列阵数十里，迎战前来的尔朱荣军队。

尔朱荣知道敌人势大，并没有直接冲战，而是将自己的军队埋伏在山谷之中，派遣大量士兵用马拖着树枝在山间驰骋，扬起漫天的尘土。又忽然让军队擂起战鼓、大喊大叫，葛荣的士兵本来心中都存在轻敌之意，忽然看到山中尘土漫天，鼓声震地，不禁狐疑畏惧：莫非敌人并不是那么少？他们真的可以手到擒来吗？

在他们还没有想好的时候，山中尔朱荣早已指挥全部骑兵，倾巢冲出。骑兵一边冲锋，一边大喊，杀声惊天动地，葛荣的军队因为过于分散，根本无法阻挡这些精锐骑兵，迎面的部队刚一接触就向四处溃逃。尔朱荣带领骑兵一齐左冲右突，往来挥击，仿佛老虎忽然跳入了羊群之中，葛荣的数十万大军一下子崩溃了，将领们下令战斗根本起不到作用。尔朱荣先前早已命令士兵，不要急着杀敌，而是尽量大张声势，将敌人冲散，吓破胆。为了节约时间，更加迅猛地冲击，他命令士兵不许将敌人斩首，只用棒子打。

葛荣的士兵哪见过这种阵势，立刻被这种迅猛的冲击打得晕头转向，只知道四处奔逃了。这时，尔朱荣带领铁骑直扑葛荣中军，葛荣虽然兵多却无法指挥，身边只有少量亲兵，很快被冲散，自己做了俘虏。看到主帅被俘，几十万大军或是逃散，或是投降，就这样声势浩大的叛乱一战被平定了。

尔朱荣之所以能够以七千余人，打败葛荣的数十万大军就是善于制造取胜的态势，一方面用尘土、鼓声恐吓敌人，让他们处于疑忌、恐惧的状态，另一方面，以迅猛的冲击，将敌人驱散，形成了一种猛虎逐羊的态势，让敌人气势尽失，只能四处溃逃。最值得称道的是，他下达用短棍击打敌军的命令，可以说将孙子"其势险，其节短。势如彍弩，节如发机"的军事思想运用得淋漓尽致。

乘势作战，不仅自己要创造机会，寻找机会还要在战争中避免给敌人制造机会。前面讲过"不可胜在己，可胜在敌"，很多时候，胜利的态势往往并不是来源于自己，有时是对手给自己提供的。

秦晋淝水之战的时候，前秦苻坚上百万大军兵临淝水，而晋军迎战的部队却只有数万人，强弱相差悬殊。苻坚自认为能速战速决，派遣降将朱序前去劝降。朱序虽然投降了前秦，心中却怀念晋朝，他知道秦军虽然势大，但成分复杂、组织杂乱，只要晋军能够先发制人，百万大军并非不可战胜，于是他对晋将谢石说："秦军虽有百万之众，但还在进军中，如果兵力集中起来，晋军将难以抵御。现在情况不同，应趁秦军没能全部抵达的时机，迅速发动进攻，只要能击败其前锋部队，挫其锐气，就能击破秦百万大军。"谢石听了朱序的话，认为很有道理，便改变作战方针，转守为攻。

交战之时，晋将提议秦军稍稍后退一些，等晋军渡过河后两军一决胜负。秦军将领认为大军不可后退，但苻坚却觉得自己实力强大，根本不用畏惧晋人，再者也可以等晋军渡水到一半之时，趁机进攻，一举克敌。于是，下令秦军后退。

秦军因为人数太多，成分又比较复杂，后退之时乱成一团，这时晋军渡河的部队趁机发起了攻击。朱序见状在秦军阵后大叫："前线的秦军败了！"秦军将士不知虚实，阵脚大乱。随后，晋军全线攻击，秦军虽然人数众多，却无法组织起有效的抵抗，百万大军一齐溃逃，苻坚本人也气势尽失，闹出了草木皆兵，风声鹤唳的笑话。

苻坚虽然有百万大军，自己却制造溃败之势。一则在于智谋不足，自乱阵脚；一则在于组织不完善，训练不精良，不能做到"纷纷纭纭，斗乱而不可乱也；浑浑沌沌，形圆而不可败也"，部队一动将领便失去了

对它的控制。从这里也可以看出，孙子所说的数、势、形等的重要作用。

一人势强，十人不能与之抗敌；百人势强，万人不能与之抗敌。在战场之上占据有利态势，就如顺风而击、顺水而行一样，威力无穷，不可阻挡。将领要想百战不殆，必须会创造态势、利用态势来克制敌人；同时也还要谨防失误，避免为敌人制造机会，使敌人得势。

世事纷纭，不可迷乱

孙子说："纷纷纭纭，斗乱而不可乱也；浑浑沌沌，形圆而不可败也。"在战旗纷纭、人马混杂的战场之上，必须确保自己的部队依然能够令行禁止，不发生混乱；在烟尘弥漫、两军搅成一团之时，必须还能将部队部署得有条不紊，对各种战场变化应付自如。旗帜、金鼓，并不单单是传递命令的工具，对它们善加利用，同样可以迷惑敌人，在战争中获得先机。

北宋，狄青在泾原与西夏兵遭遇，敌众我寡，他揣度必须用奇谋才能克敌制胜。于是便戒令军中，都放弃弓弩，全部执短兵器与敌人近身交战。再约定，听到一声钲响就停止前进，听到第二声就严整阵容假装撤退，钲声一停就高喊着冲向敌人——这恰好和平时指挥相反，平时是一声进攻，二声撤退。

开战以后，士兵们都像他要求的那样上阵。刚一遇敌人，还没有交手，钲声立刻响了起来，士兵们都停止前进；第二次钲声响起，又都撤退。西夏人看到这种情况哈哈大笑，互相说："谁说狄青神勇？部队连基本的指挥都如此混乱！"正在他们以为狄青的军队要逃走时，宋军却忽然呐喊着冲向前来，西夏军阵脚大乱，互相踩踏，致死者不计其数。

除此之外，孙子在这里所提到的军事思想对于我们的人生也有很大的借鉴意义，那就是：在人生旅途之中，要有固定的操守，处变不惊，守道不移。

军队只有平时训练有素、法令严明，才能做到在遭遇意外情况之时能够保持秩序，冷静应对。做人只有平时坚守节义、诚意正心，才能在遇到各种变故的时候不忘记原则，不放弃道德。然而，就像很多军队不能做到临危不乱一样，很多人在生活中也做不到"临大节而不可夺"。有些人遇到困难便想到放弃，见到利益便忘了道义，看到诱惑便抛弃原则；还有些人自己没有什么决断能力，只会追随大流，喜欢踏着别人的脚印走路，喜欢模仿他人，看到别人怎么过他就怎么过，看到别人做错事他也步人后尘……这样的人是生活中的失败者，他们在和外界诱惑、内心惰性的战争中打了大大的败仗，以至于终生碌碌为无、糊里糊涂地葬送自己本来可以美好的人生。

段颎，东汉时的名将，一度威震朝野，他是武威名门望族后裔，其曾祖父曾为封疆大吏，很受西域各族人民欢迎。段颎年少的时候喜欢骑马射箭，崇拜侠客义士，轻视金钱财物，被远近少年所崇拜。当他成年以后，又专心于读书做学问，年纪不大就被推举为孝廉，显名当世。

段颎开始做宪陵园丞、阳陵令等小官，在这些职位之上，他都能有所作为。后来，被迁为辽东属国都尉。辽东靠近鲜卑部族，郡县经常受到侵扰，不堪其苦。段颎到任以后，整顿军事，练习兵马，准备消除当地的祸患。一次，鲜卑军队又侵犯边塞，段颎带着训练好的骑兵趋赴迎击，鲜卑军队早已听到段颎练兵之事，惊惧退却。段颎知道贼虏轻骑难追，便暗中让驿使假传催促将诏书归还给他。段颎得到诏书后，伪装撤退，却埋伏在回来的路上。鲜卑军队侦察到了这一情况，以为段颎真的撤退了，便趁他撤退进行追击。鲜卑军队进入埋伏以后，段颎纵兵出击大破之，斩杀敌兵无数。

汉桓帝时，吏治腐败，宦官当权，天下对朝廷不满的人纷纷揭竿而起，山东泰山、琅琊一带，以东郭窦、公孙举为首的三万多人聚众起事，官兵多年征讨都不能平定。朝廷于是下诏征召可以平乱恶将领，最后选中了段颎。段颎到达山东以后一举击破窦、举等，因功封为列侯。

之后，西域诸羌作乱，朝廷又将段颎迁为护羌校尉，在这个职位之上，段颎爱护士卒、作战勇敢且有谋略，经常主动出击，以奇谋破敌，经过大小数百战，斩首敌人几万级，获得牛马财物无数，使西域诸郡得以安宁。

段颎的赫赫战功使其扬名四海，威震朝野，朝廷于是让他归还京师，任侍中、执金吾、司隶校尉等职务，最后又升至太尉，位居三公。当时，皇帝亲信宦官，朝中高官都要仰视宦官鼻息。很多大臣、名士因为得罪宦官而丢官、丢命，于是朝野之中那些庸俗谄媚之辈便阿附宦官，以求平安、升职。段颎这位百战名将，此时竟然也为了保全富贵而阿附宦官王甫，甚至为了讨好王甫而作不合道义之事。

渤海王刘悝得罪了王甫，王甫便想将其扳到，他知道中常侍郑飒、中黄门董腾和刘悝关系很好，便暗中调查，授意当时为司隶校尉的段颎陷害他们。段颎立刻下令将郑飒逮捕审讯，指使尚书令廉忠诬奏郑飒等人阴谋篡位，欲立刘悝为帝。结果，郑飒、董腾被杀，刘悝在狱中不堪拷打被迫自杀，其妻、子百余人均死于狱中。这一冤案震惊当时，"名将段颎"也就成了阿附王甫的刽子手，为世人所不齿。

后来，酷吏阳球做了司隶校尉，他早就对王甫等宦官痛愤不已，于是进言要求逮捕王甫等人，说他们邪恶狡猾，恣意妄为，其罪恶够得上诛灭整个家族。太尉段颎谄媚依附被皇上宠幸的坏人，应当一并处死。结果王甫、段颎等人全部逮捕，送监狱，王甫死在酷刑之下，段颎畏罪自杀，家属都被流放到边疆。

战争不单单发生在刀光剑影的战场之上，上阵杀敌是战争，克服内心的惰性、欲望同样也是一种战争。段颎作为一代名将，在战场对敌之时能够随机应变克敌制胜，但在为官以后，却在富贵、权力面前打了败仗，不仅丧失了曾经通过奔波流血而获得的美名，还导致身陷囹圄、自杀身亡的下场。段颎之所以失败，就是因为他未能坚持做人的原则，随波逐流，为了富贵而阿附宦官，为了讨好王甫而枉法，并滥杀无辜。

战场之上不应该随波逐流，被敌人所调动；在生活之中，更应该有所常守。当大多数人都趋炎附势的时候，并不代表这样做是对的；当大多数人都怯懦退缩的时候，并不代表你也应该如此；当大多数人都沉湎于灯红酒绿之中虚度岁月的时候，并不代表你也要变得同他们一样平庸无为。每个人的生命都是独一无二的，我们无须被他人的选择所干扰，无须为了让自己显得更加"合群"而丧失自己的想法。

世事纷纭多变，但我们内心却不能有一丝迷乱。只有在别人都盲目地随波逐流之时，还能够坚定地守卫自己梦想、原则的人才能在生命中发出与众不同的光彩。假如生命是船，不要随波逐流，要高扬风帆在天风海雨中奋斗搏击；假如生命是鹰，不要随遇而安，要振翅高飞在浩瀚苍穹中奋进翱翔。

以势诱敌，攻其松懈

"故善动敌者，形之，敌必从之"，很多时候敌人对己方防备谨慎，要想战胜他们是十分困难的，这时就要制造一种自己虚弱不堪，不值得提防的假象，让敌人觉得形势大好，从而放松防备，当他们松懈怠惰之时，找准机会，给其致命一击。

三国之时，曹操率领大军西征汉中，讨伐张鲁。张鲁自知将少兵寡不能与曹操正面交锋，便招来众将商量对策，他的弟弟张卫建议说："曹操势力虽大，但中原距此道路险远，粮草运送困难，必然不能持久。我们只需依险固守，等待曹军粮草吃尽，不得不撤退之时，再对他们进行追击。"张鲁点头同意，于是下令派遣大将杨昂、杨任在阳平关部署重兵防守，关口左右依山傍林置下十余个营寨，互相声援。

曹军先锋到达以后，便在山下扎营，行军之后，军士疲惫，防备不足。杨昂、杨任趁机袭击，将曹军打得大败，士气尽挫。后来，曹操帅主力赶到，屡屡攻打关口，但因为地势险要，士兵死伤众多，都无法夺下，只好就地扎营，与张鲁守军对峙。几十天以后，诸将对于如何攻下阳平关无计可施，这时，曹操忽然下令撤兵。将领们都很迷惑，问："我们远行千里来讨伐张鲁，如今两军胜负未判，为何自行撤退呢？"曹操说："敌人固守不出就是想等我军粮草不济之时，趁机进攻。现在我们不妨假装撤退，让敌人以为我们可以攻击，从而引蛇出洞。即便是他们不出来，也会因为我们撤退而防御松懈，此时分兵绕路进攻，一定可以击破他们。"众人听了，都对曹操的计谋佩服不已。

阳平关守将杨昂看到曹军撤退，心中大喜，以为曹军粮草已尽，将要落荒而逃，便要纵兵追击。杨任劝道："曹操用兵诡计多端，如今撤退只怕是故意诱骗我们，不如好好防守。"杨昂不听，说："战场之上，机不可失，如果让曹操就这样撤退了，岂不显得我军无人。你要是不愿意去，我自己去追！"于是，杨昂带领寨中士兵追击曹军。

曹操侦知杨昂起兵来追，一边部下埋伏，一边命令夏侯渊等趁机夺取杨昂营寨。营寨之中兵力很少，很快就被曹军占领了，而杨昂追击途中遇到了埋伏，腹背受敌，当场被曹军击杀。杨任率军救援，也陷入埋伏，全军覆没，孤身逃回。坚固的阳平关一下子落入了曹操手中。

这条战场之上的策略，同样也可以用在其他方面，比如政治斗争之上。

魏明帝去世时，任命曹爽、司马懿等为托孤大臣。开始之时，曹爽还比较规矩，什么事都和司马懿商议，但很快就开始独断专行起来。他听从亲信丁谧的计谋，尊司马懿为太傅，乘机削去司马懿的军权，又将其兄弟、亲信都安插在重要的位置之上，一时间，他"专擅朝政，兄弟并掌禁兵，多树亲党，屡改制度"。

朝中大臣虽然对曹爽不满，但都无能为力，司马懿更是被曹爽视为最大的威胁，处处提防。司马懿知道自己深陷险境，索性装起病来，对朝政不再干涉。曹爽还是不放心，正好他的亲信李胜要去荆州任刺史，便派他趁机去司马懿府中打探虚实。

司马懿知道李胜意图，便假装病重，让两个侍婢扶侍自己，要拿衣服，拿不稳，掉在地上，还指着嘴说渴。侍婢献上粥来，他用口去接，汤流满襟。李胜说："众人以为明公原来的风疾复发，没有想到病成这个样子！"司马懿故意上气不接下气地说："年老卧病，死在旦夕。君当屈身守并州，并州接近胡人，应妥善为之戒备。"李胜纠正道："我说的是本州（李胜是荆州人），不是并州。"司马懿故意装作听不清，说："君方到并州，努力自爱！"李胜被司马懿出色的表演彻底迷惑了，出来后对曹爽说："司马公已像个死人，卧床不起，只有残余之气，不值得忧虑了。"曹爽听了他的详细描述，也以为司马懿的确不值畏惧了，便放松了警惕。

第二年春天，曹爽兄弟陪着魏帝曹芳离开洛阳去高平陵扫墓，司马懿见时机到来，立刻上奏对曹爽不满的郭太后，请求废除曹爽兄弟。曹爽迫于形势，不敢抵抗，请求免职，不久曹爽兄弟都被司马懿杀死。

曹操之所以能够攻占阳平关、司马懿之所以能够擒杀曹爽，都是善于制造假象，从而让他们放松警惕，进而实现自己的计划。所以，当敌人占据优势，难以找到疏漏的时候，与其显示自己的强势，不如以弱势诱惑敌人。这也从反面告诉我们，当强大的敌人忽然显露出弱势之时，切不可盲目行动，有可能这正是敌人给你置下的巨大陷阱呢。

将欲取之，必先予之

"予之，敌必取之。以利动之，以卒待之。"孙子这两句话告诉大家，要想调动敌人，就要懂得用利益诱惑他们：面对军容整齐的敌人，让他们看到财物，扰乱他们的阵势；面对气力充足的敌人，用利益诱导他们，使他们疲敝；面对贪婪的敌人，示意他们哪里有利益，将其引入圈套……

官渡之战时，袁绍派遣文丑、刘备率领骑兵追击曹操。曹操身边骑兵只有六百余，而袁军却有数千人。曹操得知敌人势大的消息以后，并未惊慌失措，而是让部下将马匹、辎重散落一地，呈现出溃逃之象。文丑的追兵到达以后，看到曹军辎重撒了一地，以为曹军早就望风而逃了，便下马哄抢物资。这时，曹操率领骑兵出击，袁军大乱，文丑被杀，刘备逃跑。

曹操的这种智谋，显然也被他的部下所学会了。在曹操讨伐马超之时，曹军在潼关北渡，曹操和许褚以及虎士百余人断后，马超突然率领步骑万余杀到，全军大乱。部将将曹操带入船中急忙渡河，马超率领骑兵在后边追边射，箭如雨下，情势万般危急。曹操帐下校尉丁斐负责管理牛马，见到这种情况，命令士兵将牛马皆尽放出。马超的士兵，看到漫山遍野的牛马，顾不得乘胜追击，纷纷去抓牛马，马超无法控制，曹操才得以逃生。

古人说："将欲取之，必先予之。"有的时候，敌人并不是那么容易上当的，这种情况下，要想取得自己预期的目的，就要真正的给他们一点甜头，付出一些代价来换取更大的收获。

战国之时，匈奴开始变得强大，屡屡骚扰秦赵等国的边境。李牧是赵国边将，长期驻守在雁门郡，防备匈奴。他经常杀牛宰羊犒赏士卒，也勤于督导士兵射箭骑马，很得士兵尊重。但他却从来不出击匈奴，并下令："匈奴如果入侵，要赶快收拢人马退入营垒固守，有胆敢去捕捉敌人的斩首。"于是，匈奴每次入侵，李牧的治下立即收拢人马退入营垒固守，不敢出战。这样过了几年，匈奴都认为李牧胆小无勇，就连赵国守边的官兵也认为他懦弱怯战。赵王派遣使者责备李牧，李牧不改。赵王发怒，把他召回，另派将领代他领兵。

新任的赵将很勇敢，每次匈奴前来侵犯，就出兵交战，但因为匈奴骑兵来去迅速，赵军经常失利，损失很大。边境上也因战事频繁而无法耕田、放牧。赵王只得请李牧再次出山。李牧闭门不出，坚持说自己有病。赵王一再强求，李牧于是说："大王一定要用我，我还是像以前那样做，才敢奉命。"赵王答应他的要求。

李牧回到边境，继续固守不出，匈奴一连几年都一无所获，认为李牧胆怯无勇，很轻视他。边境的官兵经常得到赏赐，却没有用武之地，都憋着气想打一仗。李牧见战机已到，就下令精选战车一千三百辆，战马一万三千匹，敢于冲锋陷阵的勇士五万人，善于射击的士兵十万人，隐藏在城中，准备给匈奴致命一击。

为了引诱匈奴到来，李牧让牧人漫山遍野地放牧，匈奴小股人马入侵，李牧假装失败，故意将几千人丢给匈奴。匈奴单于素来轻视李牧，听到雁门有这么多牛羊可以俘获，立刻组织大军前来抢掠。李牧布下很多奇兵，等匈奴进入圈套以后，张开两翼将匈奴包围，用强弓射击匈奴的骑兵，大败匈奴，杀死十多万人。之后，李牧又乘胜攻入草原，灭了襜褴，打败东胡，收服林胡，匈奴单于胆战心惊，率众远遁，再也不敢接近赵国边境了。

制造形势迷惑对手，让出小利诱惑他人，这种兵法策略，不仅适用于战争之中，在其他方面也有很多经典的运用。

一家啤酒公司进入一个地区的市场以后，发现因为当地的竞争对手已经营多年，其品牌早已深入人心，自己的产品虽然比对方要好，但销售总是赶不上对手。于是，公司便采取了有奖促销。在啤酒的瓶盖内印上"再来一瓶"等字样，消费者得到这样的瓶盖便可以在任何销售网点兑奖。虽然奖品很小，有时一箱啤酒中不过中奖两三瓶酒，但就是这点小小的利益，吸引了很多消费者。以前都喝另一种啤酒的人，听说了有这个奖励，便尝试着喝新的品牌，尝过以后，才发现原来这个牌子的口味更好一些，从而大大提高了该啤酒在当地的市场占有率，给公司带来

了丰厚的利润。

如果你想调动敌人跟着你转，就要用利益去诱惑他们；想获得客户的认可，在保证自己产品的质量的前提下要双方都获益；想要获得朋友的友谊，同样需要学会付出。

顺势而行有功，逆势而动有祸

势者，时也。势和时是连在一起，密不可分的。势随时变，时与势移。把握形势，在一定程度上说就是把握时机。当时机到米之时见机而动，就会事成功就；时机还未成熟就轻举妄动，往往导致失败，给自己带来灾祸。

三国之时，刘备联合袁绍攻打曹操，曹操害怕腹背受敌，便加紧攻打刘备。刘备抵挡不住曹操的进攻，便向袁绍求援，请求他在背后迅速进攻曹操，减轻自己的压力。袁绍的谋士们也纷纷建议袁绍立刻出兵，趁曹操困于徐州，直扑其老巢许昌。但袁绍却犹豫不决，声称自己小儿子生病了，心神不宁，无法出兵。谋士们说服不了他，只能徒自叹息。

刘备孤立无援，不到一个月就被曹操打败了。这时袁绍却又忽然起了南下之心，准备兴兵伐曹。军师田丰认为战机已失，不可轻战。袁绍很生气，说："以前要战的也是你，现在说不该战的也是你，你是在故意和我作对吗？"田丰解释道："曹操攻打刘备的时候，我们形势正好，前去进攻让他腹背受敌，一定可以成功。如今，刘备已败，曹操移师北上，士气正盛。而且曹操擅长用兵，变化无常，人数虽不如我军，但不可小视，不如长期坚守。将军凭借山河的险固，拥有四州人马，联合豪杰，农耕备战。然后挑选精锐部队，分为奇兵，轮番骚扰黄河南面，使敌人疲于奔命，用不了三年，安坐就可战胜敌人。现在不用必胜的计策而想通过一次战争去决定成败，万一不能如愿以偿，后悔就来不及了。"

袁绍不听田丰的劝阻，认为自己实力强大，即使曹操占据有利形势，也无法抗衡自己。田丰极力劝阻，反而激怒了袁绍，被投入监狱关了起来。结果正如田丰所料，袁绍因为屡屡失误，被曹操在官渡击败，落魄逃回。

袁绍本来在和曹操的竞争中占尽优势，但他为人刚愎自用，认不清时势，在好机会到来的时候不去珍惜，时机错过以后，又想逆时而行，结果惨遭失败。其实，在历史之上，像袁绍这样不懂时势，给自己带来灾祸的人多的是，西汉时候的淮南王刘安就是其中的一个。

淮南王刘安的父亲是汉文帝的弟弟刘长，刘长因为蓄意谋反而被文帝流放，死在路上。这成了刘安的一个心结，虽然侄子汉武帝对他很好，十分敬重他，但他却因父亲的遭遇对文帝一直心存不满，于是广招宾客，积蓄力量，准备完成父亲未成的愿望——自己做皇帝。

当时，经过文景之治，百姓安乐，人心思定，且朝廷力量强大，刘安妄图造反，违逆时势，肯定是难以成功的。刘安自己也知道事情困难，便到处招揽贤才，他的门客伍被很有才能，刘安召见了他，并私下谋划。伍被劝谏道："聪明的人智虑通达，事情还没出现征兆，就能预见，所以圣人做事，万无一失。周文王一举而功名扬于后世，列为三王，这就是说要顺应天心而举动。"刘安问："现在的汉朝是安定，还是混乱？"伍被说："天下平安无事。"刘安不高兴地说："您凭什么说天下安定？"伍被回答说："我私下观察朝廷君臣、父子、夫妇、长幼之间都尊卑有序、合乎情理，陛下的所作所为都遵循古代圣王之道，风俗淳正，纲纪完善。商贾繁荣，道路通畅。羌狄称臣，东瓯入朝，拓展边塞，挫败匈奴。虽然赶不上古代的太平盛世，然而还是平安无事。"刘安大怒，不听劝谏，伍被只好告辞。

后来，伍被又用吴王刘濞谋反被诛杀的往事劝谏刘安，刘安依然不听，反问道："陈胜、吴广没有立锥之地，百人之众，兴起于大泽乡，振臂一呼，天下响应，西进到戏而有兵众达一百二十万。现在我的国家虽小，能参军打仗的人也有二十万，你凭什么说我起兵有祸无福？"伍被告诉他："如今的时势和秦末大大不同，秦朝暴政，二世无道，人民生于水火之中，所以陈胜、吴广才能一呼百应。如今天下安宁，百姓和乐，谁会想着和你造反呢？"

刘安不死心，继续谋划作乱之事。但这事实在是违逆时势，和他谋划的都是一些无谋、贪利的小人，这些人八字还没谋划出一撇，就被告发了。汉武帝以刘安"阴结宾客，拊循百姓，为叛逆事"等罪名，派兵进入淮南，从他家中搜出了准备用于谋反的攻战器械和用来行诈而伪造的玉玺金印，自知罪无可赦的刘安被迫自杀。

时势造英雄，功业从时势中产生，无论建功立业还是安身保命，人都要懂得顺应时势。只有根据时势，做出符合历史潮流之事的人，才是真正的英雄，才能被世人所认可；那些违逆历史潮流，为了一己私利，肆意妄为的人，只会被潮流拍打得粉身碎骨，永远钉在历史的耻辱柱上。

虚实篇

原　文

　　孙子曰：凡先处战地而待敌者佚[1]，后处战地而趋战者劳，故善战者，致人而不致于人[2]。能使敌人自至者，利之也；能使敌人不得至者，害之也，故敌逸能劳之[3]，饱能饥之[4]，安能动之[5]。

注　释

　　①佚：同"逸"。安逸，从容。

　　②致人而不致于人：致，招致、引来。此句意思为宜调动敌人而不为敌人所调动。

　　③逸能劳之：敌若休整良好，我则能够调动它，使其疲惫劳累。

　　④饱能饥之：曹操注："绝粮运以饥之。"王皙注："谓敌人足食，我能使之饥乏耳。"即敌若给养充足，我则使之饥困。

　　⑤安能动之：曹操注："攻其所必爱，出其所必趋，则使敌人不得相救也。"即敌若安固守御，我就使之移动。

译　文

　　孙子说：凡先到战地而等待敌人的就从容、主动，后到战地而仓促应战的就疲劳、被动，所以，善于指挥作战的将领，能调动敌人而不被敌人所调动。能使敌人自己到来，是以利益引诱他们；能使敌人到达不了其预定地域的，是以各种方法阻碍他们。所以，敌人安逸，能设法使他们疲劳；敌人给养充分，能设法使他们饥饿；敌军驻扎安稳，能设法使他们移动。

经典解读

自己先有准备，然后等待敌人，这样就能以逸待劳，掌握战场之上的主动权；没有主动权，被敌人牵着鼻子走，就会受制于人，陷于疲劳、被动之中。所以，善于指挥作战的将领，一定要采取各种方式，将敌人调动起来，而不是受敌人调动。

孙子这种把握战争主动权的思想，不仅在战争中有重大意义，在生活和工作中，同样影响深远。世界上存在各种竞争、斗争，相互对立的双方，谁在竞争过程中掌握了主动权，谁就能得到更好的发展、取得更多的机会。所以，一定要对自身所处的环境，进行主动、深刻的了解、分析，把主动权牢牢地握在自己手中，而不是消极地应付各种挑战与困难。

哲理引申

致人而不致于人：主导自己的生活

孙子说，"致人而不致于人"，告诉人们要主导战争，调动敌人，而不是被敌人调动。在生活中，我们同样需要成为一个主导者，以一个主动者的姿态去面对各种挑战、各种困难。

有位哲人曾经说过："每个人从生下来的那一刻起，就开始了他不尽的战斗。"是啊，其实，我们每个人每一天都在经历着各种不同的竞争、挑战：和同龄人升学、就业机会竞争，对新的目标的冲击，面对生命中困难的不屈斗争，甚至那些淡泊名利、归隐山林的人，也要经常和内心的各种欲望斗争。

海明威的小说《老人与海》为什么那么动人心魄？就是因为作者所描述的那个不屈服于命运，无论在怎么艰苦卓绝的环境里，都凭着自己的勇气、毅力和智慧进行奋勇抗争的老人，让我们看到了一个勇者真正应该拥有的美好品质。可是，在生活中，许多人面对各种挑战消极应付，面对各种苦难退避逃避。他们逃避了苦难，同时也逃避了让自己生命得到升华的机会。

生活就是如此，当你消极、被动地逃避它时，你永远不能了解它，不能战胜它，也就享受不到它的美好了；可一旦你主动地面对它时，你会感到那些竞争是那么有趣，那些苦难都是上天对你的考验，它们让你的生活充满了各种不同的滋味，这些不同的体验正是生活本身的魅力所在。

一个具有游泳天赋很好的运动员，他在学生时代就曾参加国际性大赛，在欧洲青年锦标赛和游泳世锦赛上获得佳绩。忽然一场灾难降临在了他的头上。在20岁的时候，这个人生最美好的年龄，他被诊断为白血病。忽然到来的晴天霹雳让他彻底失去了希望。他躺在病床上抱怨上天的不公，他将自己关在屋子里整天不说一句话，他不顾医生嘱咐，抱着酒瓶子肆意地挥霍剩下的生命……当医生对他说"你以后不能再游泳了，如果不安心治疗，生命也会受到威胁"时，他就已经对未来失去了希望。曾经的骄傲、荣誉、快乐都离他而去了。"这该死的命运，这不公的命运啊！"他在沉醉中悲愤地怒吼。

看到他这副自暴自弃的样子，朋友们不敢劝他，父母整日愁眉苦脸，每个人都想：这个昔日骄傲的年轻人，就这样被命运所毁掉了。但他的姐姐并没有放弃，有一天，她夺过弟弟手中的酒杯，摔在地上，向他吼道："命运对你的确不公平，但你就打算这样屈服吗？面对苦难难道你只想到消极地逃避吗？忘了你昔日是多么骄傲，让我们为你而感到多么自豪吗？"

消沉了很久的年轻人，听到这些振聋发聩的话，陷入了沉思：是啊，我昔日是多么的骄傲，现在命运想要用苦难将我击倒，难道我就这样被动地屈服吗？于是，人们眼中那个骄傲的年轻人又焕发了青春。他一边接受医院的治疗，一边重新开始规划人生。

很幸运，他进行的骨髓移植手术十分成功。几个月后，人们看到那个经常在海边跑步的青年又回来了。经过一段时间锻炼后，他重新返回了自己魂牵梦绕的游泳赛场，并在后来比赛中取得了很好的成绩。

贫穷、疾病、意外变故……我们每时每刻都在同命运进行着无休止的斗争，在这场战争之中，你可以直面各种苦难，牢牢地把握自己的命运，亦可以逃避苦难，被命运所掌握。那些勇敢的人无不选择前者，他们将主动权把握在自己的手中，面对苦难不逃避、不退缩，所以他们成了命运的主宰；而那些失败者，却将生活的主动权抛弃，消极地应对生活，他们想要逃避，却终究成为了命运的牺牲品。

要想成为一个生活中的强者，必须勇敢地面对生活，敢于在与它的战斗中占据主动，这样才能将命运掌握在自己的手中，创造出理想的人生。

反客为主，改变局势

"致人而不致于人"是《虚实篇》的核心思想，其精髓就是要利用虚虚实实的谋略来调动敌人而不被敌人调动，夺取克敌制胜主动权。杜佑注解道："两军相距很远，强弱相匹敌，可以让敌人历险而到来，我军却不可冒进而赴险；一定要引诱敌人，而不要受到敌人的引诱。"也就是说，如果想战胜敌人，但主动权却不在自己的手中，就要采取计谋，让敌人自己送上门来，将优势转化到自己的这一边，变被动为主动，变客位为主位。

耿弇是东汉名将，云台二十八将他位列第四，他精通兵法，善于谋略，在平定张步之时，就运用了反客为主、致人而不致于人的战略。张步是当时山东的割据势力，控制了泰山郡一带，刘秀平定了山东大部分地区，唯有张步还未归顺。于是，刘秀命令命建威大将军耿弇率太山太守陈俊、骑都尉刘歆讨伐张步。

张步听说刘秀大军将来讨伐，便封大将费邑为济南王，令他屯兵历下，又分兵屯驻在附近的祝阿，并在太山钟城列数十座军营待耿弇来攻。耿弇到达以后，发现祝阿城小兵少，便派大军围困祝阿，在围城时故意留了一角，祝阿人没有抵抗决心，纷纷从缺口逃奔钟城。钟城守军听说祝阿失守，又畏惧汉军势大，军心动摇，汉军还未到就溃逃了。因此，汉军不战而胜，取得了钟城要塞。

费邑听闻祝阿、钟城失守，连忙派其弟费敢把守巨里要塞。巨里、历下相成掎角之势，地势险要、城池坚固，如果强攻损失一定很大。耿弇于是进兵威胁巨里，但他并不进攻，而是令士兵多多砍伐树木，扬言要修造攻城器具，三天以后全力攻打巨里城。这个消息被故意透露给那些俘虏，耿弇又暗中让那些俘虏逃亡。俘虏逃走以后，奔回费邑据守的历下，将三日后汉军全力攻打巨里的消息汇报给了费邑。费邑听后大喜，思量：巨里城池坚固，一时之间难以攻下，我可以带着大军趁耿弇攻打巨里不下而疲惫之时，率军从其背后杀出，两面夹击，耿弇肯定一战而擒。

到了那一日，费邑果然带着3万精兵奔赴巨里，耿弇对准备攻城的诸将说："我之所以修造攻城的器具，并不是要真的攻城，而是通过这种办法来引诱费邑前来救援！"众将这才恍然大悟。于是，耿弇分兵3千守卫巨里，自己带着主力在高处埋伏。费邑的部队到来，却发现耿弇并未攻城，正在狐疑之际，耿弇率军从高处洪水般杀下，大破费邑军，费邑被临阵斩杀。巨里守军看到援军全军覆灭，心惊胆寒，知道孤城守不住，连忙逃走了。

费邑败亡之后，张步又派其弟张蓝引兵逆战，再次被耿弇击败。于是，张步亲自带领大军抵抗。张步当时兵力比汉军多得多，虽然耿弇连续胜利，张步还是没将其放在眼中，他对部将说："曾经敌人 10 多万人前来侵犯，我都将其击败。如今耿弇兵要少得多，又都疲劳，有什么可怕呢！"耿弇也知晓敌人势大，难以又处于防守一方，很难克敌。于是，派兵在淄水之上和张步军相遇，让军队故意示弱。张步知道后，更加轻视耿弇，于是立刻带着大军前来攻击，耿弇却令士兵退入小城之内，据险固守。他令刘歆等与张步大战，自己带领精锐登上高台观看，发现了张步军中的弱点，于是率领精兵从侧面对其展开攻击。张步军受到夹击，阵势大乱，仓皇逃走。

第二天，耿弇率军与张步再次大战，从早晨战到黄昏，再次击破张步军，杀伤无数。两军解开以后，诸将都要休整，耿弇却说："张步军气势已尽，一定会在夜里逃走，此时伏击他们一定可以大获全胜。"于是，命令士兵潜伏在张步军撤退的道路之上。到了深夜，张步果然引兵退去，伏兵尽起，张步军溃乱逃散，耿弇率军追击，一路几十里张步败军的死尸相连，耿弇收得辎重两千余车。张步逃回剧县，再也没有力量和刘秀抗衡了，不久在耿弇的再次追击之下，只得负斧锧请罪于军门，投降了汉军。

自己奔赴敌人那里，敌人就会以逸待劳，让敌人来自己这里，自己就以逸待劳，一动一静之间，形势完全扭转了。所以，当自己处于不利的行事之时，要懂得通过"反客为主"，致人而不被人所致。在平时生活之中也要学会这个策略，合理运用就能变被动为主动，以奇制胜。

一个国王晚年得到了一个可爱的小公主，国王对公主十分喜爱，可以说顶在头上怕跌到，含在口中怕化了，无论公主提出什么样的要求，国王都尽力满足。一天，国王愁眉不展，大臣们赶紧询问，原来是公主忽然向国王提出，想要天上的月亮。国王因无法满足女儿的要求而感到不快。

天上的月亮怎么能得到呢？大臣们都束手无策，这时一个年轻的侍卫说自己有办法让公主满意。国王问："你有什么妙计可以得到月亮?"侍卫说："只要用银子打造一个月牙给公主不就成了吗?"国王很生气:"这么拙劣的计谋谁想不到? 月亮再次出来时,公主岂不就知道了自己的月亮是假的!"大臣们也纷纷附和,说侍卫的计谋不可行。侍卫说："大王只需这样做就可,月亮出来时,我负责去说服公主。"国王没有办法,只好下令照着侍卫说的去办。

侍卫来到宫中,将银子打造的月牙项链交给了公主,公主十分高兴。第二天,当月亮升起的时候,侍卫再次来到公主面前,他将公主带到床前,故作迷茫地问道："公主啊,我有一事不解?"公主问："什么事啊?"侍卫指着天上的月亮说："昨天我们明明已经将月亮摘下来,给你做成项链了,可为何天上又有了一个月亮呢?"小公主想了想,指着他笑着说:"傻瓜,牙齿掉了还会再长出来一颗,花朵被剪掉了还会再长出一朵,难道月亮摘下来了就不能再长出一个吗?"

想要说服公主相信自己项链上的就是月亮,显然是个很困难的事,但这个侍卫反客为主,将难题抛给了公主自己,这样就成了让她自己去说服自己了。这也是掌握主动权,实现"致人而不致于人"的灵活应用。

原　文

出其所不趋①,趋其所不意。行千里而不劳者,行于无人之地也。攻而必取者,攻其所不守也;守而必固者,守其所不攻也。故善攻者,敌不知其所守;善守者,敌不知其所攻。微乎微乎,至于无形。神乎神乎,至于无声,故能为敌之司命②。进而不可御者,冲其虚也③;退而不可追者,速而不可及也。故我欲战,敌虽高垒深沟,不得不与我战者,攻其所必救也;我不欲战,画地而守之,敌不得与我战者,乖其所之也④。

注　释

①出其所不趋：出兵攻取敌人所无法救援的地方。

②为敌之司命：成为敌人命运的主宰。

③冲其虚：虚，虚懈之处，即进攻敌人虚懈之处。

④乖其所之：乖，违，相反，此处引申为改变、调动之意。全句意为调动敌人，将其引向别处。

译　文

出兵攻取敌人无法救援的地方，行军行在敌人意想不到的地方。行军千里而不疲困的，是因为行进在没有敌人、没有设防的地区。进攻必然攻克，是因为攻击敌人没有防守或无法守住的地方；防守必然巩固，是因为扼守敌人不会攻击或无法攻击的地方。所以，善于进攻的将领，能使敌人不知怎样防守；善于防御的将领，能使敌人不知道怎样进攻。微妙呀！微妙到无形无迹；神奇呀！神奇到无声无息。这样，就能主宰敌人的命运。进攻而敌人无法抵御的，是因为冲击敌人防守虚懈的地方；退却而敌人无法追及的，是因为退得迅速使敌人追赶不上。所以，我若求战，敌人即使坚守深沟高垒，也不得不出来与我交战，是引为我们进攻敌人所必救的地方；我若不想交战，即使画地而守，敌人也无法和我交战，是因为我能够调动敌人，改变其进攻方向。

经典解读

要想"致人而不致于人"，就必须善于运用计谋，制造出虚虚实实、真真假假的幻形来使敌人迷惑恐惧。在敌人认为是假象的地方，埋伏下重兵，趁其不备，给予其致命打击；在敌人认为是真象的地方，却故意不显露出来，让敌人摸不清事实，进退两难。当敌人被虚虚实实、真真假假弄得晕头转向以后，一个假象就令其恐惧不已，明显的行迹又能够在其面前瞒天过海，那样敌人就彻底在我的掌控之中了，我想怎样调动他就怎样调动他，想如何消灭他就如何消灭他。

　　善于守备的将领，使人攻无可攻；善于进攻的将领，使人守无可守。进攻克敌的要点在于造势诱敌、察敌不备；防守不败的要点在于沉着冷静、不被敌人所引诱。这就是说虚实之间还有主动与被动的差别：战场之上双方都会采取一些计谋来迷惑对方，能够明辨是非，迷惑别人而不被别人迷惑的将领就能掌控主动，将对方的优势化为劣势，"出其所不趋，趋其所不意"，最终取得战争的胜利。

哲理引申

虚实结合，以弱自守

　　孙子说："守而必固者，守其所不攻也。"最好的防守不是敌人攻而不克，而是让敌人根本不来攻击。要想让敌人不来攻击，有两个方法：第一，示之以实，让敌人觉得这里力量十分强大，害怕受到埋伏而不敢进攻；第二，示之以虚，让敌人觉得这里力量过于弱小，根本没有必要进攻。示之以实是变无为有，以威退敌；示之以虚，是变有为无，麻痹敌人。虚实之策，运用无常，要根据敌我双方的情况灵活应用，才能将敌人控制于范围之内。

　　三国时期，刘备与曹操争夺汉中。一次，黄忠领兵去夺取曹军粮草，过时未还，赵云领少数骑兵前去救援，中途和大队曹军相遇。赵云面无惧色，且战且退，曹军追至蜀军营寨。营寨中士兵很少，群情畏惧，赵云镇定地单骑立于门前，命令士兵大开营门，偃旗息鼓。曹军看到这种情况怀疑有埋伏，不敢进攻，准备退走。这时赵云令军士齐击战鼓，鼓声震天，并用劲弩在后面射击。曹军惊骇，自相践踏，大败而走。赵云的"空营计"就是无而示之有，虚而示之实，让敌人惊恐畏惧，从而吓退了敌军。

　　示敌强大可以退敌，示敌弱小同样可以避免敌人进攻。

　　袁绍、曹操作战的时候，袁绍在黎阳移兵南渡，曹操手下的程昱守卫附近的鄄城，但他只有七百余士兵，曹操觉得情况危急，便命人告诉程昱，想要给他增兵 2 千人。程昱不肯接受，说："袁绍拥兵 10 万，自以为所向无敌。如今鄄城兵少，他一定轻视此地，不会前来攻击。如果增加了士兵，袁绍感到威胁就不得不攻，一旦敌人来攻，很难守住，不如不增兵。请您不要怀疑！"曹操听从了程昱的建议。袁绍渡河以后，果然认为鄄城兵少，不值一攻，没有前来攻打。

　　程昱故意示弱，从而避免了被强敌进攻。古今中外，凭借这种示弱的策略取得军事斗争胜利的实例屡见不鲜。

原　文

　　故形人而我无形①，则我专而敌分②；我专为一，敌分为十，是以十攻其一也，则我众而敌寡；能以众击寡者，则吾之所与战者，约矣。吾所与战之地不可知③，不可知，则敌所备者多；敌所备者多，则吾所与战者，寡矣。故备前则后寡，备后则前寡，备左则右寡，备右则左寡，无所不备，则无所不寡。寡者，备人者也；众者，使人备己者也。

　　故知战之地，知战之日，则可千里而会战。不知战地，不知战日，则左不能救右，右不能救左，前不能救后，后不能救前，而况远者数十里，近者数里乎？以吾度之，越人之兵虽多，亦奚益于胜败哉？故曰：胜可为也。敌虽众，可使无斗。

注　释

　　①形人而我无形：形人，令敌人现形。即使敌军显露实情，而我军却能不露真迹。

　　②我专而敌分：我军能集中兵力，而敌人却不得不分散。

　　③吾所与战之地不可知：我准备与敌人开战的战场，敌人不能知道。

译 文

所以，让敌人行迹显露，而我军却不露形迹，使敌人捉摸不定，这样我军就能兵力集中而敌人则兵力分散；我军兵力集中于一处，敌人兵力分散于十处，我军就能以十倍于敌的兵力打击敌人，造成我众而敌寡的有利态势；能做到以众击寡，则与我军直接交战的敌人就少了。我们所要进攻的地方使敌人不知道，不知道，它就要处处防备；敌人防备的地方越多，兵力越分散，这样，我所直接攻击的敌人就不多了。所以，防备前面，后面的兵力就薄弱；防备后面，前面的兵力就薄弱；防备左翼，右翼的兵力就薄弱；防备右翼，左翼的兵力就薄弱；处处防备，就处处兵力薄弱。兵力之所以薄弱，是由于处处防备的结果；兵力之所以众多，是由于迫使敌人分兵防备的结果。

能预料同敌人交战的地点，能预料同敌人交战的时间，就是跋涉千里也可同敌人交战。不能预料交战的地点，不能预料交战的日期，就会左不能救右，右不能救左，前不能救后，后不能救前，何况作战之时同军相距远的几十里，近的也有好几里呢！依我的分析，越国虽然兵多，但这对于胜败又有什么帮助呢？所以说：胜利是可以创造的。敌人虽然众多，也能令其无法与我军全力交战。

经典解读

"我专为一，敌分为十，是以十攻其一也"，当敌我力量相匹配的时候，就要设法分散敌人，令敌人在我方虚虚实实的进攻之中只能被动防守，到处设防。敌人分散布局，我军集中力量，便形成了以众击寡的局面，敌人前后左右不能顾全，"无所不备，无所不寡"，主动权便牢牢地掌握在我军手中，胜负之势也就清晰明了了。

所以说，用兵最关键的就是明察敌人，而不被敌人所察，使敌人难以揣测我军动向，不得不到处防守，不得不分散兵力。虚虚实实，实实虚虚，能在虚实运转之上占得先机者，就能获得战争的胜利。

哲理引申

虚实无常，多变制胜

让敌人无法预料，从而克敌制胜的关键就是制造虚虚实实的假象来迷惑敌人。人都有懈怠之心，第一次遇到威胁可能会十分警觉，采取严密的防范措施，但遇到威胁次数多了，又没有真正遭遇灾害，便会放松警惕，甚至对严重的危险视而不见。用假象迷惑敌人，让敌人不设防备，便可在关键时刻取得出其不意的效果。

唐玄宗天宝十四年，安史之乱爆发，承平日久的大唐王朝一下子陷入了风雨飘摇之中。叛军准备已久，声势浩大，短短几个月内就攻克了东都洛阳，安禄山进位称帝，国号大燕。看到朝廷军队节节败退，很多州县守吏被吓得手足无措，为了保全富贵、生命，放弃职守，选择投降燕军。

当叛军进攻到雍丘之时，县令令狐潮看到叛军势大，也选择了投降。但雍丘附近的真源县令张巡却不愿投降，他招募了同样期望报效朝廷的上千勇士，趁着令狐潮外出见燕将李庭望之时，重新占领了雍丘。张巡杀死了所有投敌的官吏和令狐潮一家老小，令狐潮得到消息以后，对张巡恨得咬牙切齿，他带来4万燕军，意图一举攻破雍丘，杀死张巡，以报仇雪恨。

此时雍丘城内守军不过2千多人，面对4万人，城内军民十分惊恐。张巡对将士们分析道："敌人自以为知晓城内虚实，轻视我们人少，一定轻于防备。如果我们惊恐待毙，就恰恰中了他们的下怀，不如趁机主动攻打他们，一定可以打击他们的气势。"将士们觉得有道理，大受鼓舞。于是，张巡夜里派1千人守城，自己亲自带领1千人分成几个小队，忽然趁夜色杀出。令狐潮对雍丘城势在必得，没想到守军还敢主动杀出，防备不足，士兵们黑暗中听到四处都是敌人，不知有多少人前来偷袭，惊慌失措，顿时大乱，连忙撤退。

第二天，敌人再次集结攻城，环城安置上百门投石机轰击城墙，城楼及城上矮墙全被毁坏。张巡下令在城上立起木栅，抵御进攻。燕军纷纷缘城攀登，张巡便让士兵用乱箭将他们射退，如果敌人爬得太近了，守军便将蒿草束灌上油脂，点燃那些投降敌军，燕军士兵害怕被烧，纷纷坠下。这样虽然艰难地守住了城池，但时间一长，城里的箭都要用完了，而且敌人丝毫没有离去的样子。张巡非常焦躁，于是心生一计。

那天夜里，令狐潮正在盘算着明日如何攻城，忽然士兵来报，城头上隐隐约约有上千个穿着黑衣的人影，似乎打算沿绳索溜下来偷袭。令狐潮心想：张巡又要用老计策，这也太不把我放在眼里了，既然你来送死，那就成全你们！他下令士兵，埋伏在城下，不要声张，等城上的士兵向下吊时，万箭齐发，将他们全部射死。不一会，他们果然发现城上投下了绳索，随后有黑衣的人影沿着城墙下攀。一声令下，乱箭如雨，将攀附在城墙上的黑衣人都射成了刺猬。

第二天清晨，就在令狐潮还沉浸在胜利之中时，士兵的回报险些让他背过气去：原来昨日城上吊下来的都是蒙着黑衣的草人，现在张巡的士兵正在城头上高高兴兴地收获着草人身上的箭呢！

又过了几天，城上再次出现了黑影，令狐潮心想：张巡这厮，又没箭了，还想来骗我！于是下令士兵，好好休息，准备明天攻城，不要管他。第二天，果然城上的黑影都是草人。就这样一连几天城上出现黑影，可令狐潮，再也没有上当，他的士兵也对这些黑影习以为常了。

又一个深夜，城墙上再次出现了"草人"。叛军的士兵都懒得搭理张巡这拙劣的借箭计谋了，他们既没有放箭，也没有通知令狐潮。然而，他们哪里知道，这次下来的并不是借箭的草人，而是张巡亲自选定的500个勇士。这些人被吊下城墙以后，悄悄地接近燕军大营，趁着敌人毫无防备之时，以迅雷不及掩耳之势发起了猛烈的攻击。燕军大营立刻喊声震天、火势冲天，士兵相互践踏，死伤无数。令狐潮知道大势已去，连忙收拾残兵败卒逃走了。

张巡开始用草人假装偷袭，骗得了燕军大量箭支，之后多次重复此举，让燕军以为从城上下来的黑影都是骗箭的草人，从而放松了警惕。但最后一次，却是真真的士兵，没有防备的敌人因此大败溃逃。其实，这样的计策前人用过很多，刘备在汉水和曹操对峙之时，诸葛亮便令蜀军隔三岔五地击鼓呐喊，装出进攻的样子，但却不出兵。不到一个月，曹军便疲惫不堪，只能遁逃了。

曹操熟知兵法，善于用兵，面对诸葛亮虚虚实实的计谋，虽不能克敌，但尚且知道时时防备，虽然疲惫而逃，还未遭受致命的打击；而令狐潮则要差得多了，面对张巡虚虚实实的计谋，不仅不能反制，还产生了松懈之心，结果被人偷袭成功，落荒而逃。所以说，能够看穿敌人的虚实，不被假象所迷惑，掌握战场之上的主动，这是最好的将领；看不透敌人虚实，失去主动权，但能够仔细防备，不因为懈怠而遭到惨败，这是次一点的将领；既看不透敌人的虚实，又不懂得谨慎防备，坐等失败，这是最差的将领了。

声东击西：谈判中的虚实之术

如何才能实现孙子所说的迷惑敌人、分化敌人，令敌人"左不能救右，右不能救左，前不能救后，后不能救前"呢？一个重要的手段就是声东击西。声东击西指声言攻击这里，实际却攻击那里，让敌人被我方调动，破绽百出。这种策略以假动作欺敌，掩护主力在第一时间击敌要害，充分估计敌方情况而使用，变化无穷，让对方防不胜防。

东汉时期，班超抱着团结西域诸国共同抵抗匈奴的目的出使西域，但完成这个目标还有一个前提，必须要先打通南北通道。当时，地处大漠西部的莎车国总是不老实，常常煽风点火，鼓动周边小国反对汉朝。

班超决定杀鸡儆猴，先平定莎车。

莎车国王消息很灵通，他得知自己将要被攻打，于是迅速向北面的龟兹国王求援。于是龟兹王亲自率领人马来救援。这边班超行动也很迅速，他并不是单打独斗，而是联合于阗国等国家共同出兵。但无奈的是，班超的兵力只有2万5千人，而龟兹国王却有5万人，敌众我寡，直接迎面出击恐怕取胜的把握不大，于是班超决定用"声东击西"的策略智取。

他派人在军中散布朝廷对自己不满的谣言，制造出要撤退的假象，并且特意让抓来的莎车俘虏知道这个消息。这天傍晚，班超命令军队向东撤退，自己率领一队人马向西撤退。撤退时故意制造出一副慌乱的景象，并在乱马中故意放走俘虏。俘虏逃回莎车，急忙报告汉军撤退的消息。

龟兹王听了大喜，他认为班超也不过如此，还没开打就吓跑了，于是决定追杀班超。他下令兵分两路，追击逃敌。他亲自率一万精兵向西追杀班超。班超却借着夜色的掩护，仅仅撤退了十里地，然后就地隐蔽起来。龟兹王求胜心切，一路驾马飞奔居然没发现班超隐蔽的人马。眼看龟兹国王已经中计，班超立即集合部队并与于阗人马迅速杀回莎车。莎车国王猝不及防，被班超迅速战胜了。

班超在攻打莎车国的时候就使用了"声东击西"的策略，很值得借鉴其实，在与人相处中，尤其是在商务洽谈的时候，我们也要懂得"声东击西"。不要过早地暴露自己产品价格，要避免过早地同对方讨论价格问题，因为不论你的价格多么合理，只要对方购买这种产品，就总要讨价还价。因此，应该在顾客对产品价值有所认识后，才能同他们讨论价格问题。

我们应该做的是：不要让客户首先考虑产品的价格，要将他们的注意力引到产品的价值上来，也就是说，谈话应首先集中产品的价值这一问题上，而不是单纯地谈价格；如果一定要谈价格，就要连同价值一并提出，获得对方订货单据的决定性因素，应让对方看到他们将要得到的好处，而不是他们所付出的代价。

凯迪是一位销售人员，为纽约的某个皮革公司搞推销，公司已经生产即将出售的新产品，这是一种新型的皮带。他受命去访问一个顾客，以确保公司这种产品能以有利的价格出售。凯迪了解道这位顾客是一个皮革方面的行家，很少有人能够让他付出过高的价格。凯迪一见面，并不急着谈论产品，更是绝口不谈价格。相反，他从那位先生的孩子的课程谈起，从学习谈到娱乐，从游泳谈到赛马，当谈及好的马具的时候，那位先生早就忘了凯迪的来意了，他们似乎成了无话不谈的好朋友。凯迪说："马具要用最好的皮革制成，才能让马感到最舒服，同样，人也是这样，只有最好的生产方式生产出的皮带、皮饰才让消费者喜爱。"顾客询问："你们公司最近有什么好的产品吗？"

凯迪随即推荐了自己所要销售的那款皮带，在简单地介绍了皮带的优点以后，凯迪试探地问道："这款产品依您看怎么样？""啊，我非常喜欢它，但是我猜想您现在会告诉我它是非常贵的，那样真是太可惜了。"

"其实，这款产品还未准确定价。"凯迪说，"您是一个有贸易经验的人，在皮革产品上没有比您更加精通，您认为它应该定价多少呢？"

那人回答他说他认为可能是 45 美分。

"您说的对。"凯迪用惊奇的眼光看着他说："我不知道您是怎样猜到的？这件产品的成本大概就是 45 美分，如果您愿意，我会说服公司用这个价格出售给您一些，以宣传这件产品。"

那人想了想，立刻向凯迪订了一大单货，双方对事情的结果都很满意。

在介绍价格的时候，必须让别人看起来价格比较低，但你向他介绍好处的时候，就必须使他们看起来好处比较多。不要怕对方提出低价的竞争者，也不要和多方过度地在价钱之上纠缠，如果你对自己的产品真正自信，只需要让他们了解产品就可以了，相信成熟的顾客一定会懂得一分钱一分货这个道理。

当我们在谈判的时候，不要"太在意"自己所关注的目标，那样你就会被别人掌握，其实，漫不经心地说些其他的话，让别人忽略你的意图，这样反而能够更好地实现自己的目标。一个谈判专家曾经说过："作为一位成功的谈判者，先决条件就要弄清谈判的目标，牢记目标。但在同对方的谈判中，却要把自己的目标隐蔽起来，把一些次要的问题渲染成很重要的问题，而让对方多占些便宜，这样他们会自动让你达成自己的目的。"这便是在谈判桌上的声东击西，它能使我方与对方保持良好的关系，在谋得我方利益的同时，使对方也感到最大的满足。

原　文

故策①之而知得失之计，作②之而知动静之理，形③之而知死生之地，角④之而知有余不足之处。故形兵之极，至于无形。无形，则深间⑤不能窥，智者不能谋。因形而错⑥胜于众，众不能知；人皆知我所以胜之形，而莫知吾所以制胜之形。故其战胜不复⑦，而应形于无穷。

注　释

①策：分析、策度。

②作：兴起、挑动。

③形：伪形示敌。

④角：较量，与敌人试探性接触。

⑤深间：隐藏得很深的间谍。

⑥错：通"措"，放置。

⑦战胜不复：赖以取胜的谋略方法不重复使用。

译 文

所以认真分析判断，可以明了敌人作战计划的优劣长短；挑动敌人，可以了解其行动的规律；示形诱敌，可以摸清其所处地形的有利与不利；进行试探性战斗，可以探明敌人兵力部署的虚实强弱。所以，示形诱敌的方法运用到极致，就看不出一点形迹。看不出一点形迹，即使有深藏的间谍，也无法探明我方的虚实，即使具有智慧的对手，也想不出对付我军的办法来。根据敌情而取胜，把胜利摆在众人面前，众人还是看不出来。人们都知道我克敌制胜的情形，却不知道我是如何达成这种情形的。所以每次战胜，赖以取胜的策略不能重复使用，要适应不同的情况，变化无穷。

经典解读

在制定计谋战胜敌人之前，最先要做的就是了解敌情，即"知己知彼"。这里给出了了解敌人虚实的几种方法：策之、作之、形之、角之，即分析判断敌人、挑动敌人、以虚象诱惑敌人、对敌人进行试探性的进攻。通过这些试探，得知敌我双方实情以后，敌人便置于我的掌控之中了，这时便可以采取各种手段——"近而示之远，远而示之近，利而诱之，乱而取之，实而备之……"——克敌制胜了。

谋略制胜，贵在出敌预料，同样的计谋多次重复使用就会让敌人摸清规律，反而受制于人，这时就要懂得变通。变通不一定要完全改变策略，只需要根据形势进行一点点变动，往往会比新计策更能迷惑敌人。比如，孙膑曾"围魏救赵"救了赵国，大败魏军；后来，魏军进攻韩国，孙膑再次"围魏救韩"，庞涓自以为完全认清了孙膑的计谋，带领精锐企图将齐军一举击败。没想到孙膑却在这次"围魏救韩"中比上次多了"减灶诱敌"之策，并在中途暗中埋伏，从而将庞涓彻底打败。

做事之前且先试探虚实

孙子指出战争之前最重要的事情就是通过各种试探来了解敌人的虚实：分析判断，明了敌人作战计划的优劣长短；挑动敌人，了解其行动的规律；示形诱敌，摸清其所处地形的有利与不利；试探性战斗，探明敌人兵力部署的虚实强弱。魏武侯也曾经问过吴起这个问题。武侯问："两军相当，不知其将，如何？"吴起回答说："令地位低下的勇者带领锐卒试探攻击敌人，交战之后假装败退，观察敌人的进退，敌人如果行进有序，看到我军佯败不追，看到利益不急着抢夺，那么敌方的将领是有谋略的。如果敌人看到我军佯退就蜂拥而追，旗帜杂乱，行伍混淆，见利争强，说明他们将令不行，攻击它无须怀疑。"

经过一番试探，才能正确掌握双方虚实，在正确掌握敌我双方虚实的基础之上，进行谋略才能得到恰到好处的计谋，否则很可能采取错误的策略。

三国时，诸葛亮出兵前往祁山北伐魏国。他命令赵云、邓芝作为疑军，占据箕谷，自己亲自率领10万大军，突袭魏军据守的祁山。当时蜀国还有魏延、吴懿等久经战场的大将，议论者都说该以这些人为先锋，但诸葛亮却准备任命自己很看好的马谡，让他来锻炼一下，进而提拔他。于是，马谡被任命为先锋，统领各军前行。

魏明帝得知蜀军来伐以后，派大将张郃总督各路军马在街亭阻挡马谡。诸葛亮也知道街亭的重要性，命令马谡、王平前去守卫。诸葛亮熟知街亭地形，叮嘱马谡要在山下靠近水源的地方扎营。马谡到了街亭以后，看到南山之上地势很高，便决定放弃水源，让部队驻扎在南山之上。副将王平连续多次劝谏马谡，马谡不予采纳，说："丞相不知道战场具体形势，我们不必按照他的指示部署，况且兵法上说：'置之死地而后生'，我们在南山扎营，敌军如果敢于围困，那么士兵们在这种死地之中一定会拼死一战，加上我们居高临下，定可一举击破敌人，这有什么可怀疑的?"

张郃到了以后，看到马谡仗恃南山的地势，不在山下据守城邑。立刻派遣大军断绝了马谡取水的道路，并发动了猛烈的攻击。事情完全出乎马谡的预料，蜀军士兵失去水源，又饥又渴，根本没有"置之死地而后生的"气势，反而士气低落，一触即溃。而张郃手下的魏军战斗力很强，马谡几次组织突围，都不成功，最后街亭失守，马谡在王平的救援之下狼狈逃回。诸葛亮这次北伐也因为街亭失守而丧失了落脚点，不得不草草结束。马谡因此而获罪入狱，被判处死刑，诸葛亮流泪将其斩首。

马谡"置之死地而后生"的想法很好，但他没有在事前掌握双方真正的虚实情况，张郃手下的魏军战斗力很强，并不是他占据了高地就可以轻易击破的，他自己手下的士兵也没有那么强大，失去水源士气就变得低落了，根本没法克敌制胜。如果，马谡能够在采取计谋之前，对敌人进行一番试探，了解一下自己军队的实力、敌人的实力，就不会落得个作茧自缚，兵败受刑的下场了。

战争需要试探虚实，在做其他事之前同样应该懂得先试探一番，这样才能摸清对方的心思，不致做出错误的判断，给自己带来麻烦或是让对方陷入尴尬。比如，在准备求助于别人的时候，不知道对方是否力所能及，不知道对方是否愿意为自己帮忙，就需要先试探一下；再比如，当准备做一些事的时候，不知道是否会引起对方的反感，给人造成伤害，最好的办法也是先要试探一下，看看对方的反应。懂得用小事来试探一下虚实，其实是很正常的一种行事方式，他能避免人们莽撞地做出重大决策，而造成难以避免的损失，这在人际交往之中，并不是什么要心眼，相反这是一种比较温和、有礼貌的行为。

老王有一家家具厂，最近他的订单不错，便想扩大生产规模，于是想到了收购周围其他的厂子。他了解到朋友张老板的厂子生意萧条，便登门拜访。因为，平时关系还不错，没聊几句，老王就将自己打算收购张老板的厂子的计划和盘托出。没想到，张老板立刻回绝了他的要求，而且态度很是不好。后来，老王才了解到，张老板一向将自己的家具厂看成是一项大事业，平时以它为傲，如今老王冒失地提出要求，极大地打击了张老板的自信心，而且他还觉得老王一定是窥伺自己的厂子很久了，如今看到自己生意暂时冷淡便想乘人之危……

老王的冒失行动，不仅没有达成目的，还让自己和对方的关系大大恶化。从此以后，老王汲取了教训，他得知附近的葛厂长也有一个家具厂，经营状况不是特别好。便带着礼物前去拜访，见面就称都是同行，想学点好的经验。没想到葛厂长却叹息道："经营这个破厂子让人心力交瘁，早就想将其处理掉，只是没有门路。"老王又试探着打听厂里的经营状况，葛厂长连连哀叹，这时，老王终于明白了葛厂长是真的想要处理掉厂子，于是便委婉地表达了自己想收购的想法。二人一拍即合，当场就达成了转让约定。

当你想做什么事的时候，不要急着表达自己的想法，有可能你的要求对别人来说是十分忌讳的，那样只会让人感到尴尬。所以，在做事之前，试探一下对方的想法，观察别人的态度再决定是否将计划和盘托出，能让你在与人交往之中，减少很多失误。

做大事之前，先试探虚实，就是告诉人们不要莽撞行事，不要在不明真相之前轻易下决定。战争之中莽撞行事，就会导致失败；与人交往之中莽撞行事，就会产生矛盾；在交易、谈判之中莽撞行事，也不能实现利益的最大化。荀子说，不懂得察言观色就说话，是瞎子；那么不懂得试探虚实就做事，岂不就是傻子？洗澡之前，不试试水面冷热容易烫伤；滑冰之前，不试试薄厚就上容易落水；做事之前，不试试虚实容易做错。

原　文

夫兵形象水，水之形，避高而趋下，兵之形，避实而击虚。水因地而制流，兵因敌而制胜。故兵无常势，水无常形，能因敌变化而取胜者，谓之神。故五行无常胜①，四时无常位②，日有短长，月有死生③。

注　释

①五行无常胜：金、木、水、火、土五行相生相克，变化无定。

②四时无常位：四季循环往复，永无休止。

③死生：盈亏。

译　文

用兵的规律像水，水流动时避开高处而奔向低处，用兵之时，也要避开敌人坚实之处而攻击其虚弱的地方。水因地势的高下而制约其流向，军队则根据敌情而决定取胜的方针。所以，作战没有固定不变的方式方法，就像水流没有固定的形态一样；能依据敌情变化而取胜的，就称得上用兵如神了。用兵的规律就像自然现象一样，"五行"相生相克，四季依次交替，白天有短有长，月亮有盈有亏，永远都处于变化之中。

经典解读

世间万物无不处于此消彼长的不断变化之中，能够根据具体情形，因地制宜，才能永葆生机，不陷入危殆之中。战场形势同样风起云涌，不断变幻着，用兵者应该效法自然事物，随时应变，克敌制胜。

水是最为柔软的事物，但也是无坚不摧的，它没有常形，却能充斥于各种形状之中。用兵也当如此，柔之至极，不给敌人任何着力之点，让其无处可攻；变幻无形，任何敌人预料不到的地方都能到达，让其防不胜防。当然，这里所强调的水最重要的一个特点就是"避实而击虚"，敌人强大的地方懂得躲避，敌人虚怠的地方不会错过，因敌情变化而变化，神乎其神。

哲理引申

避实击虚，事半功倍

水是最常见的东西，它不仅维持人们的生存，还有很多美好的特点，值得人们去学习。孔子曾经向弟子这样描述水："水，能够启发君子用来比喻自己的德行修养。它遍布天下，给予万物，并无偏私，有如君子的道德；所到之处，万物生长，有如君子的仁爱；水性向下，随物赋形，有如君子的高义；浅处流动不息，深处渊然不测，有如君子的智慧；奔赴万丈深渊，毫不迟疑，有如君子的临事果决和勇毅；渗入曲细，无微不达，有如君子的明察秋毫；蒙受恶名，默不申辩，有如君子包容一切的豁达胸怀；泥沙俱下，最后仍然是一泓清水，有如君子的善于改造事物；装入量器，一定保持水平，有如君子的立身正直；遇满则止，并不贪多，有如君子的讲究分寸，处事有度；无论怎样的百折千回，一定要东流入海，有如君子的坚定不移的信念和意志。"

孔子主要讲的是修身养性，其实完全可以将上面的"君子"改成"将领"，仁爱、高义、智慧、果断、勇毅、明察秋毫、胸襟豁达、坚定不移等都是为将者必不可少的素质，水既是君子之师，也是将领之师。孙子在本节中所着重强调的就是向水学习"避实击虚"的智慧。用兵作战，有队形、有列阵，每个地方的将领、士兵素质参差不齐，就有强弱虚实之分，能够躲避敌人强大的地方，专力进攻他们弱小之处，就能更轻易地击败敌军。

春秋之时，楚国讨伐随国，随国迎战。大夫季梁对随侯说："楚国势大，随国势小，如果正面对拼，一定不是楚国的对手。楚人尚左，楚王一定带着精锐在左军，我们列阵的时候，大王也应该在左边，率领精锐攻击楚国的右军，他们的右军实力虚弱，一定不能抵挡，敌人右军失败，我们才有得胜的机会。"但随国少师在军事上却是个目光短浅之人，他劝道："作战之时，应该遵守规则，国王和国王相敌对，大夫和大夫相敌对，这样能够战胜才可以显示出我军的实力。"随侯听从了少师的建议，强攻楚军，结果大败，随侯不得不逃走。

鄢陵之战的时候，晋厉公看到对面的楚军军容十分整齐，心中产生了惧意，想要退兵。这时身边的楚国降将苗贲皇告诉他："楚国的精锐都集中在中间的楚王秦兵里面，左右两翼要差得多，我们只需要让一部分中军抵挡住楚军中军的进攻，然后分出一部分精锐加强左右两翼，等得到加强的上下两军击败楚国的左右两翼后，再合围楚军精锐的中军，楚军一定失败。"晋厉公采纳了这一建议。

由中军将、佐各率精锐一部加强左右两翼。在营内开辟通道，迅速出营，绕营前泥沼两侧向楚军发起进攻。首先击破楚军中薄弱的左、右军。楚王望见晋厉公所在的晋中军兵力薄弱，即率中军攻打，企图先击败晋中军，结果遭到晋军的抗击，没能击败晋军，而楚军的左右两翼已经溃败了。楚王也在战场上受了伤，只好趁着夜色引军撤退。

随侯不懂避实击虚的道理，拒绝了季梁的建议，同时也拒绝了胜利；相反，鄢陵之战时，晋厉公则接受了臣下的好建议，分出精兵攻击楚国虚弱的左右两翼，从而取得了战争的胜利。运用避实击虚的战例还有很多，比如著名的"田忌赛马"，以下马敌上马，以中马敌下马，以上马敌中马；比如，在运动赛中选手选择放弃对手最强的项目，以保存实力，从其他项目之上取得胜利，从而在整体之上得到优势；再比如，考试之中放弃最难做的题目，将精力放在那些简单一些的题目上，从而确保了分数……

在战争、竞赛之中需要懂得避实击虚，其他一些事情上，同样也离不开这种思维。每件事都有难做的地方，有简单的地方，如果什么时候都按部就班地去做事，有可能因为开始就遇到难度较大的地方，从而浪费太多的时间，或是打击了自己的士气。若能够在着手之前，好好地对事情进行一番观察分析，找出薄弱的突破口，事情就会顺利得多。

当你要和强大的势力作斗争的时候，更要懂得避实击虚的策略，不能与其面对面地硬碰硬，应找出他们身上最单薄的弱点，在关键时刻给其致命一击。

明英宗因为"土木堡之变"，失去了帝位，回国以后，饱受迫害，后来在石亨、曹吉祥等人的帮助下趁着景泰帝重病之机，恢复了帝位。因此，对石亨等人十分感激。石亨凭此恩荣权势，成为炙手可热的人物，他的弟、侄家人冒功进官者 50 余人，其部下亲戚、朋友等攀亲骗官者多达 4000 余人。京师大臣，不顺其意则被逐出朝廷。朝中阿谀奉承的小人都唯他马首是瞻。为了维护自己的权势，他还排挤贤良，大兴冤狱，那些敢于直言其过的人，都被借口陷害。但因为皇帝的信任，朝臣对其嚣张跋扈敢怒而不敢言。

石亨为了显示自己的权势，在京城里建了一座富丽堂皇的府第，其规制完全超越了规矩。一次，皇帝在大臣们的陪伴之下于翔凤楼上俯瞰京城景色，英宗看到了石亨家，惊问道："这是谁家的府第？"恭顺侯吴瑾知道那是石亨的院子，却没有直接回答，而是说："此必王府。"皇帝摇摇头说："不是王府吧！"吴瑾接着说："如果不是王府，僭越到这种地步！"英宗点点头，后来知道这是石亨的住宅，便对其产生了警戒之心，不久就下令调查他的不轨之事，将其下狱处死了。

吴瑾知道石亨心怀不轨，但并没有直接劝谏，他知道石亨有功于皇上，直接进谏很难将其搬倒，反而可能引火烧身。于是，他找到了皇帝忌讳别人威胁的弱点，也找到了石亨骄奢引起猜忌的弱点，于是通过旁敲侧击的一句话，就将石亨彻底打倒在了地上。

避实击虚，能够取得意想不到的效果。在达成目的之时，学会避开对象强大之处，找其虚弱之处着手，往往可以让你一举制胜。

军争篇

原　文

孙子曰：凡用兵之法，将受命于君，合军聚众，交和而舍①，莫难于军争②。军争之难者，以迂为直，以患为利。

故迂其途③，而诱之以利，后人发，先人至，此知迂直之计者也。军争为利，军争为危④。举军而争利则不及，委军而争利则辎重捐⑤。是故卷甲而趋⑥，日夜不处⑦，倍道兼行，百里而争利，则擒三将军⑧。劲者先，疲者后，其法十一而至⑨；五十里而争利，则蹶⑩上将军，其法半至；三十里而争利，则三分之二至。是故军无辎重则亡，无粮食则亡，无委积则亡。

故不知诸侯之谋者，不能豫交⑪；不知山林、险阻、沮泽⑫之形者，不能行军；不用乡导⑬者，不能得地利。故兵以诈立⑭，以利动，以分和为变者也。故其疾如风，其徐⑮如林，侵掠如火，不动如山，难知如阴，动如雷震。掠乡分众，廓地分利，悬权而动⑯。先知迂直之计者胜，此军争之法也。

注　释

①交合而舍：曹操注曰：两军相对为交合。贾林注：舍，止也。交

合而舍即两军在战场之上相互对峙。

②军争：两军相对争利。

③迂其途：选择迂回前进的方式，示敌不能速进，来迷惑敌人。

④军争为利，军争为危：善于作战者通过两军相争获利，不善于作战者通过两军相争只能得害。

⑤举军而争利则不及，委军而争利则辎重捐：举军指全军；委军指抛弃了辎重装备的军队。全句意为：携带全部辎重的军队去争取先机之利，就不能按时到达；丢下全部辎重的军队去争取先机之利，就会丧失全部军资。

⑥卷甲而趋：收起全部盔甲，快速前进。

⑦处：停止、休息。

⑧擒三将军：三军将领被敌人擒获。

⑨劲者先，疲者后，其法十一而至：强壮的士兵在前，疲惫的士兵落后，按照规律只有十分之一的人马能够如期到达。

⑩蹶：挫败。

⑪豫交："豫"通"与"，参与。豫交即结交。

⑫沮泽：水草丛生的沼泽地带。

⑬乡导：向导，熟悉地形的带路人。

⑭立：成功。

⑮徐：部队整肃、行进舒缓。

⑯悬权而动：权，秤锤，用以称量轻重。指衡量利害得失而后再决定行动。

译　文

孙子说：用兵的原则，将领接受君命，从召集军队，安营扎寨，到开赴战场与敌对峙，没有比率先争得制胜的条件更难的事了。"军争"中最困难的地方就在于以迂回进军的方式实现更快到达预定战场的目的，把看似不利的条件变为有利的条件。

所以，由于我迂回前进，又对敌诱之以利，使敌不知我意欲何往，因而出发虽后，却能先于敌人到达战地。能这么做，就是知道迂直之计的人。"军争"为了有利，但"军争"也有危险。带着全部辎重去争利，就会影响行军速度，不能先敌到达战地；丢下辎重轻装去争利，装备辎重就会损失。卷甲急进，白天黑夜不休息地急行军，奔跑百里去争利，则三军的将领有可能会被俘获。健壮的士兵能够先到战场，疲惫的士兵必然落后，只有十分之一的人马如期到达；强行军五十里去争利，先头部队的主将必然受挫，而军士一般仅有一半如期到达；强行军三十里去争利，一般只有三分之二的人马如期到达。这样，部队没有辎重就不能生存，没有粮食供应就不能生存，没有战备物资储备就无以生存。

所以不了解诸侯各国的图谋，就不要和他们结成联盟；不知道山林、险阻和沼泽的地形分布，不能行军；不使用向导，就不能掌握和利用有利的地形。所以，用兵是凭借施诡诈出奇兵而获胜的，根据是否有利于获胜决定行动，根据双方情势或分兵或集中为主要变化。按照战场形势的需要，部队行动迅速时，如狂风飞旋；行进从容时，如森林徐徐展开；攻城略地时，如烈火迅猛；驻守防御时，如大山峃然；军情隐蔽时，如乌云蔽日；大军出动时，如雷霆万钧。夺取敌方的财物，掳掠百姓，应分兵行动。开疆拓土，分夺利益，应该分兵扼守要害。这些都应该权衡利弊，根据实际情况，相机行事。率先知道"迂直之计"的将获胜，这就是军争的原则。

经典解读

战争之中最重要的是抢先夺得有利的军事条件，如赵奢在阏与之战中先抢占高地，从而击败了未能占据高地的秦军；张郃在街亭之战中先控制水源，从而击败了失去水源的马谡。在生活中，在进行竞争的时候，也要先抢占最能够决定事件胜负、成败的关键性因素，既要讲究时效，又要选对目标。

能够夺得优势，最困难，但也是最有效的手段，就是以迂为直，以患为利。赵奢出兵以后，停止不进，让敌人觉得他不敢去救援，然后趁敌不备之时快速行军，忽然出现在敌人面前，就是以迂为直；韩信背水列阵，将自己置于死地，而后激发出士兵的力战之心，这便是以患为利。用迂曲来求得快速，将祸患转为利益，可以迷惑敌人，出其不意，隐瞒自己意图，将有形化于无形，这才是最高超的计谋。

军争是为了取得利益，但也要认识到如果采用了错误的方式，利益就会变成危害，马谡列阵于高地就是实例，他本想以此激发出士兵们的斗志，没想到却作茧自缚，自寻失败。所以，在制定策略之时，一定要了解双方情况，知己知彼，根据双方情势变化而权衡利害，灵活地制定克敌之策。

哲理引申

以迂为直，实现目标

孙子说的以迂为直，是用迂回曲折的途径达到目的，但这种道路的选择并不是随意的，而是要选取阻力最小的地方作为突破口，以求更快到达目标。其思想核心就依然是避强趋弱，选择敌人力量最薄弱处、不设防处行动。

公元前3世纪末期，北非城邦迦太基和罗马为了争夺地中海霸权爆发了第二次布匿战争。此前的第一次布匿战争中迦太基被罗马击败，这次战争爆发以后，迦太基统帅汉尼拔汲取了以前失败的教训，决定不从正面进攻罗马，避开地中海上强大的罗马舰队。于是，他率领约5万名步兵和上万骑兵从伊比利亚半岛进入高卢地区。为了避开罗马人在沿海的基地和盟友，汉尼拔的军队尽量选择在内陆行军，迅速地来到了阿尔卑斯山的北麓。与此同时，罗马人也在进行自己的军事行动，他们将主力分为两路，一路从西西里进攻迦太基本土；一路从西班牙登陆，以牵制汉尼拔的军队。

罗马人之所以轻视背面的防守，就是因为那里有巍峨的阿尔卑斯山脉，在那个时代，连绵的雪山被视为鸟都飞越不过的天然屏障。然而，汉尼拔却毅然决定率领部队翻越这座高山，给罗马人以出其不意的致命一击。他率领大军，在当地部落向导的带领下，进入了人迹罕至的阿尔卑斯山区。大军行走在狭仄的小道之上，克服了无数的险阻，终于跨越了冰雪覆盖、气候恶劣、岩多路滑的阿尔卑斯山，走完这段异常艰苦的征程后，汉尼拔的大部队只剩下2万步兵，6千多没有马的骑兵和一头战象了。

但当地山区的居民仇恨罗马人的统治，汉尼拔的军队开下山时，一些高卢部落将他们看成救世主，纷纷来投奔，汉尼拔又得到了充足的人力和马匹。经过修整，精力充沛、斗志旺盛的迦太基士兵一举打败了当地的罗马部队。这一胜利又使很多徘徊观望的高卢人转到了汉尼拔的麾下。

罗马人面对北方忽然从雪山中冲出的迦太基军团有些惊慌失措，连忙命令远征的部队回守本土。这样虽然经过了疲劳的远征，又在敌人的本土上作战，汉尼拔面对急忙回调的罗马军团，反而呈以逸待劳之势。

公元前217年6月，汉尼拔又采取迂回战术，迅速占领了有利地形，在意大利中部的特拉西美诺湖畔设下埋伏，把罗马4个军团近3万人的队伍引进了三面环山、一面临湖的峡谷中。这次伏击战罗马损失惨重，执政官战死，1万5千人阵亡，几千人被俘。

汉尼拔肯定没有读过《孙子兵法》，但他在第二次布匿战争中的指挥却将《孙子兵法·军争篇》中的智谋发挥得淋漓尽致，可谓是英雄之所见略同。首先，他采取了"以迂为直"的方式行军，并未从地中海直扑罗马，而是欧洲内陆绕了一个大圈，避开了罗马人的主力和他们那些防守严密的城邦、盟友，这看似是迂曲、绕圈，却比直行更能快捷地迫近罗马。其次，在两军相争之中，汉尼拔总能先找到战场之上的有利因素，利用天时地利给敌人设下埋伏，从而以少胜多、以弱胜强。

除了行军袭击敌人以外，"以迂为直"在其他方面也有重要的表现。比如，在说服别人之时，如果直接讲出自己的目标，很难让人信服，实现不了自己的目的；如果，换个角度，迂回地展现所行之事对对方的好处，委婉地表达对方固执的害处，就能让对方了解自己的失误，从而实现目的。

战国时，赵国惠文王刚刚去世，秦国就趁机攻打赵国，赵军作战失利，连丢三座城池。大臣们都主张向齐国求助，但齐王有个要求，必须让赵太后最宠爱的小儿子长安君作为人质。赵太后听说要让自己的小儿子做人质，脸色大变，立刻拒绝了齐国的要求。

秦国的进攻没有停止，齐国的救援又不能到来，赵国情势十分危急，大臣们也都心急如焚，纷纷去劝说赵太后答应齐国的要求。但爱子心切，赵太后在这件事上十分坚决，并生气地对大臣们说："谁再让我儿子做人质，我就往他脸上吐唾沫！"大臣们着急，却无计可施。

这时，左师触龙请求拜见太后，赵太后知道他又是来劝谏自己的，便怒气冲冲地等着他。触龙见到太后以后，并没有急着提长安君的事，反而故意缓慢移动脚步，谢罪说自己身体不好，腿脚有毛病，并借话询问起太后的饮食起居。

聊了几句家常，太后怒气稍解，触龙恳切地请求道："我的儿子舒祺，年龄最小，而我又老了，私下里最放心不下他，向太后请求让他进宫做卫士。"太后说："可以。年龄多大了？"触龙说："15岁了，虽然还小，趁着自己尚健在，将他安排好，我就安心了。"

太后笑着说："男人也疼爱小儿子吗？"触龙回答："比妇女还厉害。"太后不同意，说："妇女更厉害些！"触龙话机一转，说："我私下里认为太后疼爱燕后超过了长安君。"燕后是太后的女儿，嫁到了燕国做王后。太后摇摇头说："哪里？不如长安君啊！"

触龙说："父母疼爱子女，就要为他们考虑长远一些。您送燕后出嫁的时候，握住她的脚后跟哭泣，每逢祭祀的时候都要想到她，为她祝告说'千万不要被遣返回来啊'，难道这不是为她做长远打算，希望她的子孙一代一代地做国君吗？"太后点了点头，说："是这样的。"

触龙又问："从这一辈往上推到三代以前，一直到赵国建立之时，被赵王封侯的子孙，他们的后继者还有在的吗？"太后摇摇头，说："没有。"触龙说："不光是赵国，其他诸侯国君被封侯的，他们的子孙还有在的吗？"太后说："我没有听说过。"

触龙说："他们祸患来得早的降临在自己身上，祸患来得晚的降临到子孙身上，并不是他们本身的资质不好，是因为他们地位太高而没有功勋，俸禄丰厚而没有劳绩，占有的珍宝太多了啊！现在您将长安君的位置抬得很高，给他肥沃的土地、丰厚的珍宝，却不趁机让他为国建功，一旦您百年之后，长安君凭什么在赵国立足呢？您为长安君打算得太近了，所以我说您爱他不如爱燕后那么厉害。"

太后听了触龙的话，陡然感悟，对触龙说："您说得好啊，就任凭您指派他吧！"于是，触龙为长安君约车百乘，将他送到了齐国。齐国践行诺言，派出援军救赵，解除了赵国的危急形势。

触龙在说服赵太后之时，没有上来就直接讲大道理，而是采取了"以迂为直"的战术，先告诉他"父母之爱子，则为计深远"的道理，然后指出为质齐国就是让长安君为国立功，也是他以后立足于赵国的根本。赵太后明白了这些道理，自然答应了他的请求。看似触龙绕了一个大圈子，费了很多口舌，其实他这种方式要比直接讲道理有效得多。

以患为利：化缺点为优点

在最开始论述战争的时候，孙子就指出"不尽知用兵之害者，则不能尽知用兵之利"，这里再次强调"以患为利"，依然是在为读者讲述"利"与"害"之间的辩证关系：善于利用形势，祸患就可以转化为利益；而不善于利用形势，夺利的行为往往会变成给自己求取灾患。所以，善于用兵的人，要对形势灵活运用，将自己不利的条件转化为有利的条件，从而在战场对决之中给自己带来优势。

公元前 480 年，波斯国王薛西斯一世率领 30 万大军，战船 1200 多艘，分水陆两路远征希腊。波斯陆军从希腊北部攻来，在内奸的引领下突破希腊联军防线，迂回到希腊军背后，并攻克了要塞温泉关。之后大军长驱直入，逼近雅典城，雅典人不得不放弃雅典，举国撤退到萨拉米斯岛。波斯军队追击到萨拉米斯岛对岸，他们的战舰也源源不断地向萨拉米斯岛汇集。

萨拉米斯岛夹在希腊半岛和伯罗奔尼撒半岛之间。当地海峡曲折狭窄，最宽阔的地方不过两公里，希腊海军的 300 多支战舰就停泊在这道狭窄的海峡里面。而波斯人却有 1200 艘巨型船只组成的战舰，这让希腊统帅大惊失色，他打算放弃半岛，撤退到更远的伯罗奔尼撒半岛上。可就在这时，消息传来，薛西斯派一部分波斯海军已经绕到海峡西侧，将海峡的出口堵住，准备来一个瓮中捉鳖，将希腊海军一网打尽。

面对惊慌失措的战友们，希腊将军地米斯托克利力主与波斯人决一死战。他分析道：波斯虽然人数众多，但海战并不是他们的强项。如果在宽阔的海面上，希腊的小船也很难与波斯数量众多的大船相抗衡，但在目前狭隘的海湾之中，波斯大船行动不方便，恰恰是小船灵活发挥的战场，波斯人虽然舰船众多，但根本无法摆开阵势，加上峡湾之中风大水急，笨重的波斯舰船运转困难，一旦遇上风暴就会自相碰撞，不战而败。

在地米斯托克利的分析下，希腊人下定了死战的决心。为了引诱波斯人进入狭窄的海峡，第二天天蒙蒙亮时，希腊舰船就开始行动，做出准备撤退的架势。波斯人立刻注意到了他们的行动，逼近狭窄的海峡口，追击希腊舰船。当波斯的先头部队已经进入海峡口以后，希腊人却忽然改变航向，掉头杀了个回马枪。只见希腊舰船船桨齐动冲向敌舰，位于舰艏的弓弩手万箭齐发，燃烧着火焰的箭弩雨点般地落在领头的波斯舰船之上，顿时船只陷入了一片火海之中。后面的波斯舰船想要绕过去，却因船体笨重、海峡风大水急而难以如愿，整个舰队前进不得、后退无路、乱成一团。这时，希腊人驾着长而低矮的三层桨座的桨帆战船飞快地冲向波斯舰队，他们用事先包在船头的青铜撞角猛烈撞击行驶在最前面的那些敌舰。这些灵活的小船，左突右撞，绕着敌人的桨帆战船兜圈子，一边避免被波斯人的锚钩钩住，一边用撞角一次又一次地攻击那些挤作一团的敌人，直到敌船变成一堆堆漂浮在海面上的破碎的木板为止。

战斗进行了将近一天，波斯人损失惨重，士气尽失，当西风刮起来时，他们早就失去了继续作战的信心，连忙升起风帆逃走。薛西斯一世在陆地上看到了这场惨烈的战斗，他不得不承认失败，而海上的失败使他的陆军在作战供应上遇到了不可克服的困难。于是，他下令撤退，停止了这次征服希腊的军事行动。

面对强大的波斯舰队，希腊人清晰地认识到了自己舰小船少的劣势，但他们并未放弃，而是精妙地利用萨拉米斯海峡地形狭窄、风大水急的地利，将他们的劣势转化成了克敌制胜的优势，从而击败了数倍于己的敌人。可见劣势和优势并非固定不变的，只要善于利用客观环境因素，优势就会变为劣势、劣势也会成为制胜点。赤壁之战时，曹操将战船用铁索连成一片，使军队在江面各战船上如履平地，这本是一个出奇制胜的优势，但周瑜等人巧妙利用火攻，将曹军的这一优势变成了致命的错误；诸葛亮征讨孟获之时，孟获曾请来刀剑不入的藤甲兵，诸葛亮也巧妙地利用火攻将，他们的优势变成劣势，这都是善于"以患为利"、"便利为患"的典型应用。

在生活中，面对自身的优点、缺点之时，我们同样要有这种思维方式。世上完美的人本来就是不存在的，是人都会存在一些缺陷，有的是在外表，有的是在心理，有的是在能力，有的是在性格方面。在面对这些缺陷的时候，应放平心态，不要对它们过于畏惧，因它们而自卑，更不要充满对社会、他人的抱怨，整天生活在怨天尤人之中。坦然地面对这些缺陷，珍惜自己美好的方面，这是最基本的做法。此外还有更高明的做法，那就是像孙子所说的"以患为利"，合理利用自己的缺陷，将它变成别人不具备的优势，从而激发自己独一无二的潜能，成为一个有利于国家、社会的成功者。

前苏联有个小孩子，在 5 岁的时候看过一场马戏表演以后，便深深地爱上了演艺事业。但他本人资质平平，长相甚至有些丑陋，身边的人都不看好他，为此他陷入了苦恼之中。一天，他看完一场表演以后，想到自己的愿望不能实现，悲伤地坐在座位上哭了起来。马戏团的经理注意到了这个哭泣的男孩，问明了他悲伤的原因，笑着对他说："你知不知道，别人眼里你的劣势，恰恰可以变成你的优势？"小男孩抬起头，充满期待地望着经理，等他继续解释。经理拍拍他的头，继续说道："正是因为你看起来很普通，外貌上没什么特点，所以观众们才能将更多的精力放在你的表演上，也更能在你的表演中联想到平凡的自己。如果你觉得自己长得不帅气的话，完全可以练习一些特殊的角色，对于有些角色来说，外表越是丑陋越容易成功。"

小男孩受到了马戏团经理的启发，他相信只要努力自己的这些缺点都可以变成优点。于是，他进入了莫斯科马戏团小丑班学习，并在毕业以后给当时最具盛名的小丑演员卡郎达什（"铅笔"）当了两年助手。之后，他开始自己参演一些角色，并渐渐小有名气。为了自己热爱的演艺事业，他终身在马戏团工作，以马戏团为家。终于，他的演技受到了人们的认可，并在 1973 年获得了"苏联人民演员"和"苏联人民艺术家"称号。几年以后，他成为莫斯科马戏团总经理和艺术总监，后来又进入电影界，拍过许多电影，他扮演的角色深入人心，并很快成为世界上家喻户晓的喜剧明星。这个通过奋斗，将缺点变成优点，终获成功的小男孩就是，苏联家喻户晓的喜剧艺术家尤里·弗拉基米洛维奇·尼库林。

没有什么事情在做之前就万事俱备，不存在任何缺陷，也没有什么人天生完美无缺，没有任何缺点，做事的时候要根据客观形势随机应变，将缺陷变成优点，对于人生则要调整自己的心态，挖掘潜力将自己的短板变成长处。人只要有"以患为利"的思维，就会减少很多抱怨，生活也会变得越来越顺畅、越来越美好。

原　文

《军政》①曰："言不相闻，故为之金鼓②；视不相见，故为之旌旗。"夫金鼓旌旗者，所以一人之耳目也。人既专一，则勇者不得独进，怯者不得独退，此用众之法也。故夜战多火鼓，昼战多旌旗，所以变人之耳目也。

三军可夺气，将军可夺心。是故朝气锐，昼气惰，暮气归。善用兵者，避其锐气，击其惰归，此治气者也。以治待乱，以静待哗，此治心者也。以近待远，以逸待劳，以饱待饥，此治力者也。无邀正正③之旗，无击堂堂④之阵，此治变者也。

故用兵之法，高陵勿向⑤，背丘勿逆⑥，佯北勿从，锐卒勿攻，饵兵勿食，归师勿遏，围师遗阙，穷寇勿迫，此用兵之法也。

注　释

①《军政》：军之旧典，古兵书。

②金鼓：古代用于指挥部队进退的号令器具，鸣金收兵，击鼓进军。

③正正：整齐、严格。

④堂堂：壮大、整肃。

⑤高陵勿向：向，仰攻。即敌人如果占据了高处地势，我军就不要进攻。

⑥背丘勿逆：逆，迎面攻击。指敌人如果背负丘陵险阻，我军就不要正面攻击。

译　文

《军政》上说："战场之上，言语不能相互闻见，所以设立金鼓；手体动作不能相互看到，所以设立旌旗。"金鼓、旌旗，是用来统一士兵的视听，统一作战行动的。士兵都服从统一指挥，勇敢的将士不能独自冒进，胆怯的将士也不能独自撤退，这样才是指挥大军的方法。所以，夜里作战多点火照明，多用金鼓指挥战斗；白日里作战要多设旌旗，这些都是根据人们视听需要而变换的。

对于敌方三军，可以挫伤其锐气，对于敌方将帅，可以动摇他的决心。军队初来之气强盛、锐利；陈兵渐久则气势削弱、怠惰；最后只剩衰竭之气，将士思归。善于用兵的人，躲避敌人的锐气，攻击敌人怠惰、衰竭之气，这就是正确运用士气的原则。以治理严整的军队来对付军中混乱的敌人，以平稳镇定的军队来对付喧哗焦躁的敌人，这就是正确运用军心的方法。以靠近战场的有利条件来对付长途奔袭的敌人，以从容安逸的军队来对付劳累衰弱的敌人，以饱食力足的军队来对付饥饿疲乏的敌人，这就是正确运用军队气力的正确方法。不要去迎击旗帜整齐、部伍统一的军队，不要去攻击阵容整肃、士气饱满的军队，这是懂得战场之上机动变化的正确方法。

所以，用兵的正确方法是：对占据高地、背倚丘陵之敌，不作正面强攻；对假装败逃之敌，不要盲目追击；敌人的精锐部队不要强攻；敌人的诱饵之兵，不要贪食；对正在向本土撤退的部队不要去阻截；对被包围的敌军，要预留缺口；对于陷入绝境的敌人，不要过分逼迫，这些都是用兵的基本原则。

经典解读

在这几段中，孙子指出了军争之中取得优势的具体做法：如何治气，如何治心，如何治力，如何治变，以及面对不同状况的敌人应该采取什么样的行动。其中，"避敌锐气，击其惰归"、"以治待乱"、"以逸待劳"、"围敌留阙"、"穷寇莫追"、"饵兵勿食"等都是需要为将者深刻思考的。

哲理引申

避敌锐气，击其惰归

孙子指出"朝气锐，昼气惰，暮气归"，所以在指挥战争之时，要避开敌人初来的锐气，等他们懈怠以后，再去攻打。对于孙子的这番见解，最好的解读是"曹刿论战"。

鲁庄公的时候，齐国借口鲁国曾支持公子纠和齐桓公争位而攻打鲁国。庄公将要迎战，曹刿请求拜见。见到庄公以后，曹刿期望一同参加战斗，庄公同意了。

战争开始那一天，鲁庄公和曹刿同坐一辆战车，与齐军在长勺相遇。庄公准备下令击鼓进军，曹刿制止了，说："现在不行。"齐国击鼓进军以后，鲁庄公想击鼓，曹刿制止说："还不到时候。"齐军击鼓三次，发起了三次攻击，未能冲过鲁军阵势，曹刿这时才说："可以击鼓进军了。"庄公下令击鼓进军，齐军大败而逃。鲁庄公又要下令追逐齐军。曹刿说："还不行。"说完他走下了战车，察看齐军车轮碾出的痕迹，又登上战车，扶着车前横木远望齐军的队形，这才说："可以追击了。"于是追击齐军。

打了胜仗以后，鲁庄公还不解为何取胜的原因，询问曹刿。曹刿回答说："作战，靠的是勇气。第一次击鼓能够振作士兵们的士气。第二次击鼓士兵们的士气就开始低落了，第三次击鼓士兵们的士气就耗尽了。齐军的士气已经消失而我军的士气正旺盛，所以才能战胜他们。齐国是一个大国，他们的情况是难以推测的，开始我害怕有伏兵，所以不敢追逐，后来看到他们的车轮的痕迹混乱了，望见他们的旗帜倒下了，才下令追击他们。"

曹刿既能"避敌锐气，击其惰归"，又深知防备伏兵的道理，所以帮助鲁庄公以弱胜强，击败了气势汹汹的齐军。历史上，这样的例子还有很多，唐太宗战胜窦建德的虎牢关之战也是十分经典的战例。

隋朝末年，唐高祖李渊派李世民等攻打河南的王世充，河南五十余州相继投降，王世充困守洛阳，求助夏王窦建德。窦建德分少量部队留守，倾巢而出救援洛阳。很多唐将认为唐军久攻洛阳不下，士气衰落，王世充凭借坚城固守，不容易很快攻克，窦建德挟胜利之势而来，士气高涨锐不可当，与其腹背受敌，不如撤退，以便等待时机。但李世民却认为如果撤退，敌人将得到河南所有之地，势力更盛，不如一战解决，于是下了决战之心。

621年，农历五月初二，唐、夏两军在虎牢关展开了决战。窦建德倾巢而出，北靠黄河，西临汜水，列阵连绵二十里，擂鼓前进，声势震天。唐军诸将都十分惊慌，李世民带几名骑兵登上高丘远望敌阵，对诸将说："敌人从山东起兵，还没有碰见过强大的对手，如今身涉险境却如此喧嚣，是没有纪律，逼近城池排列战阵，大有轻视我们的意思。我们如果按兵不动，他们的勇气自然就会衰竭，列阵时间一长士卒饥饿，势必就会自动撤退，我们再追上去攻击，必然会取胜。我和各位相约，一过正午，肯定能打败他们！"

窦建德列阵完事之后，却不抓紧进攻，只派了 300 骑兵涉过汜水，试探敌情。拖延时间正是李世民想做的，他下令说："挑选几百名精兵和他们打着玩玩，尽量拖延时间。"于是大将王君廓带领 200 名长枪手应战，双方在阵前相互交锋，骤进骤退，不分胜负，最后各自返回营地。

窦建德排列战阵，从早晨到中午既不进攻、也不撤退，士卒们饥饿疲惫，都坐了下来，又争抢着喝水，迟疑着想撤退。看到敌军有了归气，李世民命令宇文士及带 300 骑兵经过窦建德军阵西边向南奔驰，告诫他："敌人如果不动，你就带兵返回，如果动了，就领兵东进。"宇文士及迫近窦建德阵前，敌阵果然产生了骚动，李世民说："可以打了！"于是下令全线出击，唐军渡过汜水，轻骑在前，大军在后，直扑夏军。窦建德诸将因为列阵不战，都产生了懈怠，正在朝见窦建德，忽然看到唐军杀来，顿时大乱，坐在地下的夏军士兵，看到呼啸而来的唐军旗帜，又缺少将领指挥，更是一触即溃。唐军一口气追出三十里，杀敌数千人，窦建德本人负伤被俘，他手下的将士或降或逃。王世充得知窦建德兵败被俘的消息以后，万念俱灰，不久也投降了。

窦建德拥有兵力上的绝对优势，却列阵不攻将士气白白耗费，而李世民则掌握了使用士气的精髓，所以能够等到敌人士气丧失、归心萌生之时，抓住时机将其一举攻破。把握住好的时机，往往能弥补实力之上的巨大差距；敌人盛气刚过，怠气已生之时就是最好的时机。在平时的一些谈判、竞争之中也要注意把握这个规律。

两个公司将要进行一场交易的谈判，双方都想取得有利于自己的条件，要想对自己有利，能够展现自己的优点，指出对方的缺陷无疑是谈判中最重要的。于是，其中一个公司开始紧锣密鼓地准备谈判材料——网罗对方的缺点，搜集自己的优点。

谈判中，这个公司的代表信心十足，他确信对方不可能像自己这样准备充分。于是，一上来就滔滔不绝地讲述了自己公司的意图，其间不时指出自己公司的优势，并委婉地表达对方公司的缺陷。讲了一个多小时，终于讲完了，他和他的同事们都信心十足地看着对方，想：看你们怎么应付，乖乖地答应我们的条件吧！

没想到对方沉默了一会，站起来抱歉地对他说："对不起，您所讲的我们都没有完全理解，您能再次论述一下吗？"

没办法，他只好费力地再去讲一遍。在讲的时候，他看到对方还是一脸茫然的样子，不禁怀疑起自己准备的资料来，他看着他的同事，他们也有了和他一样的想法，不断低头翻着自己的资料。于是，他们都在心中暗暗思量：或许我们所总结的那些对方的缺点根本不存在吧？不然对方怎么一点都不在意呢？或许我们公司没有我自己说得那样好——的确如此，对方难道知道我们的虚实，不然他们怎么不反驳呢？

他吞吞吐吐地完成了第二次讲解，心中再也没有了那种自信，唯恐对方指出他们公司的缺点和反驳自己所说的对方的缺陷……他的同事心情和他差不多。

这时，对方的代表站起来，也讲解了他们的观点——几乎什么都没说，只用了几分钟。

在这种情况下，最终他们达成了合约，当然这个公司做出了很大的让步。

事后，他们才知道，原来对方是在故意装糊涂，他们根本不知道双方公司的虚实，但明白一个道理——只有自己最了解自己的缺陷，所以在谈判之中无须做太多的准备，只要沉默不语，让对手摸不清你的底细，等他们失去士气，自己怀疑自己就可以了。

"朝气锐，昼气惰，暮气归"，懂得气势的变化规律，躲避对方锐气，就能在处事之中取得意想不到的效果。竞争之时，不要和对方上来就硬碰硬，严密防守，等其懈怠，后发制人，可以一举制胜；发生了争吵，不要和对方斗气、斗狠，不如将他前面不理性的话当作耳边风，等他发

泄完了，讲一两句人人都懂的道理一下就可以掌握主动，解决矛盾；谈判之时不要事事计较，不如适当沉默，等对方气势过去，心生疑惑的时候，再亮出底牌，对手就容易接受了……

围敌留阙：给人留条后路

孙子说："围师遗阙，穷寇勿迫。"围困敌人的时候一定要留出供其逃跑的缺口，亡命逃走的敌人不要追迫得太急。《司马法》中说："围其三面，阙其一面，所以示生路也。"给敌人留一条逃走的生路，乘他们惊慌逃窜之时，在后面掩杀，必可一举击破敌人，若断绝了敌人所有的希望，反而会激起他们垂死挣扎之志，使城池难以攻下。在追击敌人的时候也是如此，不要逼迫得太急，给他们一点能够逃亡的希望，敌人就会放弃死战之心，在逃亡中溃散失败。

三国的时候，袁绍的外甥高干占据壶关反抗曹操，曹操率领大军围困壶关，他对高干的反复无常十分痛恨，宣令道："攻下壶关，将关中守军全部坑杀！"壶关里的将士听到了这个消息，害怕关破被杀，个个拼死抗战，结果曹操连续攻打几个月都没有攻下来。曹仁向他建议道："围困城池，一定要留下活门，给敌人留下一条生路。现在您宣布他们城破必死，敌兵将个个拼死；而且壶关城墙坚固，储存粮食丰盛，攻打他，士卒死伤严重，围困他，耗日持久。顿兵坚城之下，攻打抱着必死之心的敌人，只怕不是良策啊！"曹操听了大悟，立刻命令围城部队散开一道缺口，可以让城中部队撤走，同时宣令称只要守军投降，便赦免他们的罪过。城内守军得知绝境逢生以后，立刻失去了死战之志，投降了曹操。

安史之乱时，李光弼带领朔方军与史思明在土门地区大战。史思明被击败，收拾残军固守城池不出。朔方军强攻多日不能夺下城池，伤亡十分惨重，李光弼于是下令围城部队放开东南角，让敌人可以从那里突围。史思明部队看到东南角开围，立刻放弃了守城，抛弃铠甲辎重，向东南方奔逃。等叛军出城以后，李光弼从后面率领大军掩杀，将这些叛军全部歼灭在城外。

"围敌留阙"和"置之死地而后生"道理是相同的，都是人处于绝境之中就会激发出必死之志，从而增强战斗力。"围敌留阙"警告不要将敌人"置之死地"，以激发其最大潜力。

围敌留阙，战场之上给敌人一条生路，就不会遭到他们的拼死抵抗。

《菜根谭》中有这样一句话："锄奸杜倖，要放他一条去路。若使之一无所容，便如塞鼠穴者，一切去路都塞尽，则一切好物都咬破矣。"铲除奸邪之徒，要给他们留条自新之路，不可赶尽杀绝。一则，人当有宽厚、恻隐之心，即使是奸佞的小人，只要肯改过自新，也不应该放弃他们；其次，也可以防止"狗急跳墙"、"兔急咬人"。

东汉末期，大将军何进想要铲除宦官，曹操建议他只需派一些执法小吏，惩处为首的几个恶人就可以了，但何进却拒绝了曹操的良谋，反而听信袁绍等人的计策，要召外兵董卓进京，将宦官们全部杀死。宦官们听到了这个消息以后，抱作一团，决心鱼死网破，于是矫诏骗何进入宫，设下埋伏将其杀死。

后来，王允利用美人计除掉董卓以后，董卓的余党李傕、郭汜、樊稠等逃出长安。他们上书陈述自己的罪过，说之所以作恶都是因为董卓的缘故，身不由己，期望能够得到朝廷的赦免。但王允此时却认为，这些人都是董卓的死党，凉州兵是董卓的亲兵，必须将凉州将领抓来治罪，将凉州兵解散，国家才能安定。整个凉州地区听到这个传闻，士兵、百姓无不战战兢兢，他们认为王允这是要将凉州人赶尽杀绝啊，于是寻思：反正是一死，不如拼个鱼死网破，死个痛快。于是，李傕和郭汜等人将所有凉州兵集合起来，誓师进发都城长安。面对誓死一搏的凉州兵，朝廷官兵不堪一击，长安失守，国家再次陷入混乱，王允本人也被叛军杀死。

"围师必阙，穷寇勿追"，对待奸邪之人也当如此，使他们无法继续作恶就可以了，若是非要赶尽杀绝，断绝他们的一切生路，反而会激起激烈的反抗，让自己付出沉重的代价，何进、王允就是行事不善者的前车之鉴。

九变篇

孙子曰：凡用兵之法，将受命于君，合军聚众。圮地①无舍，衢地交合②，绝地③无留，围地④则谋，死地则战。涂⑤有所不由，军有所不击，城有所不攻，地有所不争，君命有所不受。

故将通于九变⑥之地利者，知用兵矣；将不通于九变之利者，虽知地形，不能得地之利者矣。治兵不知九变之术，虽知五利⑦，不能得人之用⑧矣。

注　释

①圮地：地势低下、倾圮、难行之地。李筌注：地下曰圮，行必水淹也。张预注：山林、险阻、沮泽，凡难行之道，为圮地。

②衢地交合：衢地，四通八达的地方；交合，注意结交邻国（作为援助）。

③绝地：道路不通，断绝粮草、水源之地。

④围地：四面险阻、进退困难、容易被包围的地方。

⑤涂：通"途"，路途。

⑥九变：九泛指多，虚数。变，指根据实际情况灵活应变。

⑦五利：指"涂有所不由"到"君命有所不受"的五变之利。

⑧得人之用：指充分发挥全军的战斗力。

译 文

孙子说：大凡用兵打仗的一般法则是，将领从国君那里接受命令，征集民众、聚合军队。行军之中遇到低下难行的地方，慎勿驻扎；遇到四通八达的地方，则注意结交邻国为援；遇到断绝水源、粮草的险恶地带，就不要停留；遇到四面险阻，容易被围的地方，就需设计免难；遇到走投无路的死地，则需奋力作战以死里求生。有的道路不可行走，有的敌军不可攻击，有的城邑不可攻打，有的土地不可相争，国君的命令也并不是件件都必须听从。

所以将帅若能精通各种应变策略，合理利用各种地形中的有利因素，就算懂得如何用兵了；将帅若不精通这些策略的运用，虽然了解地形，也不能充分发挥地理条件的有利作用。用兵作战若不懂得如何运用各种应变策略的方法，虽然也知道五种带来利益的方法，也不能充分发挥军队的作用。

经典解读

九变就是要根据实际情况灵活应变，避免各种地形之中的有害因素，充分利用有利条件。战场的客观条件是多种多样、变幻无常的，比如地形就有圮地、衢地、绝地、围地、死地多种。每种地形都有自己的特点，圮地低下，易受水攻；衢地四通八达，敌人来路难测；绝地远离水草，容易被困；围地四面险阻，容易受伏、被围；死地没有出路，可能被困死。不善于用兵的将领，不知道各种地形的危害，很容易被敌人设下埋伏，导致失败；但善于用兵的将领，能够将这些危害转移给对方，自己则利用其中的有利条件，比如在圮地可以用水来攻击敌军，出奇制胜；在围地可以设下埋伏，让敌人虽然众多却难以施展；在死地可以将自己"置之死地而后生"……

兵无常形，利害相间，能够灵活应变，害则可化为利，不能灵活应变，利则亦可化为害。所以，将领既要详细地了解战场客观形势，又要多谋多变，以出奇制胜。

<u>哲理引申</u>

善于择地而处

地形中的远近、险易、广狭、死生等因素相互组合，于是就出现了圮地、衢地、绝地、围地、死地等诸多不同形式的地区。将领若是能够根据不同地形随机应变，便能掌握战场之上的主动权战胜敌人，否则就会被敌人趁机攻打，遭到失败。孙膑利用马陵险仄的围地，伏击庞涓，击败精锐的魏军；白起能够利用长平围地、绝地的地形，将赵括几十万大军困死；韩信能够利用背水之地，将士兵"置之死地而后生"，所以击败了强大的赵军；于禁在低矮的圮地扎营，结果被关羽"水淹七军"；马谡占据高处，却令自己陷入绝地，结果遭到了惨重的失败……这些都是能否善于利用地形、地势而影响战争胜负的例子。

战国之时，秦国派遣大军进攻赵国阏与，赵惠文王连忙召集大将廉颇、乐乘，询问是否可以救援，二人都说阏与距离邯郸甚远，道路崎岖险阻，难以救援。赵王又召见赵奢来问，赵奢回答说："道远地险路狭，就譬如两只老鼠在洞里争斗，哪个勇猛哪个得胜。"赵王便派赵奢领兵，去救援阏与。

军队离开邯郸三十里，扎营不前。赵奢下令："军中有谁敢为军事进谏的，处以死刑。"秦军攻击甚急，有将士请求急速救援，赵奢立刻将其斩首，军队就这样连续二十几天不前进。秦军派间谍前来刺探，被赵奢识破，赵奢不仅没有揪出他，反而对其礼遇有加。秦军间谍回报情况以后，秦将大喜，说："离开国都三十里军队就不前进了，而且还增修营垒，阏与不会为赵国所有了。"

间谍走后，赵奢便下令士兵卸下铁甲，快速向阏与进发，两天一夜就到达前线。赵奢的军营筑成后，秦军才得知这一情况，立即全军赶来。这时一个叫许历的军士求见，赵奢说："让他进来。"许历进谏道："虽然您成功将军队带到了这里，出乎秦军意料。但秦军素来强大，此时士气正盛，将军一定要集中兵力严阵以待。不然的话，还是要失败。"赵奢说："请让我接受您的指教。"许历于是提出自己的建议："两军狭路相逢，气势相当，能够占据地利的便会得胜。背面山头地势较高，先到的胜利，后到的失败。"赵奢同意，立即派出1万人迅速奔上北面山头。秦将也意识到了这一点，与赵军争夺北山但攻不上去，赵奢乘势居高临下，猛击秦军，阏与守军也出城配合夹击。秦军不支，死伤逃散过半，大败而归。

赵奢在阏与之战中，首先迷惑敌人出其不意地通过险阻地形迫近阏与，而后又听从许历的建议，抢占北山制高点，都是对地势的灵活应用，这成为了他战胜秦军、取得胜利的关键。

汉中之战时，黄忠能够杀死夏侯渊，也是因为能够灵活地运用地形优势。夏侯渊是曹魏名将，纵横西域，声势正如日中天，而黄忠已经年过六旬，体力上大不如前。但他听从军师法正的建议，抢先占据了定军山，居于高处扎营，而夏侯渊只能在山下叫阵，这正犯了孙子所强调的"圮地无舍"的大忌，结果黄忠忽然从山上杀下，气势如虹，夏侯渊难以抵挡，以致被斩杀。

所以说，作为一个优秀的将领不可不对所处之地的利弊条件认真审视，以实现趋利避害，有备无患。其实，在战争之外，一个人立足于社会之中，同样有一定的位置，在选择这个自己立身的位置之时，一定要谨慎的心思。也就是说，行军作战之时扎营之处不可不慎重，平时对处事立身之处也不可不慎重。《论语》中说"行不由径"、孟子强调"居天下之广居，立天下之正位"，都是在告诉人们要善于选择自己所处的位置，善于选取所行的道路。

有些人坚守道义，虽然贫穷却没有灾祸；有些人没有远见，依附富贵，看似站在人人都羡慕的位置之上，却没有意识到这光彩的位置背后隐藏着巨大的危机；有的人追求清闲安逸的位置，却不知道这样的位置距离成功是最遥远的；有人故意追求劳累、奔波的位置，很多人认为他愚蠢，其实他们不知道这样的位置既安全又易于成功。这些不同的位置，便是人生之中的圮地、绝地、围地、险地、死地……只有最有智慧的贤者才能找准自己在人生中应该选择的处所。

唐玄宗晚年宠爱杨贵妃，杨家一门鸡犬升天，贵妃的堂兄杨国忠还做了当朝宰相，身兼四十余职，大权在握。很多官员都依附于杨国忠，以求得仕进的机会。当时，陕西有一名叫张彖的进士，虽然才能出众，却没有机会作官。朋友们都劝他拜见杨国忠，张彖断然拒绝，对朋友们说："你们都把杨国忠看得像一座泰山，可我看来他不过是一座冰山罢了。将来天下稍有变化，他就会垮掉，你们依附他只会给自己招来祸患。"朋友们不以为然。

不久，安禄山以"诛杀奸臣杨国忠"的名义叛变，唐玄宗匆忙逃往四川，走到马嵬坡的时候，士兵哗变，将杨国忠杀死，又逼迫唐玄宗赐死杨贵妃。后来，新皇帝即位，那些曾经依附杨国忠的人，都受到了牵连。

历史上那些凭借君王而富贵的宠臣，如韩嫣、董贤、和珅等；那些手握大权的权臣如梁冀、董卓、鳌拜等；那些煊赫一时的名士，如蔡邕、何晏、陆机等，都因为没有找准自己的位置而落得个败亡、受刑的下场。

所以说，战场上有各种利弊交杂的地形，人生之中同样也有利弊不同的各种地形，聪明人一定要考虑自己所处的位置是生地、还是死地，是安地、还是危地，是通地、还是绝地，善择立身之所，才能保证自己不至于陷入败亡之中。

原 文

是故智者之虑，必杂于利害①。杂于利，而务可信②也；杂于害，而患可解也。是故屈诸侯者以害，役诸侯者以业③，趋诸侯者以利。故用兵之法，无恃其不来，恃吾有以待也；无恃其不攻，恃吾有所不可攻也。

故将有五危：必死④，可杀也；必生⑤，可虏也；忿速⑥，可侮也；廉洁，可辱也；爱民，可烦也。凡此五者，将之过也，用兵之灾也。覆军杀将必以五危，不可不察也。

注 释

①杂于利害：杂，掺杂、混合。既考虑有力的一面，也要考虑有害的一面。

②务可信：务，任务。信，通"申"，完成、成功。务可信，指任务可以完成。

③业：事务。曹操注：业，事也。使其烦劳，若彼入我出、彼出我入也。李筌注：烦其农也。

④必死：有勇无谋，只知道死拼。

⑤必生：临阵畏惧，贪生怕死。

⑥忿速：性情急躁，容易愤怒、偏激。

译 文

所以智者思考问题，必须同时兼顾利、害两个方面。充分考虑到有利的一面，所从事的事业才能顺利完成，充分考虑到有害的一面，潜在的祸患才能预先排除。所以要用对敌人不利的事去伤害它，使其困屈；用一些事务去驱使调动它，使其疲于应付；用利益去引诱它，而使其疲于奔走。所以用兵打仗的一般法则是：不要凭恃敌人不来袭击我，而要依靠自己随时可以应付敌人的功绩；不要凭恃敌人不来攻打我，而要依靠自己拥有敌人不能攻打的实力。

将帅有五个致命的弱点：有勇无谋、只知死拼，就有被杀的危险；贪生怕死、临阵畏惧，就有被掳的危险；刚烈急躁、容易被激怒，就有被轻侮的危险；清廉自好、爱惜名声，就有被污辱的危险；宽厚爱民、迂腐少断，就有被烦扰的危险。以上五点，是将帅的过失，也是用兵的灾害。军队败亡和将帅被杀，都由上述"五危"引起的，不可不予充分重视。

经典解读

对于智者来说，考虑问题的时候不能以偏概全，不能贪利忘害，既要认识到有利的一面，也要明察该事件将会带来的灾害，这样才能及早防备，在获利的同时尽量减少危害。善战之将，不仅要考虑自己的利害得失，还要能够揣测对手的利害得失，这样才能以利诱惑对手，以害胁迫对手，以对手不得不从事的事情调动它，使它疲惫不堪。

胜负在于自己，不在于对方，这和孙子前面所说"胜可知，不可为"的道理类似。我方的胜利来源于对手的怠惰不备，同样敌人的胜利也来源于我们的怠惰不备。所以，想要战胜敌人，首先要做好防备工作，不要凭恃敌人不会来攻打我的想法而安逸松懈，要依靠自己才能不被攻打。这也告诉人们，无论何时都应做好应对突发事件的准备，不要倚靠侥幸而生活。

最后，孙子指出了为将者不应该犯的几个毛病：勇而无谋、贪生怕死、暴躁轻佻、廉而好名、仁而少断。廉洁、爱民，在平时都是好的品德，但如果在战场上做得过头了，往往适得其反，会导致战争的失败。过于清廉，不能容忍他人的任何缺点，又太在意名声，就很难驱使各种性格、水平不同的下属，不能成为一个合格的将领；太重名的人在使用谋略计策时会有所顾忌，从而错过克敌制胜的战机。爱民也是如此，将领有时候不得不做出一些牺牲，很可能要牺牲一些无辜的平民百姓，如果都像圣人理想中的那样"行一不义，杀一无罪，而得天下，仁者不为也"，只怕很难取得战争的胜利了。

哲理引申

不恃敌之不我攻

孙子说："无恃其不来，恃吾有以待也；无恃其不攻，恃吾有所不可攻也。"即不要因为觉得敌人不会攻打自己而放松警惕，与其把自己的安全建立在对敌人的臆测之上，不如好好加强自己的防备，令自己不被敌人攻取。

陈胜建立张楚以后，派遣大将周章率军讨伐秦国，因为秦朝政治混乱，陈胜便产生了轻视之意，不设防备。博士孔鲋劝谏说："臣闻兵云：'不恃敌之不我攻，恃吾不可攻。'现在大王倚恃敌人不攻打自己，却不倚恃自己不能被攻打，只怕跌倒了就难以再振奋了，将来后悔无及啊！"陈胜说："我的军队，先生不要瞎操心了！"结果，周章指挥失当、孤军深入，被秦将章邯打得大败，另一路围攻荥阳的义军忽然陷入腹背受敌的境地，不久也失败了。这时，陈胜的都城陈县一下子暴露在了章邯军面前，章邯立即倾全力进攻陈县。陈胜因为没有及早准备防御措施，只能亲自率军和章邯激战，结果战事失利，不得不辗转撤退，在撤退的过程中，他被叛将杀死。

陈胜未听从孔鲋的建议，认为秦军不会攻到自己这里，结果当章邯大军突然到来的时候，只能被动应付，遭受到了惨败的命运。这便是将自己的命运寄托在对别人不合理判断之上的过错。真正善于带兵的将领，无论敌人是否会到来，都保持严密的防备，绝不会让部队有一丝的松懈，从而给敌人可乘之机。

汉文帝二十二年（前158），北方匈奴大肆侵犯边境，文帝忙调边将镇守防御。宗正刘礼率军驻守在灞上，祝兹侯徐厉率军驻守在棘门，河内太守周亚夫则扎营细柳。

一天，文帝忽然想到去各营走走，一方面了解自己军队的虚实，另一方面也慰劳一下将士，鼓舞士气。他先到灞上，再到棘门，军士们看到皇帝车马以后，全部主动放行，将领也都赶忙跑出营寨迎接文帝，临走时又将文帝恭恭敬敬地送到营寨门口。文帝看了以后，觉得还比较满意，又转向了周亚夫的细柳营。

到了细柳营门口，和先前两处截然不同。开路的车驾直接被守卫将士拦在了门外，告知天子前来慰问以后，守营门的都尉还是不放行，并说："将军有令，军中只听将军命令，不听天子诏令。"文帝亲自到了营门以后，还是不能进去，只好派遣使者拿着自己的符节进去通报，这时周亚夫才下令打开营门迎接。车驾进入时，守营的士兵还严肃地告诉文帝的随从："将军有令：军营之中不许疾驰。"车夫只好拉着缰绳，慢慢地走到大帐之前，这时，周亚夫才一身戎装，出门迎接。他手持兵器向文帝拱手道："介胄之士不拜，请陛下允许臣下以军中之礼拜见。"文帝听了，也欠身扶着车前的横木向将士们行军礼。

劳军完毕以后，文帝感慨地对身边群臣说："周亚夫才是真将军啊！灞上、棘门的军队简直像儿戏一样。如果敌人前来偷袭，恐怕他们的将军都要做俘虏了。像周亚夫这样，敌人怎么能有机会偷袭呢？"众人点头称是。

后来，文帝去世的时候，在弥留之际嘱咐太子刘启说："万一天下有变，关键时刻可以用周亚夫，他是可以放心使用的将军。"刘启深深地记住了这句话，并升任周亚夫为车骑将军。

几年以后，七国之乱爆发，汉景帝想到了父亲的临终遗言，临危起用了周亚夫统帅三军，指挥平定叛乱。周亚夫果然不负众望，很快平定

了叛乱，维护了国家的统一。

良将不会将胜利的希望寄托在敌人不来进攻上，不管有没有战事，他们都会严厉军规、训练士卒，准备迎接各种挑战。东汉开国元勋吴汉，无论战事如何，即使打了败仗也都"意气如常"，照常整理武器、训练士卒、审阅兵马。三国时的吴将朱然，虽然没有战事，早晚无不按时击鼓练兵，让自己部下的士兵随时做好战争的准备。所以，朱熹称赞他们道："古之名将能立功名者，皆是谨重周密，乃能有成。如吴汉、朱然终日钦钦，常如对陈。须学这样底，方可。"

军事之上"谨重周密，乃能有成"，其他方面亦是如此，修身要朝省夕惕，为学不可一日松懈，做事也要考虑详密、防患于未然。在任何情况之下，人都不能松懈大意，要有危机感，要为随时可能到来的各种打击、灾祸做好准备，才能永立于不败之地！

我们都听过"温水煮青蛙"的故事，如果将青蛙一下子丢入热水中，它们立刻就会跳出来；可如果将它们放在温水中，再慢慢将水加热，青蛙就会因为松懈大意，而失去逃跑的机会。"恃敌之不我攻"的人就像温水中的青蛙一样，因为长期处于平安的环境之中，看不到敌人的威胁，看不到潜在的灾害，盲目地自信，等灾难真正降临的时候，再想防备、再想逃跑就已经晚了。

其实，人都是如此的，当对自己所处的环境很满意时，就会在相对平衡中失去防备心与进取心。这样，一旦环境因素有了变化，新的危机凸显，他们就缺乏应有的适应能力，最终会被新环境所拒绝或淘汰。可如果开始就能意识到自己所处的环境是不利的或者是存在危机的，他们会尽最大的努力去提高自己或谨慎地防备危机，从而将灾祸的影响降低到最小。有远见的智者和目光短浅的愚者之间最大的区别就是能否在平时就具有危机感，在危机还未爆发出来的时候，就做好各种防护、应对准备。

致人，不致于人

在前面的《虚实篇》孙子就曾强调过，为将者要能够控制敌人而不被敌人控制，调动敌人而不被敌人调动。那么，如何才能让敌人置于自己的掌控之中呢，这里给出了具体的方法："屈诸侯者以害，役诸侯者以业，趋诸侯者以利。"

"屈诸侯者以害"，就是说用能给敌人造成伤害的事去伤害它，贾林注解道："为害之计，理非一途，或诱其贤智，令彼无臣；或遗以奸人，破其政令；或为巧诈，间其君臣；或遗工巧，使其人疲财耗；或馈淫乐，变其风俗；或与美人，惑乱其心。此数事，若能潜运阴谋，密行不泄，皆能害人，使之屈折也。"历史上，将此策略发挥得最好的莫过于越王勾践削弱吴国。

越王勾践被吴国击败以后，委身为仆，受尽屈辱，回国以后便绞尽脑汁报仇雪恨，一方面励精图治强大越国，另一方面想方设法地削弱吴国。勾践知道夫差为人好大喜功，便低声下气地奉承他，令夫差生出骄傲之心，推动他北上与齐、晋争强，耗费吴国的军力；勾践知道夫差喜欢安乐享受，便在国内寻访巨大的木材送给吴国，夫差便大兴土木，兴建楼台，导致国库空虚、民力疲乏；勾践知道夫差好色，便求访到西施、郑旦等美女，精心培训，进献给吴王，让夫差沉迷于酒色，不理朝政；勾践知道吴国大夫伍子胥贤能、忠诚，太宰嚭恩蠢、奸佞，便大肆贿赂伯嚭，同时让西施等不断在夫差面前称赞伯嚭、陷害伍子胥，最终导致伍子胥被杀；勾践为了使吴国百姓贫困饥饿，便高价收购吴国的粮食，还用蒸熟的种子欺骗吴国，导致吴国颗粒无收，产生饥荒……

在勾践的种种诡计陷害之下，吴王夫差变得昏庸又强横：沉迷酒色、宠幸奸佞、疏远贤臣、穷兵黩武地与大国争霸，吴国百姓则因为连年战争、饥荒而贫困不堪，国力大大衰弱。不久以后，趁着吴王北上与晋国争霸之际，勾践率领越军攻入了吴国都城，几年以后，越人再次进攻吴国，将其灭亡了。

"役诸侯者以业"，就是以各种事务劳役诸侯，令其不能安逸。这可以是军事上的事务，也可以是非军事上的事务。战国末期，韩国为了防止秦人东侵，派遣郑国入秦，建议引泾水东注北洛水为渠，企图疲劳秦人，使其无力伐韩，就是"役诸侯者以业"的典型，可惜修筑水渠并没有将秦国拖垮，反而让它更加强大。在军事上疲劳敌人，莫过于"巫臣疲楚"之事：

春秋时，楚国巫臣，逃亡到晋国以后，因为痛恨楚国杀死了自己的家人，便向晋景公建议，训练吴国以疲敝楚国。于是，晋景公派遣他出使吴国。巫臣到了吴国以后，帮助吴王训练军队，他把吴军分成三军，轮流向楚国进攻。第一军出击，待楚军来应战时，又撤回去；楚军见吴军退回吴国，也退回驻地。楚军刚走，巫臣又派第二军去进犯，等楚军赶来，吴军又撤退了。楚军刚回到驻地休息，吴军第三军再去骚扰。如此这般，吴国三军像车轮一样闹得楚军不得休息。楚军因此而疲于奔命，生产不能正常进行，粮草辎重消耗无数，整个国家都不得安定。

"趋诸侯者以利"，就是用利益引诱诸侯，让他们同意自己的要求或为自己所用。晋献公想要讨伐虢国，害怕虞国不借道，便将美玉、宝马献给了虞公。虞公在这些厚礼面前，同意晋军通过虞国。秦惠王害怕齐楚联盟对秦国不利，便欺骗楚怀王说，如果和齐国绝交，便送给楚国六百里土地。楚怀王贪图六百里土地，果然和齐国绝交，秦国通过利诱，实现了自己的目的。

汉高祖与项羽约定以鸿沟为界，东归楚、西归汉，互不侵犯。但不久就在陈平、张良等人的劝说下背弃了盟约，约定诸侯共同歼灭项羽。刘邦与韩信、彭越等人约好以后，便率军追击项羽，结果韩信等人全都失约未到，刘邦被项羽打得落花流水。刘邦又气又急，这时张良告诉他：

"楚兵即将灭亡，韩信、彭越虽已受封为王，却没有确定的疆界。二人此次不来赴约，原因正在于此。陛下若能与之共分天下，当可立招二将。否则最终成败，尚不可知。"于是，刘邦封韩信为齐王，封彭越为梁王，为他们划定疆域，陈地以东至沿海的地盘全部划封给齐王韩信；睢阳以北至谷城的地盘全部划封给梁王彭越。彭越、韩信得到好处以后，果然很快就带兵前来，将项羽围困在垓下，终于击败了项羽，迫使其自刎。

要想"致人"，将敌人控制在自己的股掌之上，就要熟练运用"屈诸侯者以害，役诸侯者以业，趋诸侯者以利"这些计谋，使敌人受到伤害，用繁冗的事使对手陷入疲乏，用利益诱惑他们使其按照自己的计划行动。要想"不致于人"，就必须防止被敌人所调动，不沉湎于各种喜好，不因享乐、游玩而耗费民力，不因直谏而抛弃贤臣，不因阿谀而亲近奸佞，不被小惠小利而诱惑。

行军篇

孙子曰：凡处军①相敌②，绝山依谷③，视生处高④，战隆无登⑤，此处山之军也。绝水必远水⑥；客⑦绝水而来，勿迎之于水内，令半济而击之，利；欲战者，无附于水而迎客⑧；视生处高，无迎水流⑨，此处水上之军也。绝斥泽⑩，惟亟去无留⑪；若交军于斥泽之中，必依水草而背众树，此处斥泽之军也。平陆处易⑫，而右背高，前死后生⑬，此处平陆之军也。凡此四军之利，黄帝之所以胜四帝⑭也。

凡军好高而恶下，贵阳而贱阴，养生而处实⑮，军无百疾，是谓必胜。丘陵堤防，必处其阳，而右背之。此兵之利，地之助也。

上雨，水沫至，欲涉者，待其定也。凡地有绝涧、天井、天牢、天罗、天陷、天隙⑯，必亟去之，勿近也。吾远之，敌近之；吾迎之，敌背之。军行有险阻、潢井、葭苇、山林、翳荟⑰者，必谨覆索之，此伏奸之所处也。

注 释

①处军：安置、安顿军队。

②相敌：观察判断敌情。

③绝山依谷：绝，靠近；依，凭借。指行军经过山险，必须靠近溪谷从而得到水草的便利。

④视生处高：李筌注：向阳曰生，在山曰高。指军队驻扎，要居高向阳。

⑤战隆无登：隆，高；登，向上攀登。指敌人占据高处，我军不可从下向上逆击。

⑥绝水必远水：绝水，临水。指临水对敌时，一定要远离河水，引诱敌人渡水来决战，而不是自己渡水去寻找敌人决战。

⑦客：指敌军。

⑧无附于水而迎客：指在水边引诱敌人渡河作战时，不可离水过近，导致敌人无法渡河，或生疑不渡河。

⑨无迎水流：不要居于下游之地。

⑩斥泽：盐碱沼泽地区。

⑪惟亟去无留：惟，宜，应该；亟，急，迅速。应该迅速离开，不要停留。

⑫平陆处易：易，平坦之地。指在平陆之上，要选择坦易平稳处布置军队，使车骑得以从容驱驰。

⑬右背高，前死后生：梅尧臣注："右背丘陵，势则有凭；前低后隆，战者所便。"指布置军队要右靠丘陵，前低后隆，如此可以给行动、防守都带来便利。

⑭四帝：四方诸侯。

⑮养生而处实：养生，指面向有水草之处；处实，指依附于隆高坚固之处。

⑯绝涧、天井、天牢、天罗、天陷、天隙：一些代表性的险阻地形。绝涧，前后险峻，水横其中；天井，四面高峻，中间低矮；天牢，三面

环绝，易入难出；天罗，草木茂盛，荆棘丛生；天陷，卑下污泞，车马难行；天隙，两山之间，道路狭仄。

⑰险阻、潢井、葭苇、山林、蘙荟：行军中的一些艰险地形。曹操注："险者，一高一下之地；阻者，多水也；潢者，池也；井者，下也；葭苇者，众草所聚；山林者，众木所居也；蘙荟者，可屏蔽之处也。"

译 文

孙子说：凡是对军队的安顿处置以及对敌情的观察判断有如下原则：行军经过山地，必须依傍溪谷，驻扎之时，必须面南朝阳而居隆高之地，敌人居高，不可由下仰攻，这是在山地处军的一般原则。临水对敌一定要远水驻扎；敌若涉水而来，切勿在水中迎击，要等他们半渡之时再攻击较为有利；如果想同敌人交战，则不要临水设阵，迎击敌军；驻军要居高向阳而处，勿居下游而面迎水流，这是在近水地带布置军的一般原则。通过盐碱池沼地带，一定要赶快离去，不要停留；若在此地与敌人遭遇，则需依傍水草、背靠林木而居，这是在盐碱池沼地带处军的一般原则。在开阔平原地区，须选择平坦坚实的土地扎营，右靠丘陵，前低后高，这是在平原地带处军的一般原则。掌握上述四种处军原则，并充分发挥其作用，这就是黄帝之所以战胜四方诸侯的原因所在。

凡驻军总是喜欢干燥的高地，而不喜欢潮湿的洼地；重视向阳之地，而避开阴晦之地；傍水草而居，背高固而处，这样军中疫病不生，才有必胜的保证。如遇丘陵堤防，一定要据其南面朝阳之处，右靠、被动于它。根据上述原则军行军驻屯能充分发挥地理条件的辅助作用。

上游下雨，水沫流至，要想涉渡，须等到水势稳定以后。凡要通过"天涧"、"天井"、"天牢"、"天罗"、"天陷"与"天隙"这"六害"之地，必须尽快离去，不要接近。我军要远离它，而让敌人靠近它；我军要面向它，而让敌人背靠它。驻军附近若有山险水阻、坑坎沼泽、芦苇丛生、林木茂密、草树荟郁之处，必须认真地进行全面彻底搜索，因为这都是潜藏埋伏、隐藏敌兵的地方。

经典解读

这一部分主要讲如何行军布阵、选择军队屯驻营地、驻扎方式的。不同的地理环境，需要采取不同的部署方式，才能尽其利，避其害。如何"处军"关乎战争胜负大局，不可有丝毫轻慢懈怠。

关于如何根据不同地形来灵活机变地采取应对措施，在前面的章节中已经有所涉及，这里再次深化讲解，提出了"视生处高"、"前死后生"等具体措施，在军事营地的选择上有巨大的参考意义，历来为各代兵家作为经典训诫。

哲理引申

临水对敌，以退为进

孙子说："绝水必远水；客绝水而来，勿迎之于水内，令半济而击之，利。"临水和敌人作战之时，主动撤退引诱敌人渡水，等他们半渡之时，给予突然袭击，往往能够轻易地取得胜利。最著名的战例就是韩信用此计击败了项羽大将龙且，从而平定齐国。其实，半渡而击并不一定要在迎战敌人的时候使用，在追击敌人之时同样适用，孙子之时，吴军就依此计打败过强敌楚国。

吴王阖闾带兵讨伐楚国，楚军派遣囊瓦率军迎战，囊瓦无勇无谋被打得大败，自己逃到了郑国。失去主帅的楚军一路向西逃奔，吴军则在后面紧追不舍，并在清发水（当今涢水）追上了楚军。阖闾准备下令发动攻击，楚军面对汹涌的大河也转过身准备迎战，这时吴王的弟弟夫概劝阻道："困兽犹斗，何况是人呢，楚军虽然在奔逃，但如果逼得太紧，他们一定会拼死搏斗的。现在他们前有大河，无路可退，我们如果进攻，面对这些必死之士，一定损失惨重。不如暂且退一退，楚人看到我们退却，一定赶忙渡河，等他们开始渡河的时候，我们再杀回来，那时楚军前面的人希望渡过河幸免于难，后面的人也害怕死亡而争先，就会失去斗志，我军定能大获全胜，又避免了损失。"

吴王听后，觉得夫概的建议很好，便下令吴军不要迫近楚军，暂时向后退却。楚将看到吴军撤退，以为他们不敢穷追，便下令全军休整，准备渡江。谁知楚军渡江不久，士卒还没过去多少，吴军忽然从背面呐喊杀来，楚军顿时大乱：士兵争抢船只自相残杀，将领不能制止，想要渡河一时渡不过去，想要反击士兵又完全涣散了。楚军顿时间尸横遍野，河水都被鲜血染红了。

几乎所有将领都懂得半渡而击的好处，也都知道提防半渡时遭受对方攻击。所以，要想让敌人中计，就要采取一些计谋，要么示敌以弱小，要么示敌以退却。孙子在这里所说的"绝水必远水"就是告诉为将者要以退为进，引诱敌人渡水。当然，这只对一些愚蠢的将领好用，有智慧的将领是不会将自己的军队置于险境之中的。比如，春秋的时候，晋国大夫阳处父率军攻打蔡国，楚国令尹子上率兵救蔡。两军隔泜水相持，阳处父退避一舍想让楚人先渡水，然后决战。子上想要渡水，随行的孙伯说："晋人不讲信用，如果乘我半渡而击之，那就吃亏了，不如让他们渡河列阵。"于是，楚国人也退避一舍想让晋国人渡水决战。结果双方谁都不想先渡水，只好各自引兵离去。

晋楚两军为何要争相撤退呢，因为他们知道在那种情况下，退后反而更加安全，而进则将自己置于险境，也就是说"退就是进，进就是退"。作为一个合格的将领，绝对不可以一味冒进，在关键时候一定要有"以退为进"的智慧。晋文公在和楚成王进行著名的城濮之战时，就以报恩为名"退避三舍"，避开了楚军的锐气，结果取得大胜；白起在围困赵括之前，同样先假装失败，将赵军引入了埋伏之中；孙膑马陵之战中，开始同样假装"逃避"，引诱魏军追击，这些都是以退为进的典型。

养生而处实：永远不要处于绝地

孙子说，"绝山依谷，视生处高"，又说"养生而处实"，都是在告诫为将者，一定要选择水草丰盛、可进可退又可以固守的地域安营扎寨，不要将自己放置在资源匮乏的绝境之中。赵括、马谡的失败，都是因为进军、扎营不慎，被敌人围在绝境当中，没有粮食、没有水源，最后军队不战而溃。兵法强调"兵马未动，粮草先行"，粮草是军队赖以为生的根本，失去粮草，军队就会失败，抛弃粮草而处，就是拿自己的胜败死生做赌注，追求百战百胜之将肯定不会如此冒险。

东汉初年，西北诸羌屡屡入侵边郡，他们抢掠百姓资财、杀戮无辜妇孺，给当地人民造成了极为深重的灾害。光武帝于是任命老将马援为陇西太守，让他去平定羌乱。

马援到任以后，不久就统帅步骑3千人击败了前来进犯的羌人，斩首数百人，获得牛羊马等牲口上万头，守卫边塞的羌人8千多人望风而降。羌人为了抗击马援，聚众几万人占据险要关隘进行抵抗。马援为了消灭这些敌人，便和扬武将军马成主动率军出击，羌人用辎重、树木等堵塞允吾谷通道，妄图凭险固守，顽抗到底。马援知道，如果从峡谷中硬冲，一定会遭到敌人的埋伏，将会损失惨重，便一边做出准备进军的架势，一边率领一部分部队在当地向导的引导下从小道绕到了峡谷之后。当羌人还未反应过来时，马援忽然对敌人的大本营发起了攻击。面对从天而降的汉军，羌人仓皇失措，狼狈溃逃。马援率师攻击，羌人虽然妄图重新聚兵再战，却又溃不成军，只能作鸟兽散，逃入草原深处。对于这些逃散的敌人，马援并未深入追击，而是下令收取了他们所有的粮草、牲口，退回塞内。

一年以后，塞内的参狼羌与塞外各部联合，杀死官吏，再次发动叛乱。马援率兵 4 千人前去征讨，双方在氐道县相遇。羌人人数众多，而且在马援到来之前已经抢先占据了高处，以逸待劳，等待着马援的进攻。但马援观察战场形势以后，并未发动攻击，他命令部队选择适当的地方安营扎寨，之后控制住草地，切断羌人的水源。时间一长，羌人水草乏绝，欲战不能，欲守无力，内外交困，不战而溃。造反的羌人首领们带领几十万户仓皇逃往塞外，其余万余人全部投降了汉军。

马援深知水源、粮草的重要性，所以在击败敌人以后，不求追杀残敌，而尽取其辎重、粮食；在战斗的时候，不与敌人正面硬拼，而是用断绝粮草、水源的方式使其不战自败。羌人却犯了兵家之大忌，自以为人数众多，占据高处就万无一失，却没想到高处没有水草、恰恰成了绝地，将自己放在绝地之中，岂不失败？

军队之所以进入绝地，往往是因为在利益的诱惑之下产生了松懈大意，以为不会受到敌人的攻击。这给人们一个很重要的启示，那就是永远不要被利益所引诱，将自己置身于险境、绝境之中。战场中，远离粮草就是绝境，商场之中，没有资金就是绝境。很多企业，为了追求更多的利益，不惜将所有用于回转的资金都投入到生意之中，有时这的确能带来超出平常的利益，但一旦发生变故，这种冒险就会让企业陷入绝境，永远无法翻身。

战场之上最忌讳的便是粮草断绝，经商之中最忌讳的便是资金断绝，人生之中无论从事什么事，无论置身于何处，都一定有一些维持自己日常生活基本的资源，《孙子兵法》这一章给我们最大的启示就是，不要让这种资源处于不确定的状态中，更不能使之被自己的竞争对手所掌控。

原　文

　　敌近而静者，恃其险也；远而挑战者，欲人之进也；其所居易者，利也。众树动者，来也；众草多障者，疑也；鸟起者，伏也；兽骇者，覆也^①；尘高而锐者，车来也；卑而广者^②，徒来也；散而条达者，樵采也^③；少而往来者，营军也。辞卑而益备者，进也；辞强而进驱者，退也；轻车先出居其侧者，陈也；无约而请和者，谋也^④；奔走而陈兵车者，期也^⑤；半进半退者，诱也。杖而立者，饥也；汲而先饮者，渴也；见利而不进者，劳也；鸟集者，虚也；夜呼者，恐也；军扰者^⑥，将不重也；旌旗动者，乱也；吏怒者，倦也；粟马肉食，军无悬甑，不返其舍者，穷寇也^⑦；谆谆翕翕^⑧，徐与人言者，失众也；数赏者，窘也；数罚者，困也；先暴而后畏其众者，不精之至也；来委谢者，欲休息也。兵怒而相迎，久而不合，又不相去，必谨察之。

　　兵非益多也^⑨，惟无武进^⑩，足以并力、料敌、取人^⑪而已。夫惟无虑而易敌者，必擒于人。卒未亲附而罚之，则不服，不服则难用也。卒已亲附而罚不行，则不可用也。

　　故令之以文，齐之以武^⑫，是谓必取。令素行以教其民，则民服；令不素行以教其民，则民不服。令素行者，与众相得也。

注　释

①覆：倾覆、覆没，指遭敌人暗中偷袭。

②卑而广者：扬起的尘埃低，而面积广。

③散而条达者，樵采也：古人作战，常用车马拖曳着树枝扬起尘埃来迷惑敌人。此句意为，尘土疏散而成条缕状，是敌人在曳柴而走。

④无约而请和者，谋也：约，困顿、受制。指敌人尚未受挫就主动来求和的，是在策划阴谋。

⑤期也：期待与我决战。

⑥军扰者：将领无威严，军士不持重。

⑦粟马肉食，军无悬瓿，不返其舍者，穷寇也：用粮食喂马，杀牲口吃肉，收起炊具，士兵们不返回营舍，这是敌军穷途末路，准备拼命突围的迹象。

⑧谆谆翕翕：士卒们私下小声议论。

⑨兵非益多也：兵不以多为贵。

⑩武进：刚武轻进。

⑪取人：争取人心。

⑫令之以文，齐之以武：文，恩、仁；武，威、罚。以恩仁来教化士兵，以威罚来整饬部队。

译 文

已经离得很近了，敌人却不动，是因为他们有险可恃；离得很远，敌人就挑战我们，是企图诱惑我们前进；敌人不占据险地而处平地，是以利诱惑我军；林木摇动，是敌人伐木开道隐蔽来袭；草丛中设有许多障碍，是敌人搞的疑兵之计；鸟雀惊飞，说明下面有伏兵；野兽骇逃，显示敌人正大举来袭。尘埃高起而锐直，是战车奔驰而来；尘埃低矮而广阔，是步卒正在开来；尘埃疏散而呈条缕状，是敌人在曳柴而走，试图以此欺诈我军；尘埃稀少而往来移动，是敌人正在安营扎寨。使者措辞谦卑但却在加强战备的，是敌人在准备进攻；使者措辞强硬而又做出进攻架势的，实则要准备撤退。轻车先出，部署在两翼的，是敌人在布列阵势；尚未受挫却来请求讲和的，是敌人在策划阴谋；敌人急速奔走而布列战车的，是在期待同我决战；欲进不进，欲退不退的，是在诱我上钩。敌兵斜倚兵杖而站立，显示他们饥饿、困顿；役卒汲水而先饮，显示敌人正干渴；见利而不去夺取，说明敌人已经疲劳。乌鹊群集，下面必空虚无人；夜间惊呼，是恐惧不安的表现；军士自相扰乱，是将帅威令不足以服众的表现；旌旗摇动不整，是军纪不严且队伍混乱的表现；

军吏烦怒，是军队疲惫的表现；用粮食喂马，杀牲口吃肉，军中炊具都收起来，士兵们不返回营舍，这是敌军穷途末路，准备拼命突围的表现。絮絮叨叨、慢声细语地讲话，是敌将不得人心。频繁赏赐，说明敌将处境困迫。动辄处罚，说明敌将一筹莫展。先行粗暴而后又害怕其部众，那就显示敌将是最不精明的了。敌遣使者前来致礼言好，是想休兵息战。敌若逞怒而来，久不与我交战，又不退去，就一定要谨慎观察它的举止动向了。

兵众不在于越多越好，只要不刚武轻进，并能集中兵力、判明敌情和取得人心就行；那种没有头脑而又轻敌的人，就一定要做敌人的俘虏了。士卒尚未亲附就使用严刑峻法，那么他们就不会心悦诚服，不诚服就难以用来作战。士卒已经亲近归附，但军法军纪却不能行使，还是不可用来作战。

所以应以恩仁来教化士兵，以威罚来整饬部队，这样就必能取得人心。法令若于平素就能得到贯彻执行，部众就会服从指挥；法令若平素得不到贯彻执行，部众就不会服从指挥。只有得到部众的支持和拥戴，法令才能在平素就顺利贯彻执行。

经典解读

开始的一段孙子主要讲述了"相敌"之时的具体细节：如何通过观察草木、尘埃、敌人扎营形式等揣度敌人虚实；如何透过敌人使者的伪饰，察明其真实意图；如何通过观察敌军士兵行为，摸清敌人弱点之所在；如何通过敌人将领的表现，找到敌人的可败之处……通过了解这些，我们可以学到如何更好地揣测对手意图，知己知彼，随机应变。

后面两段主要讲了如何行使军法，如何整饬部队、得到部众之心。军法不能过严，更不能轻易施加在内心尚未归附的士卒身上，滥施酷法不仅难以树立威严，还会丧失人心，使部属心怀怨恨。士卒归心以后，同样不能因为亲近他们而荒废法度，法度不行则军纪不整，军纪不整到了战场之上士卒就不能使用。所以，既要用恩仁、文法来教化部下，又要用威刑、军纪来整饬部队，刚柔并施，文武并行，才能得人心，驱众力。

哲理引申

不被敌人制造的假象所迷惑

孙子在"相敌"的内容中，给人最大的启示就是不要被敌人制造的假象所迷惑，要透过各种表现，查探其真正意图。敌人看起来可以攻击，实际上却可能在诱惑我军；敌人似乎立刻就要发动进攻，实际上他们可能正要逃跑；敌人看似兵强马壮，粮食充足，实际上可能是粮草已尽，已成强弩之末……

公元前615年，秦国出兵攻打晋国，晋国赵盾率大军在河曲抗击秦军。晋军谋士史骈认为，秦军远来，不能持久，建议晋军深垒固守，以待敌变。赵盾采纳了他的建议，严令军士坚守。秦军几次挑战，并且采取诱敌之计，均未得到决战机会。

一天晚上，秦国使者忽然造访晋军，对晋军将领说："两军对垒，不能痛快地交锋，白白耗费大量粮草、器械，这对两国都是沉重的负担，不如明天早上我们就一决胜负吧！"晋军将领听了秦使的这番说辞，觉得似乎也有道理，便准备在第二天与他们决战。秦使走了以后，史骈却说："秦国人一定是打算逃走了，不如我们现在就开始追击！"众将都不解，史骈解释道："秦国使者前来宣战，强装出有气势的样子，但在说话的时候眼珠转动，声音反常，说明他们有其他计谋，且心虚，一定是想要安稳住我们然后趁机逃走。"他建议立刻追击秦军，但众将都认为，既然已经和秦军约定好了明日决战，今晚发动攻击是失信于人。

第二天早上，当晋军早早起来，准备进攻的时候，却发现秦军的营地一片寂静。果然不出史骈所料，秦军昨夜就悄悄撤退了。

众人只听到了秦国使者气宇轩昂的请战之辞，却没有仔细观察使者的神态、语气，更没有仔细思考一下秦军的真实处境。秦军远道而来，几次求战不得，兵锋已钝，粮草后勤压力一定也很大，此时他们唯一的出路便是撤退，为了防止在撤退中遭到追击，所以派遣使者佯称明日决战，仅仅是为了稳住晋军。然而，这个烟雾弹却成功地蒙蔽住了晋军将领，让他们在准备决战中，放秦军从容撤退，假如他们能够采纳臾骈的建议，及时追击，一定可以大获全胜。

善于制造假象就能迷惑敌人，善于看破假象便能不被敌人迷惑，战争的双方在刀剑交接之前，其实就已经开始了在掩饰和窥察之上的相互斗法，谁能智高一筹，谁就可以在战争中掌握主动。

430 年，南朝宋展开了轰轰烈烈的元嘉北伐，但因为指挥、部署上的失误，北伐的宋军接连失利，粮草用尽，开始后退。大将檀道济总督各路军，指挥撤退。在撤退的时候，檀道济手下有个士兵逃到北魏营中投降，他在投降的时候将军中粮草将尽的情况报告给了魏将。魏将听到了这个消息，认为这是难逢的战机，便率军对宋军展开了追击。

看到追军，宋军军心动摇。檀道济知道，魏军之所以追得这么紧，是得到了他军中缺粮的消息，想要趁着军士饥饿之时，将其一举击溃，于是他心生一计。檀道济并未命令军队加紧逃离，反而下令将士就地扎营休息。当天晚上，檀道济亲自带着一批管粮的士兵在一个营寨中查点粮食。一些兵士手里拿着竹筹唱着计数，另一些兵士用斗子在量米。

后面追击的魏军将领看到宋军扎营，心里犯嘀咕：都没粮食了还不快跑，难道是假消息吗？于是，派遣探子前来打探消息。魏军探子接近宋军以后，偷偷向营里张望，恰好看到了檀道济查点粮食一幕，只见一个个米袋里面都是满满的、白花花的大米。探子立刻回报主帅，说檀道济营里军粮还绰绰有余，现在只怕还不能和宋军决战。魏将得到这个情报，心中一想，觉得前面投降来告密的宋军士兵一定是假投降，来诱骗他们进攻宋军的，那宋军的实力一定很强了……他越想越疑忌，于是下令杀死了前来告密的宋兵，带着部队连忙退走。其实，檀道济在营里量的并不是白米，而是一斗斗的沙土，只有表面覆盖着少量白米罢了。魏军撤退以后，檀道济立刻下令紧急退军，终于安全回到了南朝。

魏军得到檀道济军中无粮的情报，本来掌握了主动，但却因为错探虚实而被檀道济迷惑，失去了歼灭敌人的大好机会。由此可见，能够在"相敌"中取胜，观察判断出正确的敌情有多么重大的作用。

既然"相敌"如此重要，那么怎样才能在斗智斗勇中取胜，不被敌人所迷惑呢？

最重要的当然是根据各种实际情况，分析敌人的处境，最好是站在对方的角度考虑：如果我是对方，此时应该陷于什么处境呢？如果我是对方，该采取什么应对措施呢？这样在对手采取计谋的时候，就不会轻易地上当了。

其次，还要学会在与对方交流的时候察言观色。看看他的脸色、眼神、语气，是在说真话，还是在故作掩饰。语言、行动容易作假，但眼神、神态上以假乱真还是不太容易的。

再次，可以从多方面观察问题，比如孔子就说过："视其所以，观其所由，察其所安，人焉廋哉？人焉廋哉？"从对方这样做的原因、目的以及实际行动，一起加此考察，被蒙蔽的可能性就要小得多了。

最后，不要相信一次观察所得之结果，对重要的情报一定要多次考察才能判断虚实。比如，曹操在长坂桥时，担心张飞身后有疑兵，不敢前进。但过了一会再去打探，发现桥断了，林中烟雾消了，就知道张飞是在用诈迷惑他，所以决定继续渡河追击刘备。

在竞争之中，要想战胜对手既要善于伪装，以虚虚实实的假象来迷惑敌人，又要善于辨别，透过假象看到本质，不被敌人所迷惑。

做一个刚柔并济的管理者

几乎所有的兵法都强调在军队之中要法令严明，但法令严明并不是严刑酷法，相反，过于严苛的法令不仅不能治理好军队，还会让下属觉得将领刻薄寡恩而产生怨气。为将者既要懂得用严刑来惩戒军士，也要学会用恩情、宽容来获得人心。《黄石公素书》中说："赏不服人，罚不甘心者叛；赏及无功，罚及无罪者酷。"一味宽容、奖赏，想要以柔顺得人心，是不能治理好军队的；一味严厉、苛刻，想要用威势压服士兵，也是不能得到将士之心的。优秀的将领既要有菩萨心肠，能够宽容待人、爱惜下属，又要有金刚手段，严厉执法、不徇私情，如此刚柔并济、恩威树施才能得到士卒之心，才能树立自己的威望。

吴起治军就是恩威并施的典范，在执行军法之时严格、公正，不听从命令的士兵，即使有功也难逃惩罚。而对于那些没有犯错误的士兵，他则关爱、怜惜。史上记载，吴起治兵之时与士卒一起吃一样的饭食，睡同样的军帐，士兵在战场上受了伤他甚至能够降下身份去为士卒吸吮伤口的脓血，所以士兵个个效力，死不旋踵。

吴起执法严明，所以军中无人敢懈怠军令，爱兵如子，所以士卒无不效死力战，这样的军队若不能打胜仗，才是怪事；相反，有些将领不懂得恩威并施的道理，以为自己凭借严令酷法、凭借权势残暴就能压服士兵、威慑下属，让他们顺从自己。所以他们时时刻刻用强权来表现自己的威仪，下属们有点错误就严厉惩处，这样的将领别人顺从他只是害怕他的强力，并非心悦诚服，甚至心中是充满怒气、怨气的，一旦这种怨怒爆发出来，残暴寡恩的人就会自食其果。

三国时，吕布和曹操相互攻伐，吕布作战失利，被围困在徐州城中。一天，他照镜子时忽然发现自己容貌枯涩，觉得这都是饮酒过多害的，联想到自己和曹操作战总失利，吕布认为一定是部下、士兵们也好喝酒，所以战斗力下降，打不过曹操，便在军中下令禁酒。

吕布禁酒以后不久，部将侯成丢了十几匹好马，原来是被养马的人盗去了，准备献给刘备。侯成及时察觉，追杀了盗马的人，将马匹全部夺了回来。良马对于武将来说，可是最珍贵的宝物，侯成的好马失而复得之后，诸将纷纷前来祝贺。侯成取出自己以前酿的五六斛酒，打算与诸将会饮。饮酒前想到吕布此前的禁酒令，不敢擅饮，便先带着几瓶酒去拜见吕布。禀告说："多亏将军的虎威，我才能将丢失的马追回来。众将都来祝贺，酿了些酒，不敢擅自饮用，特意先来进奉给您……"吕布还没等侯成说完，立刻大怒叱责道："我刚禁酒，你就要酿酒会饮，难道是看到形势不利，想要和众人图谋害我吗！"命令士兵将侯成拖下去斩首，多亏其他将领一起求情告饶，才免了侯成的死罪，但是被重打一百军棍。

侯成献酒，吕布不仅没有领情，反而将其打得皮开肉绽，诸将见他如此寡恩薄情不禁心灰意冷。宋宪、魏续等人前去探望侯成，侯成哭泣说："要没有诸位求情，我今天死定了！"宋宪等也抱怨："吕布只知道贪恋妻子，对将士们视之如草芥，想打就打，想杀就杀……"众人越说越气愤，再想到当下的形势，索性偷了吕布的赤兔马、方天画戟，将吕布捆起来投降了曹操。

吕布身为大将，不知道爱惜自己的下属，却为了一点小事而无端猜忌，甚至想要处死部将，最后失去了众人之心，遭到众将背叛而失败。三国时，另一大将同样是因为对下属过于残暴而死，那就是张飞。张飞比吕布还要残暴，至少吕布惩罚侯成是因为侯成违反了禁酒令，而张飞经常鞭打士卒，仅仅是因为自己心情不好、脾气暴躁，当然最后他也因为对下属过于残暴无理而被范疆、张达杀死。吕、张二人的遭遇，告诉我们，一个合格的将领，既要懂得用刚强的手段树立自己的威严，又要懂得用柔和的手段施加恩泽。

同样，任何管理者在管理下属时，都要有这种刚柔并济、恩威并施的智慧。如果一味以柔待人，别人就会以为你软弱可欺，这就失去了作为领导者的威严；相反，如果一味以强待人，别人就会以为你蛮横刻薄，这又失去了下属之心。在面对下属时，既要施之以恩、施之以德，感化影响他们，从而赢得其信赖；又要施之以威、施之以权，以法树威，使其产生敬畏之心。唐太宗就因深谙恩威并施之道，从而得到臣下的敬畏、爱戴的。

李靖是唐初名将，贞观四年他带兵击破突厥建立了大功，但因所率部队纪律松弛，导致官兵将突厥珍物，掳掠殆尽。朝中御史就此大做文章，纷纷弹劾李靖，请将其交司法部门审理问罪。

唐太宗于是召见李靖，将御史们的上书拿给他看，李靖看了立刻冷汗淋淋，太宗也对他带兵不严大加斥责。李靖心中惊慌，害怕皇帝因此而"鸟尽弓藏"趁机将自己除去，连忙叩头谢罪。过了很久，唐太宗才说："隋朝时史万岁打败达头可汗，但隋文帝却有功不赏，反而借其他小罪将其斩首。朕则不会这样处理，你的功劳我都记下了，这次的过错就免了吧！"于是，不仅没有惩罚李靖，还加封他为左光禄大夫，赐给绢一千匹。李靖惊恐之余，反而受到太宗恩惠，既知道了皇帝的权威，又产生了感激之情，从此忠心耿耿又低调守礼，成为辅佐李唐江山的栋梁。

日本企业家松下幸之助也认为，领导者对于部下，应是慈母的手紧握钟馗的利剑，平日里关怀备至，犯错误时严加惩戒，恩威并施，宽严相济，如此才能成功统御。威，要用在工作职务之上，就像将领对于军法、命令一样，必须从严治理，让下属明白自己的威信。恩，要用在生活之上，在有关原则、法令的事务之外，要让下属感到自己宽仁厚德的一面，了解他的困难，给予关心、帮助。只有刚柔并济，恩威并施才能宽严得体，在管理中做到游刃有余。

先立信，后立威

孙子曰："卒未亲而罚之，则不服，不服则难用。"即将领在未能取得士卒的信任、亲附之前就对他们加以惩罚，这就会引起士卒的不满和怨恨，从而影响军队的作战能力。树立威信对于将领来说是十分重要的，其中最常用也是最有效的手段就是以刑罚立威，但需要注意的是在施刑之前，一定要确保自己已经被士卒所接受、信任，并处罚公正。

《三国演义》中就描述了一个立威失败的例子：长沙太守韩玄"平生性急，轻于杀戮，众皆恶之"。也就是说这个人平生脾气暴躁，对部下很残暴，动辄将士卒杀死，所以下面的人都十分厌恶他。刘备派遣关羽夺取荆州之时，韩玄派遣黄忠出战，黄忠不能取胜，韩玄便认为黄忠有通敌之嫌，下令将其处死。这种轻易残杀大将的行为，引起部将魏延不满，于是杀了韩玄，投降了关羽。

其实，在现实生活之中也是如此，在人与人相处的时候，首先取得别人的信任，之后才可以对别人提出更多的要求，甚至责备别人。每个人都有这样的感触，如果你一个十分信任的朋友或是上司，指出你的毛病，并对你进行责备，你会觉得他们是为了你好，会对他们产生感激，但如果做同样事的人是彼此不熟的陌生人，你就会心生反感，甚至想：你有什么资格说我，即使我错了，和你又有什么关系？这样做肯定是看我不顺眼，故意找茬儿的……同样的事情却导致不同的结果，一个得到感激，一个引起纠纷，其关键就在于双方关系远近亲疏不同而导致的。

所以说，当我们想要在别人面前树立起威信之前，首先要得到对方的好感，拥有一定的信任基础。当你发现别人的过错、失误，准备提出来时，也要首先考虑一下自己的身份，问问自己，我是否与对方相互信赖，当我指出他的缺点时，他会不会信任我，不认为我在打击报复、故意找茬……

他是一家公司的主管，因为业绩突出被调到另一个部门担任地区总经理，在他看来一个领导者要想做好事情，最重要的是让属下敬畏自己、害怕自己，所以履职以后最先要做的就是树立自己的威信。

当他来到新的工作岗位以后，开始表现得默默无语，让人捉摸不透。然而，三天以后，忽然召集所有人开会，在会上他拿出了一个小小的本子——上面记着几天来，他观察到的所有公司存在的毛病和身边人的过失。于是，他对这些事、这些人痛加训斥，在众人惊愕的眼光中，他将出错的下属骂个狗血喷头，并扣了所有犯错误人员的奖金，甚至威胁将一个不够尽职的经理降职……做完这些事以后，他心中十分高兴，他认为这场表演自己做得真不错，一下子就在所有人面前树立威信了，以后自己的话肯定没人敢轻视了。

然而，后面事情的发展大大出乎他的意料，下属们固然对他存在惧意，但他的工作却完全谈不上顺利，甚至他会清晰地感到很多人表面上对他十分顺从，但暗地里却对他存有很深的敌意，故意阳奉阴违，抵制他的命令。对于这些人，马明宇虽然愤怒，却无可奈何，他找机会对这样的人进行惩罚，但事情更糟，他发现自己陷入了孤立之中，身边的人有意无意地在各种方面给他找麻烦、下绊子……

这种情形几乎维持了大半年，最后在慢慢的工作中大家才相互了解，他知道属下性格、能力都还可以，人品上也值得信赖；属下也知道这个上司并不像想象中的那么刻薄。但前面一段的相互敌视，却让他很疑惑，他问已经成为朋友的下属："为什么你们当初要同心协力地反对我？"下属告诉他："因为你上任伊始，就将大家骂了一个狗血喷头。大家期待着新领导的关怀，没想到得到的却是一个下马威，心理自然不舒服。是你自己一下子就将自己摆在了和下属对立的位置之上，谁还会配合你呢？"他听了，感慨道："想要树威，没想到却给自己带来了半年的不顺畅！"

如果对一个人信任，他说的话、他做的事，都会被认为是善意的；

相反如果没有这样的信任，一个人所说的话、所做的事，往往都会引起强烈的疑心，尤其是那些忽然到来的责备。威信要建立在信任之上，没有信任，就谈不上威信。商鞅变法以严刑峻法而著称，但他在立威之前首先选择的就是立信，让百姓信任自己。

任何对组织成员强制控制的手段，都不可能得到下属的信任，使领导者得到下属之心。所以，为了防止引起对方的反感，在得到别人信任之前，不要随意想通过指责别人而树立自己的威严。

地形篇

　　孙子曰：地形有通者，有挂者，有支者，有隘者，有险者，有远者。我可以往，彼可以来，曰通；通形者，先居高阳，利粮道，以战则利。可以往，难以返，曰挂；挂形者，敌无备，出而胜之；敌若有备，出而不胜，难以返，不利。我出而不利，彼出而不利，曰支；支形者，敌虽利我，我无出也；引而去之，令敌半出而击之，利。隘形者，我先居之，必盈①之以待敌；若敌先居之，盈而勿从，不盈而从之。险形者，我先居之，必居高阳以待敌；若敌先居之，引而去之，勿从也。远形者，势均，难以挑战，战而不利。凡此六者，地之道也；将之至任，不可不察也。

　　故兵有走者，有弛者，有陷者，有崩者，有乱者，有北者。凡此六者，非天之灾，将之过也。夫势均，以一击十，曰走；卒强吏弱②，曰弛，吏强卒弱③，曰陷；大吏④怒而不服，遇敌怼而自战，将不知其能，曰崩；将弱不严，教道不明，吏卒无常，陈兵纵横，曰乱；将不能料敌，以少合众，以弱击强，兵无选锋，曰北。凡此六者，败之道也；将之至任，不可不察也。

注 释

①盈：充满，指在险隘地形中完成兵力部署。

②卒强吏弱：指士兵豪强，将帅懦弱不能统领。

③吏强卒弱：指士兵疲困，将领却争强好胜。

④大吏：小将。

译 文

孙子说：地形有通形、挂形、支形、隘形、险形、远形几种。我可以去、敌人也可以来的，称为通形。在通形地区，要抢先占领隆高朝阳之处驻扎，并确保粮道畅通，这样再与敌人交战我军就有利。可以前往而难以返回的，称为挂形。在挂形地区，如果敌人没有防备，就迅速出击而战胜它；如果敌人有防备，出击而不能取胜，又难以返回，就不利了。我方出击不利，敌方出击也不利的，称为支形。在支形地区，即使敌人以利诱我，也不要出击，而应率众撤离，待敌人出来一半时再攻击它，这样有利。在隘形地区，我军若首先占领地利，就布置好兵力等待敌人的到来；如果敌人首先占据地利，并已布置完善，就不要去打它，若敌人还未布置完善，就可以打它。在险形地区，我军若首先占领地利，一定要驻扎在隆高向阳之处等待敌人到来；敌若首先占领了地利，那就率部离去，不要打它。在远形地区，双方地势均等，难以挑战，战也不利。以上六个方面是善用地利的基本原理，是为将者至关重大的责任，一定要深明其理。

兵形上有"走"、"弛"、"陷"、"崩"、"乱"、"北"六种现象。这六种现象，并非由地理条件造成的祸害，而是由将帅的过失造成的。凡敌我双方地理形势均等，但却要以一击十，结果必然是失败而逃，这叫"走"。士卒强悍而将吏懦弱，指挥松散无力，这叫"弛"。将佐强悍而士卒疲困，必因轻进而陷没，这叫"陷"。小将怨怒而不服从命令，遇敌忿而擅自出战，主将又不知他的才能，如山自内部崩坏，这叫"崩"。将帅懦弱缺乏威严，管理混乱，兵将不拘常度，列阵杂乱不整，这叫"乱"。将帅不能正确判断敌情，而以少击众、以弱击强，又不懂选拔精锐，那就必然要败北，这叫"北"。以上六种情况，都是取败之道，是将领的重大责任所在，不可不认真考察研究。

经典解读

在作战之中只有谨慎审察地形利弊，才能因地制宜，从而战胜敌人。鉴于地形对于战争的重要影响，所以孙子专门对各种地形以及应采取的战争策略进行了讲解。在《地形篇》中孙子首先给出了六种常见的作战地形：通、挂、支、隘、险、远。然后，根据每种地形的特点，指出将领作战时应该注意的事项：通地贵速，先抢占有利之位，致人而不致于人；挂地贵察，要攻敌于不备；支地贵慎，不能被敌人所诱惑；隘地贵先，谁先占据险要，布置好兵力谁就处于优势；险地贵断，可战则速战，不可战则速退；远地贵止，战不能得利，不如不战。这些在战争中是金科玉律，在生活其他方面也能给我们很多启示，如对于支地，先进者反而容易被人趁势攻击，这告诉人们做事时要耐得住性子，后发制人；对于隘地，先布置好兵力的就能占据优势，这告诉人们凡事都要及早准备，早发者早至；对于远地，难以挑战、战也不利，这告诉人们当事情不能得利时要果断放弃，有放下的气魄……

之后，孙子又讲了作战中兵形上六种现象：走、弛、陷、崩、乱、北。并认为它们不是单单由地理条件而造成的，而是源于将帅的无能。其中的道理，可以给人们更多启示：要想不陷入"走"势，则不要以少击多；要想不陷入"弛"势，则将领应在下属面前树立威信；要想不陷入"陷"势，则警戒骄傲自大之心；要想不陷入"崩"势，则不因愤怒而行事；要想不陷入"乱"势，则严肃法纪，使部下行事守度；要想不陷入北势，就要选拔精锐，以己之长迎敌之短。

所以说，此篇虽然讲的是战争中的地形问题，但在人生处事上有很大的启发意义。

进前先思退，行事无悔疚

孙子讲了六种地形，其中谈到挂形时说："挂形者，敌无备，出而胜之；敌若有备，出而不胜，难以返，不利。"也就是说，当处于挂形之地时，地势犬牙交错，险要是敌我共有的，如果知道敌人没有防备前去攻击，就能战胜敌人，并且顺利返回；但若是预谋不周，不知敌人有了防备而前去攻打，结果不仅不能战胜敌人，敌人还会占据险阻，断绝我军出路，使军队难以返回。这就告诉将领们，在出兵之前一定要进行充分的谋划，详细分析：敌人是否会提早防备？我军万一攻击不成功是否能够安全撤退？是否会被敌人趁势邀击？考虑周全的将领在战争之前，既要想到胜利之后的措施，也要想到一旦失败军队应该如何撤回、如何收场。

春秋之时，晋文公重耳逃亡在外，他曾路过郑国，郑文公很轻视他，没有以礼相待。后来重耳历经坎坷，回到晋国继承了君位，立刻拉上盟友秦国准备报复郑国昔日的无礼。但秦穆公在郑国烛之武的说服下，认为如果灭了郑国会让晋国更加强大，对自己不利，便背弃了和晋国的约定，不仅撤回了军队，还留下了杞子、逢孙、杨孙三位大臣，帮助郑国守卫。晋国见状不得已，只得撤军。

几年以后，晋文公去世，同时戍守郑国的杞子等人给秦国带来消息说，郑国让他们守卫北门，如果秦穆公派军袭击郑国，他们作为内应打开城门，郑国就可以一举攻下了。这让秦穆公喜形于色，他早就想向东发展，成为诸侯霸主了，但因为强大的晋国在东面阻隔，中原地区又没有立足之处，所以不能如愿。如今，霸主晋文公已经去世，如果再得到郑国就没有人可以阻挡自己了，于是秦穆公准备派军远袭郑国。

秦穆公向大臣蹇叔征求意见，蹇叔表示反对，他说："辛劳大军远道奔袭，这是我从未听说过的。跨越千里去袭击别人，人家怎么会不知道？我军长途跋涉，精疲力尽，人家有所防备，是不会成功的。"但秦穆公心中只有夺得郑国、称霸天下的梦想，根本听不进去大臣们的劝阻。

穆公任用孟明视为大将，西乞术、白乙丙为副将，挑选精兵数千，车三百乘，出东门远征。送行的时候，蹇叔对着大军痛哭流涕，说："悲哀啊，悲痛，我只能看到你们出战，却看不到你们归来了！"秦穆公大怒，叱责道："你知道什么，万一你活到中寿就死了，等大军回来你墓地上的树都有碗口粗了！"蹇叔泣道："郑国攻打不下来，返回时晋国一定会在崤山伏击你们，那里南面是夏帝后皋的墓，背面是周文王避雨的地方，我要到那里收你们的尸骨了！"

秦军出发以后，在途中遇到了郑国的商人弦高，弦高听到秦军要偷袭郑国的消息以后大惊，一面假装犒劳秦军，一面火速派人将消息汇报给郑国。郑穆公获得弦高报告后，立即派人去探察杞子等人所居的馆舍，见秦兵已"束载、厉兵、秣马"，准备作战了。于是，大夫辞谢秦将说："君等久留在敝国，敝国已无法供应粮秣、牛羊。听说君等要离开，郑国有原圃，就像秦国有具圃一样，请你们自己去猎取麋鹿，让我们闲暇一下如何？"杞子等人见机密已泄，害怕被杀，连忙逃跑，杞子逃亡到齐，逢孙、扬孙逃亡到宋国。孟明视等人见内应已逃，郑国有了准备，攻打一定不能取胜，不如退兵，就灭了滑国，满载战利品而还。

晋国正在进行晋文公的葬礼，得到秦国想偷袭郑国不成又灭了滑国的消息，他十分愤怒，一方面痛恨秦国昔日背叛约定，一方面厌恶秦国今日在文公刚死时就想抢夺霸权，于是与姜戎联合，在崤山之间设下埋伏。当秦军进入包围圈以后，晋军和姜戎四面夹击，秦军不备，全军覆灭，孟明视、西乞术、白乙丙等三帅被俘。

秦军失败的原因很多，比如军队浮躁无礼、行军之时大摇大摆泄露秘密、进入崤山险地防备不足，但最根本的原因还是秦穆公自己在发动战争的时候只想着利益，不计后果，只看到成功占领郑国可以称霸天下，却不思量如果郑国有防备，偷袭不能成功，大军应该如何撤回。这也就是孙子所说的："敌若有备，出而不胜，难以返，不利。"

做任何事情，都有成功、不成功两个结果，对此，谋划者都应考虑到，不应该只盯着成功之后的利益，而不思量万一不成功如何收场。生活中很多人在看到一些好的机会时，便立即前去追求，为此不惜放弃自己现在所拥有的工作、地位，他们的勇气固然可嘉，但很多人往往会失败得很惨。就是因为他们在下决心之前，没有仔细考虑，结果机会并未得到。

小张曾经拥有一份稳定的工作和一个幸福的家庭。在一次酒会之中，他遇到了一个多年不见的老同学，同学西装革履，开着名牌的车子，给他留下了很深的印象。在后来的交谈中，同学透露他正在投资一项很好的产品，将来能赚大钱，现在就缺一个合伙人……

想到自己平凡的生活，小张颇有些心动：要是能像同学那样，赚几笔大钱，自己就可以更好地提升生活质量，更受到周围人的尊重了，这不比每天从事这么平庸、乏味的工作要好得多吗？没有深入考虑，他便下了决心做同学的合伙人。为此他不顾妻子、朋友的劝告辞去了工作，将多年所有的积蓄拿了出来，给那个同学投资。

然而，小张很快发现自己被同学欺骗了，那个投资项目其实就是传销，钱没有赚到，人还差点赔了进去。回到现实之中，小张这才发现自己积蓄、工作忽然间都没了，真是欲哭无泪。

生活之中，无论面对什么事，都要三思而后行，在憧憬它能够带来的利益之时，先想想万一自己做不成是否能够承受损失。如果确信成功，或能够承受失败，再去大胆的追求，否则，最好不要贸然行动。人无远虑，必有近忧，贸然行事，往往会让人一败涂地、追悔莫及！

内部团结才能制敌

孙子说："大吏怒而不服，遇敌懟而自战，将不知其能，曰崩。"如果一个军队里统帅之间不能相互协调，下级将领不服从上级的指挥，为了意气之争私自出战，上级对下属也不了解，不知道他会犯什么样的错误，这样的军队在战场之上一定会形成土崩瓦解之势。古人云"攘外必先安内"，内部安定以后才能去迎战外部的强敌，内部争权夺利，人人都想着内斗，又怎么能够在战场之上同心协力共克敌人呢？

晋国、楚国是春秋时期最强大的两个国家，在几百年里一直为霸权而相互角逐。在晋文公、晋襄公的时候，晋国压倒楚国成为霸主，但晋灵公以后，晋国国君昏庸、君臣不和，势力开始下滑，此时的楚穆王、楚庄王则颇有作为，尤其是楚庄王，任用贤臣孙叔敖等，使国力迅速增强，于是又加快了北进与晋国争霸的步伐。

郑国处于晋楚之间的中枢位置，晋楚要想称霸中原都需要以郑国为前线，于是这个小国就成了双方的争抢焦点。597年，楚国围攻郑国，郑国连忙向晋国求助。晋国派军救郑，双方在邲地对垒。

对于战争，楚军内部开始存在着分歧，令尹孙叔敖主张和谈，楚庄王也没有必胜的把握，同意和谈退兵，但大臣伍参却力主开战。孙叔敖说："去年进攻陈国，今年进攻郑国，士卒连年作战已经疲乏了，万一此次不胜，伍参的肉足够大家食用吗？"伍参反驳道："如果作战胜了，孙叔敖还有什么谋略？如果作战失败了，我的肉将在晋军那里，您怎么能吃到呢？"孙叔敖下令大军掉头返回，准备退兵。

伍参对楚庄王说："晋国的执政荀林父新从政，政令不能行。他的副手先縠刚愎不仁，不肯听从命令，其他将佐也专断行事，不请示上级。众人即使想听从命令也没有统一的上级发号施令，不知如何是好。若开战，晋军必败。况且您作为大王却逃避晋国的臣子，这怎么可以呢？"楚

231

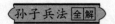

庄王无言以对，便下令调转车头北上，准备和晋军战斗。

对于这场战争，晋军将领之间分歧、争论更加激烈。中军佐先縠主战，说："打败楚国、威服郑国，就在此举，一定答应郑，同楚国开战！"大夫赵括、赵同支持先縠的意见，说："出军以来，只求与敌人战斗。战胜敌人又能获得利益，还等待什么？"而下军佐栾书则认为，楚君在国无日不教训国人，民生艰难，祸至无日，戒惧不可以懈怠；在军无日不告诫将士，胜利不可仗恃，纣王百战百胜终于灭亡。他们君臣不骄，军事有备。而郑国劝晋楚交战，晋国若胜，他们就会服从晋国；晋国若败，他们就会服从楚国。是不怀好意，不能听郑国的话。赵朔支持栾书的观点，认为听他的话，能使晋国长久。面对部下的纷争，中军元帅荀林父犹豫不能决断。

两军对峙之时，楚军派遣使者来试探晋军军情，说："我军的行动在于抚定郑国，岂敢得罪晋国，请贵军不必久留此地。"晋军上军佐士会应答道："昔日周平王命令我先君文侯说：'与郑国夹辅周室，不要废弃王命！'现在郑国失职，我们国君令群臣责备郑国，和贵国并无干系。"可以说士会回答得不卑不亢，但先縠却认为答词谄媚，有辱国体，派主战的赵括重新更改为："寡君派我们把楚军赶出郑国，说：无辟（躲避）敌！我们不敢违命。"这样，晋军内部的混乱分歧，便直接暴露出来，楚庄王从而掌握了晋军的意向和虚实，更坚定了开战的信心。

为了更加分化晋军，楚国一方面继续派遣使者向晋军求和，一方面又派勇士到晋军前面去挑战。就在晋军主帅荀林父同意议和，约定会盟日期的时候，楚军的许伯、摄叔等人驾车逼近晋军，杀死一人取其左耳，生俘一人而还。这让晋军的主战派大为光火，对议和更加不满。

荀林父答应楚使议和以后，便派人前去和楚军约定，但他派错了人。晋将魏锜、赵旃，一个求做公族大夫，一个求做卿，都没有如愿，所以心怀怨恨。他们请求向楚军挑战，未得到允许；听到找人去议和，便自告奋勇地前去。这两人走以后，士会、郤克指出：魏锜、赵旃去了一定坏事，可能会激怒楚人，大军要提前做好迎战准备。但这时一直主战的先縠却满腹怒气，拒绝做战斗准备。

魏锜、赵旃两人到了楚营以后，违背命令，擅自挑战。这恰恰被楚人所利用，给了他们开战的口实。楚令尹孙叔敖命令全军倾巢而出，说："进之！宁我薄人，无人薄我！"也就是，宁可我先下手打击敌人，也不要让敌人先下手打击我。

晋中军帅荀林父还在大营中等待着议和的消息，忽然看到楚军如潮而至，手足无措，计无所出，竟然在惊恐中发出全军渡河北撤的命令，并大呼"先渡河者有赏"。结果，晋军大乱，士兵溃逃，拥挤在黄河岸边，争相渡河逃命，被楚军杀死、溺水而死者不可胜数。

邲之战是春秋之时的一件大事，它标志着楚国重新在争霸之中占据了主动，使楚庄王得以饮马黄河，成为一代霸主。晋军在这次战争之中犯了很多错误，如主帅威信不足且遇事犹豫不决，轻信敌人求和的建议，防备不足；面对突然袭击，惊慌失措，轻易选择逃走……但最重要的一点，还是他们内部意见不统一，将帅之间分歧严重，以至于将领们各自行事，不听指挥，导致军事、政令一片混乱。反观楚军，则计高一筹，虽然开始也有分歧，但能够及时调节，楚庄王又在战争中亲自统帅集中指挥，不像晋军那样各自为政。

只有搞好内部团结，才能追求胜利。其实，这个道理在各个方面都是一样的，不仅仅适用于战场上。体育比赛中，划船队中的运动员们只有协调合作，整齐统一，才能做到最快、最省力；拔河队伍中的每个成员必须节奏一致使劲，才能创造出最大的力量；几匹马同时拉车，只有方向相同，才能快速地前进……任何团队要想提高效率，必须实现人人一心、协同互助，心往一处想，劲往一处使。

作为一个领导者，接手一个团队的时候，首先想的不是怎样去和对手竞争，而是将自己的队伍紧密地团结在一起，消除内部的纷争；作为一个普通成员，最先考虑的不是如何展现自己的价值，而是怎样在团队中履行自己的职责，将团队成功的喜悦当成自己的喜悦。战争中，内部团结一致才可克敌制胜；生活中学会融入团队，才能成就自己，这也是孙子在本章中给我们的一个重要启示。

原　文

夫地形者，兵之助也①。料敌制胜，计险厄远近，上将之道也。知此而用战者必胜，不知此而用战者必败。故战道必胜②，主曰无战，必战可也；战道不胜，主曰必战，无战可也。故进不求名，退不避罪，唯人是保③，而利合于主，国之宝也。

视卒如婴儿，故可与之赴深溪；视卒如爱子，故可与之俱死。厚而不能使，爱而不能令，乱而不能治，譬若骄子，不可用也。知吾卒之可以击，而不知敌之不可击，胜之半也；知敌之可击，而不知吾卒之不可击，胜之半也；知敌之可击，知吾卒之可以击，而不知地形之不可以战，胜之半也。故知兵者，动而不迷，举而不穷④。

故曰：知彼知己，胜乃不殆；知天知地，胜乃不穷。

注　释

①兵之助也：用兵作战的辅助条件。

②战道必胜：依据战争规律，就必然能取得胜利。

③唯人是保：只求能够保全百姓。

④举而不穷：指善于用兵，应变无穷。

译　文

地形是用兵打仗的辅助条件。正确判断敌情，考察地形险易、远近，这是优秀将领必须掌握的方法，懂得这些道理去指挥作战的，必定能够胜利；不了解这些道理去指挥作战的，必定失败。所以，依据战争规律，有把握必胜的战争，即使国君主张不打，坚持打也是可以的；根据战争规律，没有必胜把握的战争，即使国君主张打，不打也是可以的。所以，战不谋求胜利的名声，退不回避失利的罪责，只求保全百姓，符合君主的利益，这样的将帅，才是国家的宝贵财富。

对待士卒如同对待婴儿，就可以同他们共患难；对待士卒如同对待爱子，就可以跟他们同生共死。但如果对士卒厚待却不能使用，溺爱却不能指挥，混乱而不能惩治，那他们就如同娇惯了的子女，是不能用于作战的。了解自己的士卒可以用，而不了解敌人不可打，否则取胜的可能只有一半；了解敌人可以打，而不了解自己的士卒不可以用，否则取胜的可能也只有一半。知道敌人可以打，也知道自己的士卒能用，但是不了解地形不利于作战，否则取胜的可能性仍然只有一半。所以，懂得用兵的人，行动起来不会迷惑，战术计谋变化无穷。

所以说：了解对方又知道自己，胜利就会不断；通晓天时地利，胜利就会无穷无尽。

经典解读

这几段中孙子主要强调了以下几点：

1. "天时不如地利，地利不如人和"，行军作战的根本在于"道德仁义"，而地形也是取得胜利的重要辅助之一，将领不能忽视。

2. "将在外，君命有所不受"，只要通过战争规律分析战争必胜，即使国君不主张打也可以开战；若是通过战争规律分析战争不可胜，即使国君催促战争也不可以开战。战争的目的不是为了博取名声，而是保全百姓，保护国家。能有这样思想的将领，才是国家之宝。

3. 对待士卒应该爱如赤子，如此才能与他们共患难；爱护之后，还要教之以礼，规之以法，这样才能在战争中使用。

4. 开战之前要知己知彼，考虑周全。

做到了以上这四点，才能在战争之中"百战不殆"。

<u>哲理引申</u>

将在外，君命有所不受

孙子说："战道必胜，主曰无战，必战可也；战道不胜，主曰必战，无战可也。"战争形势瞬息万变，远离战场的君主很可能因为不了解军情而下达不合理的命令，对于这种命令不能盲目服从。优秀的将领不能因为害怕君主责罚，承担责任就贻误战机、滥用士卒，而要一切以国家利益作为考量的出发点，随机应变、临时变通，这才是真正的忠君、爱国。

如果作为统治者，对战场形势没有完全了解，就随意下达命令，这就如瞎子指挥别人穿越险阻一样，听从他一定跌破头、摔断腿。若是将领没有魄力、胆识反对这种错误指挥，严格按照他的命令行事，结果往往是十分惨痛的。战国之时，廉颇、李牧没有盲目听从君主开战的命令，所以能够保全士兵，减少国家的损失，而他们的继任者，听从君主的指示，都给国家造成了严重的灾祸。

唐玄宗天宝十四年（755），安禄山叛军大举进攻潼关，哥舒翰奉命统帅 20 万军队在潼关抗击。这个时候，李光弼与郭子仪已经率军切断了叛军前线与范阳老巢之间的交通线，叛军没有退路，只能疯狂地进攻潼关，妄图冲入关中。哥舒翰对形势看得很仔细，他知道自己虽然有 20 万军队，但成分复杂，战斗力低下，而叛军却是置于死地，做着垂死挣扎，不能与之正面交战。他只需固守潼关，叛军久攻不下，一定会军心涣散，众叛亲离，到时趁势出击，大局可定，况且潼关是长安的最后一道防线，如果贸然出战，一旦不利，后果不堪设想。

但屡屡得到捷报的唐玄宗却对潼关形势一无所知，他觉得别的地方唐军都开始取胜了，而哥舒翰拥兵 20 万却固守不战，一定是胆怯畏敌，心中很不满。这时，杨国忠也不断煽风点火，要求唐兵出潼关与叛军决战，唐玄宗听信谗言，不断派遣使者催促哥舒翰出战。哥舒翰再三表奏，"安禄山久在军中，精通兵法，如今有备而来，利在速战。叛军暗藏精锐，以老弱病残引诱我军，肯定有诡计，如果我军轻出，必然落入叛军的圈套，到时悔之不及。"但唐玄宗对这些金玉良言不屑一顾，反而严词苛责哥舒翰。

唐天宝十五年（756）六月，哥舒翰不得已"恸哭出关"，在灵宝与叛军展开决战。叛军早已占据有利地形，设下了埋伏圈，并派老弱残军引诱唐军进入隘路。唐军于遇伏，惨遭失败，20万大军损失殆尽，常胜将军哥舒翰不久也做了叛军的俘虏。潼关失守，长安门户大开，唐玄宗这才明白过来，可惜已经晚了！

相比于哥舒翰，西汉赵充国的做法就可圈可点：

汉宣帝时，羌人屡屡作乱，朝廷启用年逾七十的老将赵充国督兵西陲。赵充国领兵到达湟水岸边以后，便坚壁不出，羌人多次挑战，他都视而不见，只是以威信招降，力图解散羌人各部落的联合。

这时，酒泉太守辛武贤上奏说："羌人以畜产为生命，现在都已离散，汉军分兵出击，虽不能全诛灭之，只要夺了他们的畜产，掠了他们的妻子，然后退兵，冬天再次出击，大军频繁打击，羌人必定丧胆。"汉宣帝觉得这个计谋很好，便调发大军，准备开战，并将辛武贤的奏书交给赵充国等人看。

赵充国认为辛武贤之谋不妥，建议对羌族各部，应当根据主谋与胁从的不同情况区别对待，严惩主谋者，宽恕胁从者，选择了解羌俗的良吏抚慰羌民，这才是万全之策。宣帝将其上书发给群臣议论，公卿议论者都以为辛武贤的计谋更合适，不以战立威，就不能使羌人臣服。宣帝于是任侍中乐成侯许延寿为强弩将军，酒泉太守辛武贤为破羌将军；同时发书给赵充国，指责他迟迟不肯用兵，告诉他按辛武贤之策行动，命令他引兵西进，并说天道顺当，出兵必胜。

赵充国虽然受到指责，但并没有放弃自己的意见，他认为将军带兵在外，应按便宜行事。于是，继续上书陈述用兵的利害，说：侵扰者只是先零羌，而不是所有的羌人部落，如果对他们不加分辨就进攻，羌人一定会更加团结起来反对汉朝，这样战争旷日持久，很难迅速取胜，即使派再多的军队也是徒劳。

还好，宣帝也是一个从谏如流的明君，他很快想清了时势，于是采纳了赵充国的计策。赵充国率军进攻先零羌，取得大胜。在其他的羌族部落区域，他下令不得烧毁住所损害农牧、不得掠夺无辜百姓。羌人知道这个消息，高兴地说："汉果不击我矣。"于是，派人来请和，汉宣帝同意了他们的请求，后来这些羌人果然再没有危害过西汉边境。

唐玄宗不察战场形势，盲目下达命令；哥舒翰未能坚持己见，出关作战，导致大军被歼，国都失守；汉宣帝则能够从谏如流听从良计，赵充国也能以国家利益为首"君命有所不受"，成功地安定了边境。孰优孰劣，一目了然。

在平时的训练、教育之中，人们常常被告知要服从命令，但我们首先需要知道，服从命令并非是盲目地顺从。在遵守命令的时候，一定要知道自己为何要遵守命令，是为了给集体谋利，是为了让团队胜利，当下达命令的人并不了解实情的时候，当你所接到的命令存在明显的失误的时候，为什么还要去执行这种错误的指挥呢？

人之所以不同于机器，就是因为他能够自己独立的思考，优秀的人才，绝对不会被一些违背常理的命令所束缚。

行事莫有争功夺利之心

孙子说："进不求名，退不避罪，唯人是保，而利合于主，国之宝也。"将领在指挥战争的时候一定要弄明白自己为何而战，为了保卫国家、保全白姓而战，这样的将领才是国家之宝，若是为了自己的欲望而战，为了获得功名利禄，这样的将领不是国家之福，而是天下的大祸害。

争名夺利、功利心太重是不会成为一个好的将领的。首先，一个人如果太在意名声，在战争的时候就会有很多顾忌，不能放平心态对敌，这就影响了他的指挥水平；其次，太重功名，就会常常和其他将领发生冲突，有违安身立命之道；再次，将领太重功名，就不会爱惜自己的下属，引起下属的不满；最后，争名夺利的将领在战场之上不能很好地协作，甚至会做出亲痛敌快之事，给国家带来危害。所以说，一个带兵打仗的人一定要树立正确的价值观，不应该为了名利而战，更不应该让功利之心影响到战争。

汉武帝的时候，朝鲜击杀了汉朝辽东都尉涉何，武帝大怒，下令招募士兵，远征朝鲜。汉军兵分两路，一路由左将军荀彘率领，出辽东，从陆路进攻；一路由楼船将军杨仆率领，从海路进攻。

荀彘击破朝鲜贝水上军，引军扎营于其都城之北。杨仆军首战不利，士兵溃散，逃入山中十余日才重新会聚，等到荀彘在城北扎营的时候，才引军扎营于城南。朝鲜坚守城市，两军围困数月不能攻下来。荀彘手下的士兵多来自燕、代地区，精悍强劲，而杨仆手下的士卒多来自于齐地，经过败亡的困辱，士卒恐惧，将领愧疚。于是，荀彘力主攻城，而杨仆则主张以议和的手段降伏朝鲜。两人都想争得降伏朝鲜的功劳，但主张不一，相互妒忌，所以城池久久不能拿下。

汉武帝看到二人围城这么久，却不能取胜，知道两人争功、不能协调，便派济南太守公孙遂前去调解。公孙遂到了荀彘军中，荀彘说："朝鲜早就该攻下了，之所以不能攻下，就是因为楼船将军屡次不配合。"又说："杨仆这样，恐怕心怀异志，若不早作打算，恐怕为害甚大。"公孙遂以为他说的有道理，便持节召杨仆到荀彘营中议事，趁机将杨仆抓捕，由荀彘并统其军。两军一起急攻，很快拿下了朝鲜。

但汉武帝并没有奖赏荀彘、公孙遂攻下朝鲜的功绩，他对荀彘、杨仆争功相忌，导致大军损兵折将、贻误战机十分痛恨，对偏听偏信，超越职权的公孙遂更是厌恶。于是，公孙遂被处死；荀彘回国以后，也被以争功而相互忌妒，违背作战计划的罪过，处死；杨仆被判为死刑，以钱赎罪，被贬为平民。

荀彘、杨仆两人同为大将，率军远征，不思报效国家、为君除忧，却相互忌妒、争功夺利，险些误了大事，所以遭到了汉武帝的严厉惩处，可以说完全是咎由自取。战场之上，作为友军犹如同舟共济，只有同心协力才能渡过难关，战胜敌人，若彼此之间纷争不休，敌人到了眼前还"窝里斗"，能够取得胜利的就很少了。这样心胸狭窄的将领，对于国家的危害比敌人要严重得多。

韩信平定燕赵以后，准备进攻齐国。这时，儒士郦食其接受刘邦的使命，前去说服齐国，已经取得了成功，齐王决定投降于汉。韩信准备停止进攻，辩士蒯彻问："将军为何要停军呢？"韩信说："齐国已经准备投降了。"蒯彻道："将军奉诏攻打齐国，而汉王又派遣使者说服齐国归顺，有诏令叫您停止进攻了吗？况且郦生不过是个说客，凭三寸之舌就降服齐国七十多个城邑，将军统帅几万人马，一年多时间才攻占赵五十多个城邑，一个将军反倒不如一个儒生的功劳吗？"韩信听后，觉得很有道理，于是趁着齐王对汉军放松警惕之时，率领大军南下攻齐。齐王大怒，认为遭到郦食其的欺骗，便将其烹死了。

后来，韩信虽然成功平定了齐国，刘邦也未对此事深加追究，但显然这让韩信在刘邦心中留下了一个很不好的印象——只顾自己争功夺利，而不是为汉家大局着想。这就注定了他永远不会得到刘邦的信任，甚至遭到杀害。

在现代的生活之中，我们也需要认识到这一点，没有领导喜欢一个总是争名夺利的下属，没有一个组织能够长期容忍一个喜欢和其他人争功夺利的成员。领导者需要的是能够从大局出发，追求整个组织利益最大的人。如果某个成员时时争功夺利，将团队闹得四分五裂，不能协调，这样的人即使再有才、再勤奋，对于整个团队来说也是有害无利的。

生物机体之中最具活力的是癌细胞，它们不断繁殖，不断从其他组织中汲取营养，但它们如此"勤奋"，如此具有活力，不会给机体带来任何益处，相反会导致生命的结束。那些喜欢争功夺利、排挤他人的人，就如这些癌细胞一样存在于组织当中，看似很出色，实则是最大的祸害。等待他们的不是更好的发展和机会，而是被切除、被抛弃，或是同团队一起败亡。

所以说，为了整个团队，也为了自己，无论从事什么职业，都不要抱着争名夺利之心，不要成为组织中的害群之马。

九地篇

原　文

　　孙子曰：用兵之法，有散地，有轻地，有争地，有交地，有衢地，有重地，有圮地，有围地，有死地。诸侯自战其地，为散地①。入人之地不深者，为轻地②。我得则利，彼得亦利者，为争地③。我可以往，彼可以来者，为交地。诸侯之地三属④，先至而得天下之众者，为衢地。入人之地深，背城邑多者，为重地④。行山林、险阻、沮泽，凡难行之道者，为圮地。所由入者隘，所从归者迂，彼寡可以击吾之众者，为围地。疾战则存，不疾战则亡者，为死地。是故散地则无战，轻地则无止，争地则无攻，交地则无绝，衢地则合交⑥，重地则掠，圮地则行，围地则谋，死地则战。

　　所谓古之善用兵者，能使敌人前后不相及，众寡不相恃，贵贱不相救，上下不相收⑦，卒离而不集，兵合而不齐。合于利而动，不合于利而止。敢问："敌众整而将来，待之若何？"曰："先夺其所爱⑧，则听⑨矣。"

　　兵之情主速，乘人之不及，由不虞⑩之道，攻其所不戒也。

注 释

①散地：诸侯在自己的土地上作战，士卒离家近，无死战之心，容易逃散，所以称之为散地。

②轻地：军队进入敌境未深，可以轻易撤回。

③争地：谁先占领谁就有利的地势。

④诸侯之地三属：指多国相交之处。

⑤重地：深入敌国，所过城邑众多的地方。

⑥交合：结交其他诸侯。

⑦收：统属。

⑧夺其所爱：去除敌人最有利的条件。

⑨听：听我，由我摆布。

⑩虞：预料。

译 文

孙子说：按照用兵的原则，战地可分为散地、轻地、争地、交地、衢地、重地、圮地、围地、死地九种。诸侯在自己领土上作战的，叫作散地。进入敌境不深的，叫作轻地。我方得到有利，敌人得到也有利的地区，叫作争地。我军可以前往，敌军也可以前来的地区，叫作交地。多国相毗邻，先到就可以获得援助的地区，叫作衢地。深入敌国腹地，越过许多敌人城邑的地区，叫作重地。山林、险阻、沼泽等难于通行的地区，叫作圮地。行军道路狭窄，退兵的道路迂远，敌人可以用少量兵力击败我方众多兵力的地区，叫作围地。迅速奋战就能生存，不迅速奋战就会全军覆灭的地区，叫作死地。因此，处于散地就不宜作战，处于轻地就不宜停留，遇上争地就不要勉强强攻，遇上交地就不要断绝联络，进入衢地就应该结交诸侯，深入重地就要掠取粮草，碰到圮地就必须迅速通过，遇到围地就要巧设奇谋，处于死地就要迅猛作战。

古时善于指挥打仗的人，能使敌人前后部队不能相互策应，主力和小部

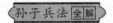

队无法相互依靠，将领士卒之间不能相互救援，上下级之间不能互相联络，士兵分散不能集中，合兵布阵也不整齐。对我有利就打，对我无利就停止行动。试问：敌人兵员众多且又阵势严整地向我发起进攻，那该用什么办法对付呢？答：先打掉敌人最有利的条件，这样他们就只能听从我们的摆布了。

用兵之理贵在神速，要乘敌人措手不及的时机，走敌人意想不到的道路，攻击敌人没有戒备的地方。

经典解读

孙子在此指出了依"主客"形势和深入敌方的程度等划分的九种不同作战地形：散地、轻地、争地、交地、衢地、重地、圮地、围地、死地，然后指出每种地形最应该注意的事项。其核心思想还是要充分、灵活地利用主客观因素，来最大限度地保护自己，同时寻求机会消灭敌人。

这几种典型的地形情势，在生活之中都是很常见的，孙子的治军之法也给人们很大启示：比如散地，对应着退路很多的境况，这种情况下想要成功最重要的就是坚定意志，不要遇挫即退、轻易放弃；重地，对应着投入很大，难以轻易撤回之境况，这种情况下应多"取用于国，因粮于敌"，避免因资源不足而失败；衢地，对应做事牵涉方很多的情况，此时不要傲慢自大，应多结交外援；围地，对应可利用的外界决胜因素丰富，要充分利用它们，以谋略取胜。

"合于利而动，不合于利而止"，告诉人们要衡量利弊，当断则断；"先夺其所爱，则听矣"，告诉人们要熟悉对手，去其爪牙；"兵之情主速"，告诉人们要掌握先机，攻敌不备。这些都是饱含智慧、十分有价值的观点，值得读者深思。

哲理引申

意志松散者难以成功

孙子在"九地"之中第一个提出的就是散地，散地即士卒在自己的土地上作战，杜牧注解道："上卒近家，进无必死之心，退有归投之所。"散地的条件和死地恰恰相反。死地是士卒进无可进，退无可退，只能奋力死战，所以往往能够置之死地而后生；而散地接近士兵的老家，打不过就可以逃跑，士卒没有必死之势，也就没有了死战之心，所以部队很容易溃散。这不由得不让人感慨，死地地势恶劣至极，却容易胜利；而散地地势似乎十分有利，主场作战却极易失败。

其实，散地最大的缺点正在于它的条件"太好了"，即使打不过对方也可以逃走，他们有很多退路、很多选择，这种过多的选择让他们失去了坚定的意志，所以不可能在战争中取得胜利。

韩信伐齐的时候，齐国连忙向楚国求援，项羽派遣大将龙且率军救援齐国。齐相田横曾劝说龙且不要和韩信作战，认为韩信的士兵千里远征，等于置于死地，必然奋力作战，而自己的士兵都是齐国本地人，一旦作战不利，他们就会溃逃回家，局势就不可收拾了。不如坚壁固守，那些降服于汉军的齐国城市都是权宜行事，一旦看到韩信受困，就会再次归降齐国，那时韩信后路被阻隔，辎重粮草无处补充，局势就不战而定了。但龙且不听，执意要战，结果被韩信用计水淹而击败。田横等人手下的齐卒，看到救援的楚军被击败，果然毫无斗志，纷纷溃散，很快就被汉军各个击破了。

胜利是需要用勇气和决心去争取的，如果一个人所处的环境太好、他能够做出的选择很多，就很难将全部精力放在一个目标之上，所以他距离成功其实比那些只有一个选择的人要远得多。

人生中的很多事，都是如此，如果你认为做成也好、做不成也好，那你能做成的几率就很小了；相反，如果你告诉自己，我一定要完成他，我没有别的选择，那很多时候，你会达成自己的目标。

成功者和普通人最大的区别往往不在天资、才能之上，而在于他们的意志，在于他们对待事情的态度。普通人太容易被外界各种诱惑所吸引，太容易被各种闲言碎语所动摇，太容易因他人的"劝说"而改变自己的初衷。于是，他们的梦想总是变了又变，他们总是为自己设定一个伟大的目标，却又轻易地放弃，每到这个时候，他们就会想：反正生命还长得很，自己的选择机会还有的是。等到最后那一刻，他们才忽然悔悟，自己的一生就是毁在了意志不坚、半途而废之上。而那些成功者的世界中没有那么多选择，也没有那么多机会，他们知道自己该做什么，就朝着目标前进，不会被任何外力所改变，他们永远不会告诉自己"人生怎么选择都可以"。

很多学生在大三的时候都准备考研，但他们的想法却不相同，有的人下定决心一定要考上自己理想的大学；而另外一些人则会做多手准备，一方面复习考研，一方面找工作、考公务员；还有的人因为家庭条件好，根本不用担心自己的出路，他们可以出国、可以直接接受家里安排的工作。这些学生的基础、智力都差不多，但相关的考研机构在进行统计的时候却发现他们考研的结果差异巨大。一心考研的人，差不多都能实现自己的愿望；而另外两类学生则往往选择了其他的道路，因为他们每当在复习中感到枯燥、劳累时，就告诉自己"不考了，做其他的选择吧！"就是这种更多的选择，让他们放弃了曾经的追求。

威廉·沃特说："如果一个人经常徘徊于两件事之间，对于自己应该先做什么犹豫不决，他将会一件事都做不成。"如果一个人原本做了决定，但听到自己朋友的反对意见时犹豫动摇、举棋不定，那么，这样的人肯定是个软弱、没有主见的人，他在任何事情上都只能是一无所成。一个没有坚强意志的人，遇到困难就会退缩，做事必然三心二意，他生活在世间就如寓言故事中掰棒子的熊瞎子一样，什么都要想，什么都想做，到头来却什么也没有做好，什么也没有得到。

所以说，有太多的选择并非是好事，它往往让人陷入"散地"之中，因不能下定决心而遭遇失败。一个人要想成功，必须有将自己"置之死地而后生"的意志，看准了一件事，就立志将其做好，总是三心二意是永远不会有大的成就的。

兵贵神速：做事不可优柔寡断

孙子说："兵之情主速，乘人之不及，由不虞之道，攻其所不戒也。"战场之上，战机转瞬即逝，作为一个出色的将领，要善于捕捉并把握住那些机会：遇到机会时要当机立断，迅速地克敌制胜；看到坏的苗头时，同样要毫不犹豫地采取手段，不给敌人可乘之机。

三国时，关羽北伐失利，向驻守在上庸的孟达求救，孟达坐视不理，结果关羽被东吴擒杀。孟达害怕受到惩处，便投降了魏国，被封为新城太守。孟达本身是个见利忘义的投机小人，投降魏国并非诚心，只是想逃避蜀国的惩处罢了，很快他就开始背着魏国和吴、蜀暗中勾结。

孟达通敌的消息被魏兴太守申仪知道，申仪立刻报告给了驻扎在宛城的司马懿。司马懿素来知道孟达反复无常，立刻决定用武力征讨他。为了安抚孟达，他写了一封信，派使者连夜送给孟达。信上说魏明帝知道孟达忠心耿耿，他与蜀国有仇，不可能心怀二意，申仪因为素来和孟达不和，一定是无中生有，故意诬告，让孟达不要心生顾忌。

孟达也得到了申仪告发他的消息，心中很恐惧，本来想一不做、二不休，立刻举旗造反。可接到司马懿的信，又让他产生了犹豫，自己的确曾经背叛过蜀国，是关羽被杀、蜀国失去荆州的罪人，诸葛亮能否容得下自己呢？即使投降了，蜀国能否给自己比现在更好的官位呢？

孟达犹豫摇摆的时候，司马懿正在急行军向新城进发，他的部属曾劝他："这样的大事，是否应该先报告给魏帝呢？"司马懿回答："宛城到洛阳800里，到新城1200里，信史往来最少要一个月，兵贵神速，如果等得到朝廷的命令再起程，战机早就错过了！"他下令丢掉多余的辎重，轻装疾进，日夜兼程。

1200里的路程，司马懿仅仅用了8天就走完了。当大军出现在新城之外的时候，孟达彻底惊呆了。他还在为是否举旗造反而犹豫不决。他以为，司马懿即使想要征讨他，也要先请示朝廷再出军，那样到达新城至少需要一个月的时间，没想到司马懿竟来得这么快。

孟达慌忙率军抵抗，可敌人迅速到来完全打乱了他的计划，其他部将也被司马懿的神速进军而镇住了。抵抗了十几天以后，孟达外甥邓贤、部将李辅开城投降，司马懿因而破城斩杀孟达，传首京师。

司马懿得到孟达通敌的消息以后能够当机立断，迅速出兵，在叛军没有做好准备的时候忽然出现在他们面前，从而轻易地平息了叛乱；而孟达却优柔寡断，想要背叛却下定不了决心，准备防御却不能立刻采取行动，结果面对"从天而降"的司马懿大军时，准备不足，迅速败亡。

印度作家普列姆昌德说过："世界上是一片战场，在这战场上，只有当机立断的统帅才能取得胜利。"无论你面对的是战争还是其他事，都应该当机立断，果断行事。犹豫不决、摇摆不定的人，无论他有多么好的优势，在生活的竞赛中都很难成为一个胜利者，他会轻易地被那些意志坚定、决断迅速的人抢到先机，挤到一边。智者说过："拥有任何资源，包括丰盛的财宝、睿智的头脑，都不如拥有果敢的决断力。"发现机会很重要，但不一定成功，只有在发现机会以后能够立刻去做、去追求才能取得成就。

李嘉诚之所以能够成为华人首富，就在于他善于把握机会。能够看到商机的人很多，但真正能够立刻去做，放手一搏的人却很少。李嘉诚起步是通过生产塑料、橡胶产品等，当他看到社会发展，土地之中蕴含着巨大商机的时候，立刻决定兴建大厦，介入地产行业，为此他不惜压上自己所有的一切，甚至借巨款。这种决心需要多大的魄力啊，但正是这样的决断、冒险，让他成为一个成功者、一个拥有最多财富的人。

有两个运气不好的淘金者，从来就没有淘到过金子，以至于贫困潦倒，失去了住所。当他们露宿在大街上时，互相感慨道："要是这里有一个廉价的旅馆，生意一定不错?"是啊，开旅馆就是个不错的商机，两人很快都意识到了这一点。于是，其中一个人决定放弃淘金的生涯，向人借一笔钱，开始做旅馆生意，并劝同伴和他一起做;另外一个人虽然觉得开旅馆的确不错，但心中总想着继续淘金，说不定什么时候就淘到了金子，成为暴发户，所以犹豫不决，拒绝了朋友的邀请。

十几年以后，当两个人再次相遇的时候，一个人成为当地连锁酒店最大的老板，而另外一个人依旧贫困潦倒。他看着成功的朋友，感慨良多地说："要是我当初能够像你一样，能够把握住机会就好了!"可是机会永远错过了。

罗曼·罗兰说："生命很快就过去了，一个时机从不会出现两次。必须当机立断，不然就永远别要。"每个人生命之中机会并不会永远存在，当它出现的时候，紧紧地抓住它就是成功;当机会到来的时候，左右摇摆，犹豫不决，机会离开了才感慨错过了它，这就是失败。每个人都应该珍惜自己的机会，学会当机立断地处事，关键时刻的优柔寡断只能带来失败和后悔。

原　文

　　凡为客①之道:深入则专，主人不克②;掠于饶野，三军足食;谨养而勿劳③，并气积力，运兵计谋，为不可测④。投之无所往，死且不北⑤，死焉不得⑥，士人尽力。兵士甚陷则不惧，无所往则固。深入则拘⑦，不得已则斗。是故其兵不修而戒，不求而得，不约而亲，不令而信，禁祥去疑⑧，至死无所之。吾士无余财，非恶货也;无余命，非恶寿也。令发之日，士卒坐者涕沾襟，偃卧者涕交颐。投之无所往者，诸、刿⑨之勇也。

故善用兵者，譬如率然；率然者，常山之蛇也。击其首则尾至，击其尾则首至，击其中则首尾俱至。敢问："兵可使如率然乎？"曰："可。"夫吴人与越人相恶也，当其同舟而济，遇风，其相救也如左右手。是故方马埋轮⑩，未足恃也；齐勇若一，政之道也；刚柔皆得，地之理也。故善用兵者，携手若使一人，不得已也。

将军之事：静以幽，正以治⑪。能愚士卒之耳目，使之无知。易其事，革其谋⑫，使人无识；易其居，迂其途⑬，使人不得虑。帅与之期⑭，如登高而去其梯；帅与之深入诸侯之地，而发其机，焚舟破釜，若驱群羊，驱而往，驱而来，莫知所之。聚三军之众，投之于险，此谓将军之事也。九地之变，屈伸之利，人情之理，不可不察。

注　释

①为客：作为客军进入敌国境内作战。

②主人不克：主人，本土作战的军队。指本土作战的军队无法战胜客军。

③谨养而勿劳：认真养练休整，不要使他们过于劳累。

④为不可测：使敌人无法做出正确的判断。

⑤投之无所往，死且不北：将士卒置于无路可走的死地，他们战死也不会败退。

⑥死焉不得：士卒效死，还有什么做不到的呢？

⑦深入则拘：深入敌境，士卒没有逃走的地方，就像将其拘缚在军队里一样。

⑧禁祥去疑：禁止妖祥之言，去除疑惑之计。

⑨诸、刿：专诸、曹刿，都是古代著名的勇士。

⑩方马埋轮：方，缚马；埋轮，将车轮埋起来，表示不走。形容军队准备固战，坚守。

⑪静以幽，正以治：全军沉静而深邃，公正而有条理。

⑫易其事，革其谋：易，变更；革，改变。指变更部署，改变计谋。

⑬易其居，迂其途：变更驻地，故意选择绕远的路途。

⑭期：约定。

译　文

　　进入敌境作战的一般规律是：越深入敌国腹地，我军军心就越坚固，敌人就不易战胜我们。在敌国丰饶地区掠取粮秣，使全军给养充足。要注意休整部队，不要使其过于疲劳，保持士气，养精蓄锐。部署兵力，巧设计谋，使敌人无法揣测我军意图。将部队置于无路可走的绝境，士卒就会宁死不退。士卒既能宁死不退，那么他们就会尽力作战了。士卒深陷危险的境地，就不再恐惧，一旦无路可走，军心就会牢固。深入敌境军队就不会离散。遇到迫不得已的情况，军队就会殊死奋战。因此，这样的军队不待修整就懂得戒备，不用强求就能完成任务，无须约束就能亲密团结，不待申令就会遵守纪律。禁止迷信，消除士卒的疑虑，他们至死也不会逃避。我军士卒没有多余的钱财，并不是不爱钱财；士卒置生死于度外，也不是不想多活。当作战命令颁布之时，士卒们坐着的泪水沾湿了衣襟，躺着的则泪流面颊。但把士卒置于无路可走的绝境，他们就都会像专诸、曹刿一样的勇敢。

　　善于用兵打仗的人，能使部队如同率然蛇一样自我策应。率然蛇是常山地方一种蛇，打它的头部，尾巴就来救应；打它的尾，头就来救应；打它的中间，头尾都来救应。试问：可以使军队像"率然蛇"一样吧？回答是：可以。吴国人和越国人互相仇视，但当他们同船渡河而遇上大风时，就会相互救援，如同人的左右手一样。所以，想用缚住马缰、深埋车轮这种显示死战决心的办法来稳定部队，是靠不住的。要使部队能够齐心协力奋勇作战如同一人，关键在于组织指挥得法。要使强弱不同的士卒都能发挥作用，在于恰当地利用地形。所以善于用兵的人，提挈三军就像使用一人那样容易，这是由于把士卒置于不得已的境地而造成的。

统率军队这种事情，要镇静以求深思，严正而有条理。闭塞士卒的耳目，使他们对军事计划毫无所知；战法经常变化，计谋不断更新，使人们不能识破；驻军常改变驻地，进军迂回绕道，使人们无法推断行动意图。将帅赋予军队任务，要像登高而抽去梯子一样，使他们有进无退。率领军队深入诸侯国土，要像发弓射箭一样，使其勇往直前。烧掉船只，砸烂军锅，表示必死的决心；像驱赶羊群一样，赶过去，赶过来，使他们不知道到底要到哪里去。聚集全军士卒，投置于危险的境地，使他们拼死奋战，这便是将军的责任。根据不同地区采取不同的行动方针，适应情况，伸缩进返，掌握士卒在不同情况下的心理状态。这些，都是将帅不能不认真考察和仔细研究的。

经典解读

在这几段中，孙子主要讲了三个问题：一，将士卒置于必死之绝地，从而消除他们的疑惑，激发他们的勇气；二，把部队团结起来，使之成为一个能协调互助的整体；三，"愚士卒之耳目，使之无知"，即告诉士卒如何做，却不要告诉他们为什么这样做，这是一种统御下属的方法。

军队在散地上作战，面对强大的敌人时，士卒就会恐惧、疑惑，但到了死地之中，无路可走，他们就会团结一致，殊死奋战。普通人也是一样，在宽松的环境中，很难发挥自己的潜力，可一旦陷入无路可走的绝境，他内在的潜力就会迸发出来，做出让自己都惊讶的事情。所以，当我们想要完成一件事的时候，不要给自己留太多的退路，要有破釜沉舟、绝不回头的气概。

军队作战不是个体的斗勇角力，而是两军集体之间的相互较量，只有各部分协调一致，形成一个整体，才能在战争中取得胜利。所以孙子说，将帅应让自己的军队像"率然蛇"一样，首尾相应，互相救援。作为一个出色的领导者，最重要的事情就是消除团队中的分歧，将每个人紧紧地团结在一起。作为普通成员，同样也要为团队大局着想，一个团队中的不同成员，就像在风雨中乘舟渡江一样，不计前嫌，同舟共济，才能渡过大江，心怀私怨，以私害公，对谁都没有好处。

"将军之事：静以幽，正以治。能愚士卒之耳目，使之无知。"也就是说将领统帅军队的时候要清净、幽深、平正，既公正地对待士卒，又要让他们不能揣测自己的心意。普通人思想、见识都有限，很难理解智者所做出的决策，他们在意志、信念之上也都不如领导者，不理解的他们就会疑惑，太难的他们就会畏惧，既疑惑又畏惧就难以尽力。所以，对于平庸之人，告诉他们怎么做就可以了，无须告诉他们为什么这样做。

哲理引申

领导者要善于激励士卒

孙子说："将军之事：静以幽，正以治。能愚士卒之耳目，使之无知。"作为统帅应该懂得爱护士卒、尊重下属，但不能将什么全都告诉他们。站在不同的高度之上，能够看到不同的景色，所处的身份、地位不同，眼界见识也自然不一样，所以很多时候，领导者制定的策略下属并不能完全明白，将所有事情都告诉他们，没有什么益处，反而会让其心中迷惑，产生错误的想法。再者，能够成为一军之统帅、一个集体领导的人，必然有着超出常人的毅力和勇气，他们做的事情在常人看来很可能根本无法实现，比如邓艾穿越巴蜀山地、汉尼拔翻越阿尔卑斯山，如果在制定策略的时候，就将这些事透露给士兵，他们一定会被将要迎接的巨大困难给吓到，若士兵不是在出发前极力反对，就是在半途中开小差逃掉，领导者也就无法带领他们取得成功了。

所以说，一个领导者要实现自己的目的，不仅要爱护士卒、倚仗士卒，还要能够激发起他们的潜力，消除他们对困难的畏惧和疑虑。三国之时，曹操就是善于激励士卒的人。

曹操带兵攻打宛城张绣时，经过一个叫梅林铺的地方。天气十分炎热，时值中午，烈日如火，军中储水已经消耗完了，可还是没有看到任何水源。军士就地挖井，始终见不到一滴水。士气十分低沉，行军速度越来越慢，曹操看到此景，知道如果这样下去一定会耽误行军，错过战机的。于是他灵机一动，站在高处，指着前面的一个小山包说："前面有一大片梅林，结了许多梅子，又甜又酸，可以用来解渴。"士兵们听后，嘴里都流出口水，一时也就不渴了，想到前面的梅林，个个来了精神，加快行进速度，很快到达前方有水源的地方。

曹操的话恰到好处地燃起了士卒前进的激情。假如他将没水的事实告诉给士兵们，一定会引起慌乱，导致士气低落不可收拾。

商鞅就曾说过："民不可与虑始，而可与乐成。"孔子也说："民可使由之，不可使知之。"如果事事都和下属商量、事事都给他们讲明白了才去做，那什么机会都错过了，什么事也不会做成了。

原　文

凡为客之道：深则专，浅则散。去国越境而师者，绝地也；四达者，衢地也；入深者，重地也；入浅者，轻地也；背固前隘者，围地也；无所往者，死地也。

是故散地，吾将一其志；轻地，吾将使之属①；争地，吾将趋其后②；交地，吾将谨其守；衢地，吾将固其结；重地，吾将继其食；圮地，吾将进其涂；围地，吾将塞其阙；死地，吾将示之以不活。

故兵之情，围则御，不得已则斗，过则从③。是故不知诸侯之谋者，不能预交；不知山林、险阻、沮泽之形者，不能行军；不用乡导者，不能得地利。四五者④，不知一，非霸王之兵也。夫霸王之兵，伐大国，则其众不得聚；威加于敌，则其交不得合。是故不争天下之交，不养天下之权，信己之私，威加于敌，故其城可拔，其国可隳⑤。施无法之赏，悬无政之令⑥，犯⑦三军之众，若使一人。犯之以事，勿告以言；犯之以利，勿告以害。投之亡地然后存，陷之死地然后生。夫众陷于害，然后能为胜败。

故为兵之事，在于顺详⑨敌之意，并敌一向⑩，千里杀将，此谓巧能成事者也。

是故政举之日，夷关折符⑪，无通其使；厉⑫于廊庙之上，以诛⑬其事。敌人开阖⑭，必亟入之。先其所爱，微与之期。践墨随敌⑮，以决战事。是故始如处女，敌人开户，后如脱兔，敌不及拒。

注　释

①使之属：使军队部署相连接。

②趋其后：争夺有利地势，应先派精锐抢占，然后大部队迅速跟进。

③过则从：军队深陷战地，则顺从将领，无计不从。

④四五者：指九地。

⑤隳：毁坏。

⑥悬无政之令：颁布不符合常规的政令。

⑦犯：使用，统帅。

⑧犯之以事，勿告以言：使用士兵作战，不告诉他们预谋。

⑨顺详：顺详，假装顺从。

⑩并敌一向：集中优势兵力，选择恰当的进攻方向。

⑪夷关折符：夷，封锁；符，通行证。指封锁关口，废除通行凭证，

使国人不得随意出入，敌军间谍不能轻易往来。

⑫厉：揣度，反复推敲。

⑬诛：治。

⑭开阖：存在间隙，有机可乘。

⑮践墨随敌："践"通"划"，废除、灭除；墨，墨守成规。指避免墨守成规，随敌情变化来制定作战方案。

译　文

进入敌国境内作战的规律是：深入敌境则军心稳固，浅入敌境则军心易散。离开本国越境作战的地区称为绝地；四通八达的地区叫作衢地；深入敌境作战的地区叫重地；进入敌境浅的作战地区叫作轻地；背有险阻前有隘路的地区叫围地；无路可走的地区就是死地。

因此，在散地，要统一将士意志；在轻地，要使营阵紧密相连；在争地，就要先出锐卒抢占地利，大部队紧趋其后；在交地，就要谨慎防守；在衢地，就要巩固与诸侯的结盟；入重地，就要保障军粮供应；在圮地，就必须迅速通过，不可停留；陷入围地，就要堵塞缺口（将自己置之死地）；到了死地，就要显示死战的决心。

所以，士卒的心理状态是：陷入包围就会竭力抵抗，形势不得已就会拼死战斗，身处绝境就会听从指挥。故，不了解诸侯的意图，就不要与之结交；不熟悉山林、险阻、沼泽等地形情况，就不能行军；不使用向导，就无法得到地利。这些情况，如有一样不了解，都不能成为强大的军队。凡是强大的军队，进攻大国，能使敌国的军民来不及动员集中；兵威加在敌人头上，使诸侯畏惧不敢与其交合。因此，没有必要去争着同天下诸侯结交，也用不着在各诸侯国里培植自己的势力，只要施展自己的战略意图，把兵威施加在敌人头上，就可以拔取敌人的城邑，摧毁敌人的国都。施行超越惯例的奖赏，颁布不拘常规的号令，指挥全军就如同使用一个人一样。向部下布置作战任务，但不说明其中意图；只告知利益而不指出危害。将士卒置于危地，才能转危为安；使士卒陷于死地，才能起死回生。军队深陷绝境，然后才能赢得胜利。

所以，指导战争的关键，在于谨慎地观察敌人的战略意图，集中兵力攻击敌人一部，千里奔袭，斩杀敌将，这就是所谓巧妙用兵，实现克敌制胜的目的。

因此，在决定战争行动的时候，就要封锁关口，废除通行符证，停止与敌国使节的交往；要在庙堂里反复谋划，做出战略决策。一旦有机可乘，就要迅速乘机而入。首先夺取敌人最重要的地方，而不要轻易与敌约期决战。实施计划要随着敌情的变化而不断加以改变，以求战争的胜利。因此，战争开始之前要像处女那样沉静柔弱，诱使敌人放松戒备；战斗展开之后，则要像脱逃的野兔一样行动迅速，使敌人无从抵抗。

经典解读

孙子在这里主要讲了如何通过观察敌人战争意图，巧妙利用地形因素而取得战争的胜利。利用地形因素，前面已经讲得很多了，此处不再赘述。

观察敌人战争意图，可分为大、小两个方面，小的反面就是具体的军事行动意图：敌人是想进攻哪个要塞，是想夺取粮草，是想迷惑我军进行偷袭，等等。这就需要对敌人具体行动具体分析，敏锐地察觉敌人真实意图，不要被敌人制造的虚象所迷惑。大的方面则上升到战略层面之上，如：敌人发动这场战争是什么目的？是想夺取一个城市，还是想消灭我军的部队，或是灭亡我的国家？敌人是否能够接受我军的求和？只有弄清了大的战略意图，才能具体制定如何作战，战略层面上的失误所造成的损失要远远比具体战争中的事物大得多。这也是孙子反复强调要在庙堂之中做好战略谋划的原因。

哲理引申

了解对手的真实意图

孙子说："故为兵之事，在于顺详敌之意。"在进行战争之前，最重要的就是晓明敌人的真实意图到底是什么。明白了对方的意图，才能采取合理的行动应对它们。如果敌人争强好胜而攻打我们，那么何必为了虚名而激怒它们，使自己受到伤害，此时作战就不如以卑微的言辞向他们表示退让，让他们去别的地方发泄其愤怒。如果敌人是为了抢掠财物、粮草而来，那么只需要告诉他们很难在这里实现目的，让他们知难而退就可以了，没有必要与之拼命，闹个两败俱伤。如果敌人前来抱着一举消灭我们的目的，那就必须坚固抗争的决心，绝不可犹豫动摇，以致错过准备战争、求得援助的机会。

长平之战爆发以后，赵军初战不利，赵孝成王与楼昌、虞卿等大臣商议，想亲自率领部队与秦军决战。楼昌认为这样做无济于事，不如派地位高的使臣去秦国议和。虞卿对此表示反对，说："楼昌主张求和的原因，是认为不求和我军必败。可是控制和谈主动权的在秦国一方。而且大王您估计一下秦国的作战意图，是要击败赵军，还是吓唬一下赵国呢？"赵孝成王回答说："秦国已经竭尽全力毫不保留了，必定是打算彻底击败赵军。"虞卿接着说："大王听从我的话，派出使臣拿上贵重的珍宝去联合楚、魏两国，楚、魏两国想得到大王贵重的珍宝，一定会接纳我国的使臣。赵国使臣进入楚、魏两国，秦国必定怀疑天下诸侯联合抗秦，而且必定恐慌。这样，与秦和谈才能进行。"

但赵孝成王反复思量以后，觉得秦军想要吃掉赵军必须付出惨重的代价，现在上党地区已经落到了秦国的手中——这场战争本来就是因为那几座城市的归属问题而爆发的，如今秦国目的已经达到，向秦国求和未必不能实现。于是，与平阳君赵豹议妥求和，先派出使臣郑朱到秦国联系，秦国接纳了郑朱。

赵孝成王又召见虞卿，对他说："我准备派平阳君到秦国求和，秦国已经接纳郑朱了，你认为这事怎么样？"虞卿叹息到："大王的和谈一定不能成功，赵军也必定被击败。天下诸侯祝贺秦国获胜的使臣都在秦国了。郑朱是个显贵，他进入秦国，秦王和应侯一定把郑朱来秦一事大肆宣扬给天下诸侯看。那些本来可能救援赵国的诸侯，看到赵国和秦国媾和，就不会再答应赵国的求援了。而秦国知道天下诸侯不来救援赵军，一定不会同意和谈的。"

果然不出虞卿所料，郑朱到达秦国以后，秦国将赵国派遣使者求和的消息大家肆扬。其他诸侯国以为赵国已经开始议和，更加不愿出兵救赵了，赵国失去了在外面得到援助的机会。此时，秦国又拒绝了赵国求和的请求，催促前线加紧消灭被围的赵军，结果赵国长平几十万人被俘虏、坑杀。

赵国长平之战失败了，原因不仅存在于军事指挥上，决策层根本没有认清秦国的真实意图，以为秦国仅仅是争夺上党几个城市才发动的战争，以为得到那几个城市以后秦国就会停止进攻，因而与其和谈。其实，秦国开始战争就是要将最大的竞争对手一举击溃，彻底打败甚至吞并赵国。赵王等人没有看透敌人意图，在最关键的时候还犹豫是战是和，结果中了秦人的计谋，失去了获得外援的机会，大军全部损失殆尽。

敌人发动战争的时候，一定会找一个借口，但这并不一定是他们真正的意图。如果不进行深入考察，被他们表面的借口所欺骗，就会对事态的严重性认识不足，甚至做出错误的决断。西汉七国之乱的时候，吴楚叛军打着"请诛晁错，以清君侧"的名义向西进军。汉景帝和身边的一些大臣也认为叛军是真的被逼无奈，想"清君侧"才造反的，于是下令杀死了主张削藩的晁错。可是，杀死晁错以后，叛军并未退军，反而看到朝廷示弱，认为景帝软弱无能，气势更加嚣张，吴王刘濞索性自称东帝，与西汉政权分庭抗礼。叛军的目的就是造反，进而争夺帝位，而汉景帝却诛杀了有功无过的大臣晁错，做出了让亲者痛、敌者快的事，这就是对对手真实意图判断失误的后果。

在现实生活中，我们在采取行动之前也要慎重地考虑对方的意图，摸清对方到底要干什么，是对自己有利，还是对自己有害，是无心的危害，还是故意伤害自己……这样才不会在受到别人陷害的时候，还无动于衷；也不会因别人无心的错误，做出过火的应对行为。

有两个司机在路上发生了碰撞，爆发了口角之争，口角之后，双方各自查看。一个司机正蹲在地上检查车子，忽然看到另一个人拿着一个扳子向他走来，便以为对方是要打架，想都没想捡起手边的砖头，将对方打个头破血流。其实，对方拿扳子并不是要打架，而是要帮助他拧紧已松动了的螺丝。

生活中因为没有弄清对方的真实意图，就贸然采取对抗手段，产生的悲剧不计其数。我们常常误会别人、被别人误会，就是因为不能在遇到事情的时候静下来好好想想，对方到底要干什么，他为何要这样做。

所以，当我们卷进一些对抗之时，或是面对一些突发事件的时候，既不能对对手麻痹大意，也不能盲目采取过激行为。先弄清对方的真实意图，然后再采取应对措施，这样才不会失误、不会后悔。

火攻篇

孙子曰：凡火攻有五：一曰火人①，二曰火积②，三曰火辎③，四曰火库④，五曰火队⑤。行火必有因，烟火必素具。发火有时，起火有日。时者，天之燥也；日者，月在箕、壁、翼、轸也⑥。凡此四宿者，风起之日也。

凡火攻，必因五火之变而应之。火发于内，则早应之于外。火发兵静者，待而勿攻，极其火力，可从而从之，不可从而止。火可发于外，无待于内，以时发之。火发上风，无攻下风。昼风久，夜风止。凡军必知有五火之变，以数守之。

故以火佐攻者明，以水佐攻者强。水可以绝，不可以夺⑦。夫战胜攻取，而不修其功者凶⑧，命曰费留⑨。故曰：明主虑之，良将修之。非利不动，非得不用，非危不战。主不可以怒而兴师，将不可以愠而致战；合于利而动，不合于利而止。怒可以复喜，愠可以复悦；亡国不可以复存，死者不可以复生。故明君慎之，良将警之，此安国全军之道也。

注　释

①火人：焚烧敌营，杀其士卒。

②火积：焚烧敌人积聚。

③火辎：焚烧敌人辎重。

④火库：焚烧敌人府库。

⑤火队：焚烧敌人队伏兵器。

⑥箕、壁、翼、轸：都为二十八宿之一，古人观察认为月亮达到它们的位置之时，天气多风。

⑦水可以绝，不可以夺：指水只能隔绝敌军，取一时之胜，而不能像火一样，焚尽敌人积蓄。

⑧战胜攻取，而不修其功者凶：战胜敌人、攻取土地以后，不修举有功将士进行封赏是不吉的。

⑨费留：吝惜费用。

译　文

孙子说：火攻形式共有五种，一是焚烧敌军人马，二是焚烧敌军粮草，三是焚烧敌军辎重，四是焚烧敌军仓库，五是火烧敌军运输设施。实施火攻必须具备条件，火攻器材必须随时准备。放火要看准天时，起火要选好日子。天时是指气候干燥，日子是指月亮行经"箕"、"壁"、"翼"、"轸"四个星宿位置的时候。月亮经过这四个星宿的时候，就是起风的日子。

凡用火攻，必须根据上述五种火攻所造成的情况变化，适时地运用兵力加以策应。从敌人内部放火，就要及早派兵从外面策应。火已烧起，而敌军仍能保持镇静的，要观察等待，不要马上进攻，等火势烧到最旺的时候，视情况可以进攻就进攻，不可以进攻就停止。火也可以从外面放，那就不必等待内应，只要时机和条件成熟就可以放火。火发于上风，不可从下风进攻。白天风刮久了，夜晚风就会停止。军队必须懂得五种火攻方法的变化运用，等候具备条件，然后实施火攻。

用火来辅助进攻的，容易取胜；用水来辅助进攻的，攻势可以加强。水只能隔绝敌军，取一时之胜，而不能像火一样，焚尽敌人积蓄。凡打了胜仗，攻取了土地城邑，而不能巩固战果的，会很危险，这种情况叫"费留"。所以说，明智的君主要慎重地考虑这个问题，贤能的将帅要严肃地对待这个问题。没有好处不要行动，没有取胜的把握不能用兵，不到危急关头不要开战。国君不可因一时愤怒而发动战争，将帅不可因一时的气忿而出阵求战。符合国家利益才用兵，不符合国家利益就停止。愤怒还可以重新变为欢喜，气愤也可以重新转为高兴，但是国家灭亡了就不能复存，人死了也不能再生。所以，对待战争，明智的国君应该慎重，贤良的将帅应该警惕，这是安定国家和保全军队的基本道理。

经典解读

前两段主要讲火攻的形式、条件，以及如何以火助攻、火攻中的注意事项等。火是大自然赋予人类的最强大工具，也是战争之中必不可少的武器，从远古时代人们用火围猎动物时，就开始了在斗争中对火的利用和研究。后来的战争之中对火的应用数不胜数，官渡之战、赤壁之战、夷陵之战，善于用火的一方都取得了巨大的胜利。用火要顺应天时，要具备各种条件，要根据不同的情况采取不同的策略……孙子所要强调的还是"随机应变"。在这里我们能向孙子学到的最大智慧就是，在生活中要学会借力。

第三段讲了战后修功的道理，战胜敌人之后还要能够将战果扩大，懂得追求利益最大化。这需要做到三个方面：一是趁势继续追击敌人；一是安定占领地区的人心，使人民彻底归服；一是奖励自己的将士，使他们的付出获得回报。这是所有将领在战争取得胜利后不可不考虑的事。孙子还指出"非利不动，非得不用，非危不战"，这与前面"不尽知用兵之害者，则不能尽知用兵之利"相呼应，表现了孙子慎战的思想。

不以怒兴师，不以愤作战

在前面的章节中孙子曾说过，最好的进攻方式就是调动敌人，让他们自己送上门来；最好的防守方式，就是不被敌人所调动，让其攻无可攻。战争既是一场实力上的比拼、谋略上的较量，同时也是耐心和度量上的对决。很多时候，实力差别很明显，谋略也没有什么高深的地方，双方对峙比的就是耐心，谁能沉住气，让对手先露出破绽谁就能够取得胜利。所以，孙子再次强调"主不可以怒而兴师，将不可以愠而致战"。

这往往会让人想到武侠小说中的绝世高手对决，两人静静地立在那谁也不动，因为先动者先有破绽；又像猎豹捕食豪猪，一个想吃没法下口，一个想逃又不能松懈，谁沉得住气坚持到最后，谁就取得了这场争斗的胜利。

楚汉相争的时候，项羽在成皋与驻军黄河北岸的刘邦对峙，楚军不能战胜汉军，汉军也无法攻下成皋而东进。这时，刘邦派遣部将刘贾、卢绾率领两万多人渡过白马津协助彭越攻略楚军背后的梁地，一连攻下十几座城池。梁地是项羽大军运输军粮的必经之路，汉军掌握了这一地区就相当于断了项羽的粮道，为了恢复补给线的畅通，项羽决心亲自率军收复梁地。他离开之时，委派手下的大司马曹咎继续守卫成皋。之所以将这样重要的职务交给曹咎，是因为曹咎是项氏的旧臣，有恩于项氏，绝不会背叛——在项梁项羽叔侄还没有起义时，项梁曾因触犯刑法被抓，这时项梁委托曹咎写信给栎阳令司马欣，抵过了项梁的罪，因此受到项氏的信任，虽然能力不强，还是被项羽重用，官至大司马。

项羽也知道曹咎没什么能力，不盼他能够击败刘邦，只希望能在自己离开的这段时间谨守成皋，这并不是一件难事。项羽对曹咎说："谨守成皋，汉军挑战，慎勿与其交战，只要不让他们越过成皋向东，十五日必然能够平定梁地，诛杀彭越，那时再来汇合将军。"曹咎领命，决定坚守不出。

刘邦得知项羽离开的消息，就下令在成皋城边设台，让士兵每日在上面辱骂楚军。开始，曹咎还能视而不见、听而不闻，可汉军越骂越难听，不仅羞辱曹咎是缩头乌龟，还大声对楚军宣称曹咎阿谀谄媚，毫无才能，就是通过奉承项羽才得到了重用，号称大司马却对战事一窍不通……

曹咎再也忍受不住了，不顾部将劝阻，带兵出城要给刘邦一点教训，证明自己并非浪得虚名之辈。然而，这冲动之举，恰恰正中刘邦下怀，就在曹咎率军渡过汜水之时，早就准备好的汉军冲杀而出，楚军处于半渡之中，被打得大败，成皋也落入了刘邦之手。曹咎这时才恍然大悟，后悔自己没有沉住气，但已经晚了，他羞于再见项羽，便在河上自杀身亡了。

相比于曹咎，名将司马懿则要稳重得多。司马懿不仅在曹爽的逼迫之下装疯卖傻，等到了翻盘的机会，在战场之上也能够沉着冷静地面对敌人的激怒、讽刺。

234年二月，蜀丞相诸葛亮率军10万出斜谷攻魏。魏大将军司马懿率军渡渭水，背水筑垒阻击。司马懿知道诸葛亮这次进军准备充分，兵势强盛，便坚持"坚壁拒守，以逸待劳"的策略，与诸葛亮相持百余日。诸葛亮数次挑战，司马懿均坚壁不出，以待其变。诸葛亮为求速战，便派人给司马懿送来"巾帼妇人之饰"，羞辱司马懿像个女人一样胆小，司马懿知道诸葛亮的意图，并未生气，反而笑着将衣服当场穿了起来。魏将都认为司马懿胆小，为平息部属不满情绪，司马懿故意装怒，上表请战。魏明帝知道他的心意，便派骨鲠之臣辛毗杖节来做司马懿的军师，以节制他的行动。诸葛亮一来挑战，司马懿就装出要带兵出击的样子，而辛毗则杖节立于军门，司马懿便不出兵。面对就是不出来的司马懿，诸葛亮虽然智谋超群也无可奈何，加上多年操劳成疾、夙夜忧思，他很快去世了。蜀军失去了主帅，只好撤退回去。

司马懿面对冷嘲热讽能够岿然不动，最终让对手无计可施，无功而返，曹咎却因为耐不住气愤一时冲动而导致了兵败身死的下场，可见在战场之上冲动是失败的根源，时刻保持沉着冷静才能不给敌人创造可乘之机。

在生活中，当我们面对各种变故和嘲讽之时，也要时刻记得"冲动是魔鬼"的告诫。冲动会让人丧失理智，给人带来意想不到的损失，甚至让好好的事情变得不可收拾。最有勇气的人，不是敢于向别人发火，而是能够在面对耻辱的时候，能够冷静地面对周围人的嘲笑，哪怕是担负起"胆小鬼"的名声。韩信若是不能冷静地面对嘲讽，在集市之上因愤怒而杀死羞辱他的无赖而获刑，就没有机会在战场之上一展雄才了；勾践若是不能冷静地面对各种羞辱，只怕也没有机会去实现复国、复仇的大计了。

我们要学会控制自己的情绪，不要被对手所诱导。当别人激怒你的时候，不要愤怒，不要着急，这正是他们对你无可奈何的表现；当你遇到挑战之时，不要冲动，不要放弃，这正是成功对你最后的考验。告别愤怒，冷静地面对各种人生境遇，才会迎来更加成功的一生。

胜利之后须修功

孙子说："战胜攻取，而不修其功者凶。"何谓"修功"？古人在注解的时候大多将其解释为奖励战功，如曹操说，"赏不以时，但费留也，善赏不逾日。"王晳说，"战胜攻取，而不朽功赏之差，则人不劝；不劝，则费财老师，凶害也已。"其实，修功不仅包括奖励战功，也包括所有其他应该继续做、应该及时处理的事：继续乘胜追击敌人，扩展胜利果实；安抚民心，巩固胜利果实；奖励下属，赏功罚过，等等。

战胜而后修功，告诉人们不要在好的时机下止步不前，这既是对机会的浪费，也是对敌人的放纵。长平之战以后，白起曾力主继续进攻，消灭赵国。可秦昭王听信了范雎的建议，同意赵国割地求和的请求。不久以后，他意识到了自己的错误，于是再次发兵进攻赵国，可赵国已经做好了防守的准备，又派遣使者游说魏、楚等诸侯，结果秦兵久攻邯郸不下，损失惨重，遭到诸侯联军攻击，浪费了大好的机会。

曹操在平定汉中以后，司马懿建议道："刘备以欺诈的手段，从刘璋那里抢得了益州，蜀地之人尚未归附，如今刘备正忙于抢夺江陵地区，这正是进攻益州的机会，不可放弃。如果我们出兵到汉中显威，益州就会惊慌，趁机进兵、兵临城下，敌人势必土崩瓦解。由此之势很容易建立功业。圣人不能违逆天时，也不能丧失时机。"但一度善于把握时机的曹操却未能采取他的意见，说："人就是苦于没有满足，已经得到了陇西，还想得到蜀。"最终选择了退兵。

几年以后，刘备稳定了荆州地区，便亲率大军北上争夺汉中，并击败了曹操留下的张郃、夏侯渊等将领。曹操不得不亲率大军再次出兵汉中，但形势已经发生了巨大的转变，曹军不仅无法击败刘备，还屡屡失利，最后不得不撤出汉中。这时，曹操感慨道，当初没有听从司马懿的建议，趁势平定益州。

战胜而后修功，还告诉君主要懂得奖励将士。将士们舍身忘死地作战，追求胜利，很大一部分原因是为了利益的驱使，都期望能够在战争胜利之后获得财富、地位。如果，君主不能认识到这一点，过于吝惜费用，就会失去将士之心，轻则引起不满，重则导致造反的情况发生。项羽击败秦国以后，在分封土地、爵位的时候，那些他不喜欢、不看重的将领都没有得到应有的封赏，如齐国田荣兄弟、赵国将领陈余等，结果这些人都反对他，在楚汉相争中给他造成了很大的麻烦。

刘邦称帝以后，一次行走在洛阳宫中，从阁道上望见很多大臣都坐在沙中窃窃私语，便问身边的张良："这些人在说什么？"

张良说："陛下难道不知道吗？这些人是在图谋造反啊！"

刘邦大惊失色，问："天下形势刚刚平定，他们怎么会造反呢？"

张良答道："陛下起于布衣之中，全靠这些人在战场上拼杀才取得了天下，如今您登上皇位，但分封奖赏的都是萧何、曹参等故人中所亲爱者，而所诛杀的都是平生所仇怨的。现在军吏计功，天下的土地难以遍封，这些人担心得不到封赏，又害怕因平日的过失而被诛杀，所以聚众造反啊！"

刘邦连忙向张良请教该如何做，张良问："陛下平常所憎恶的人，群臣所共知的有谁呢？"

刘邦回答："雍齿和我有积怨，屡次窘辱我，我几次想要诛杀他，都因为其功大而不忍。"

张良说："那赶快先分封雍齿吧，群臣见到连雍齿都受到封赏，内心就会安宁，不会有其他想法了。"

刘邦按照张良的意思封雍齿为什方侯，群臣见了以后，果然都高兴地说："连雍齿都被封为侯了，我们这些人没有什么可担心的了。"

虽然，那些将领并不一定像张良所说的那样在造反，但如果刘邦不及时分封，他们心中的疑忌和担忧必然会与日俱增，出现造反的现象也是很正常的。所以，君主在取得胜利以后，一定要及时奖励将士，让他们也分享到战争胜利所带来的好处。现在的企业领导者同样如此，在取得一定成绩以后，能够及时将利益反馈给员工，才能让员工干劲更足，更加拥护企业。

此外，战胜之后还要安抚百姓，设立官职，恢复生产……可以说，战胜只是胜利的一个阶段，后面还有无数的挑战在等着胜利者。如果战胜者不知胜后修功，取得一点胜利便骄傲自满，止步不前，那么他的胜利也不会持续多久的。

后唐庄宗李存勖即位之初很有作为，灭掉了背叛自己父亲的燕国、老对手后梁，并击败了强大的契丹。可是他取得一点成就以后就变得骄奢淫逸、昏庸无道，最后，不仅没能统一天下，创建更大的功业，反而落个身死国破的下场。明末的农民领袖李自成也是如此，在反抗明朝的时候能够艰苦创业，可是一进北京城就奢侈腐化起来，完全失去了之前励精图治的样子，结果很快就遭遇了败亡。

一场战争的胜利是不足以骄傲的，胜利之后领导者所要做的不是尽情享受胜利果实，而是思考如何应对即将到来的更多的挑战，继续努力奋斗。孙子所说："战胜攻取，而不修其功者凶"，给人们最大的启示就是，在胜利之后不要骄傲自满，要追求更大的胜利、更高的功绩。

用间篇

原 文

　　孙子曰：凡兴师十万，出征千里，百姓之费，公家之奉①，日费千金；内外骚动，怠于道路，不得操事者，七十万家。相守②数年，以争一日之胜，而爱爵禄百金，不知敌之情者，不仁之至也，非人之将也，非主之佐也，非胜之主也。故明君贤将，所以动而胜人，成功出于众者，先知也。先知者，不可取于鬼神，不可象于事③，不可验于度④，必取于人，知敌之情者也。

　　故用间有五：有因间，有内间，有反间，有死间，有生间。五间俱起，莫知其道，是谓神纪⑤，人君之宝也。因间者，因其乡人而用之。内间者，因其官人而用之。反间者，因其敌间而用之。死间者，为诳事⑥于外，令吾间知之，而传于敌间也。生间者，反报也。

　　故三军之事，莫亲于间，赏莫厚于间，事莫密于间。非圣智不能用间，非仁义不能使间，非微妙不能得间之实。微哉！微哉！无所不用间也。间事未发，而先闻者，间与所告者皆死。

注 释

　　①奉：通"俸"，军需花费。

②相守：两军对峙、相持。

③象于事：象，类比，比附。用其他事情类比而揣度敌情。

④验于度：验，应验，验证；度，度数，长短、狭阔、远近、小大等自然条件。指不能依靠度数推验事情，人情的真伪度数不能准确显现。

⑤神纪：神妙莫测的方法。

⑥诳事：诱惑、欺骗。

译　文

孙子说：凡兴兵十万，征战千里，百姓的耗费、国家的开支，每天都要花费千金，内外动乱不安，戍卒疲惫于道路，不能从事正常生产的有七十万家。与敌相持数年，就是为了决胜于一旦，如果吝惜爵禄和金钱，以致不能掌握敌情而失败，那就是不仁到了极点。这种人不是合格的将领，算不上国家的辅佐良臣，也不能取得胜利。明君和贤将之所以一出兵就能战胜敌人，比众人更容易成功，就在于能预先掌握敌情。要事先了解敌情，不可求神问鬼，也不可用相似的现象作类比推测，不可依靠度数推验事情，一定要取之于人，从那些熟悉敌情的人的口中去获取。

间谍的运用有五种，即乡间、内间、反间、死间、生间。同时任用这五种间谍，敌人就无从捉摸我用间的规律，这是神妙莫测的方法，也正是国君克敌制胜的法宝。所谓乡间，是指利用敌国乡人作为间谍；所谓内间，就是利用敌方官吏做间谍；所谓反间，就是使敌方间谍为我所用；所谓死间，是指制造散布假情报，通过我方间谍将假情报传给敌间，诱使敌人上当；所谓生间，就是侦察后能活着回来报告敌情的人。

所以在军队中，没有比间谍更值得亲抚的人，没有比间谍更值得优厚奖赏的人，没有比间谍更为秘密的事情了。不是睿智超群的人不能使用间谍，不是仁慈慷慨的人不能指使间谍，不是谋虑精细的人不能得到间谍提供的真实情报。微妙啊，微妙！无时无处不可以使用间谍。间谍

的工作还未开展，而已泄露出去的，那么间谍和了解内情的人都要被处死。

经典解读

在这里孙子主要告诉人们，用间最重要的几个规律：利用任何可以获得、传播情报的途径；对间谍给予最丰厚的奖赏；做好保密工作。

要想知己知彼，在战争中取得先机，最好的办法就是使用间谍，直接获取对方的情报；要想让对方受到我军的迷惑，按照我军计划行事，最好的办法就是使用间谍，将错误的情报直接传给他们；要想让对方产生分歧，分散他们的力量，最好的办法还是使用间谍，在其内部进行离间活动……在战争之中，间谍的作用是无穷的，善于利用间谍，一个人便能扭转战争的形势，获得胜利；不善于防备间谍，一个人便能坏了大事，给国家带来覆亡的危险。所以说，君主、将领对于间谍之事，不可不重视。

间谍的力量如此之大，他所要付出的代价也是超出常人想象的，他们需要牺牲普通人所能享受到的荣耀、地位、名声，需要受到各种考验、试探，承受内心的煎熬，甚至还要随时准备以身殉职。所以，对于间谍一定要给他们最慷慨的奖赏、最亲密的安抚。

间谍能给我军带来巨大的好处，同样也能为敌人所利用，所以间谍之事最重要的一点是保密，当事情已经泄露，就要有壮士断腕的决心，立刻将所有知道内情的人处死。

哲理引申

反间计：利用一切可以利用的条件

使用间谍就是为了获得对手的情报，同时将虚假的情报传递给对手。如果自己派出间谍，会面临很多风险和困难，比如对方对间谍有防备，不能接近核心机密；对方对间谍不够信任，对他传递的消息存在怀疑……为此，古人常用反间计来达到自己的目的。反间，因敌之间而间之，即通过对手的间谍将自己制造的假情报传递回去，这样就可以在对手自以为得到可靠消息的时候，出其不意地给其致命一击。

曹操得到荆州以后，准备趁势进攻江东，但手下的精锐部队都是北方人，不习水战。于是他任命荆州降将蔡瑁、张允作为水军都督，日夜训练水军。蔡瑁、张允虽然都是卖主求荣之辈，但在训练水军之上却很有一套，大江对面的周瑜对此十分担忧，但又没有任何办法制止。

曹操为了劝降周瑜，同时刺探江东虚实，便准备向江东派遣使者，周瑜的旧友蒋干自告奋勇前去。蒋干到了江东以后，周瑜立刻明白了他的来意，心中一动，想到了除去蔡瑁、张允的计谋。

周瑜在蒋干开口之前，就向他表明了自己抗曹的决心，使蒋干满腹劝降的言论憋在肚子中没有说出一句。接着，他又拉着蒋干聊往日故事，趁势喝得酩酊大醉，倒在榻上就睡。蒋干是来劝降的，如今一个字说不出，哪里能够入睡。他偷偷下床，见周瑜案上有一封信。不经意一翻，蒋干惊出一身冷汗，这信居然是蔡瑁、张允写给周瑜的，约定同周瑜里应外合，击败曹操。这时，周瑜翻身说着梦话，吓得蒋干连忙上床。不久，忽然有人求见周瑜，周瑜起床后还特意看了看蒋干是否熟睡。蒋干知道他们一定要谈军情大事，便装作沉睡的样子，偷听谈话。谈话之中，隐隐约约提到了蔡瑁、张允的名字，还有约定等，蒋干更是确定了他们与东吴相互勾结情况属实。

后来，蒋干趁周瑜再次睡熟以后，偷了桌案上的信，连夜赶回曹营，让曹操看了信件。曹操看后，火冒三丈，立刻怒杀了蔡瑁、张允。等曹操冷静下来之后，才想通信是周瑜伪造的，他和蒋干都中了周瑜的反间计，可已经无可奈何了，只好将错就错，宣布蔡瑁两人怠慢军法，所以处以斩首。

曹操杀了蔡瑁、张允以后，知道在周瑜面前计输一筹，于是又生一计，他派遣蔡瑁的弟弟蔡中、蔡和投靠江东卧底，许诺他们平定江东以后，封其为侯。蔡中、蔡和到达江东，立刻就被周瑜看穿了，但周瑜并未将他们杀死，而是决定要好好利用他们。周瑜想要用火攻破曹，但一直没有好的办法接近曹营，此时看到蔡中、蔡和，他决定也用诈降之策。于是，与老将黄盖商量，故意在军帐之中找茬重打了黄盖，做出两人反目的假象。

黄盖于是写信投降曹操，曹操开始还怀疑黄盖是假投降，但很快蔡中、蔡和的密信就到了，详细描述了周、黄二人反目的情景。曹操心中大喜，以为黄盖是真的投降，结果在大战之中防备不足，被黄盖的船只冲入了大营，放起火来，导致了惨重失败。

蒋干、蔡中、蔡和都是曹操的间谍，也没有背叛曹操之意，却都被周瑜所利用，成为迷惑曹操的工具。他们远比周瑜自己派出间谍好用得多，这便是反间计的巨大威力。

越是对方相信的人，就越容易将错误情报传递给对方。反间计的精髓就是利用对方意想不到的人，利用对方最相信的人，那样才能出其不意，攻其无备。

无论国家、军队，还是各种企业，都在时时刻刻地收集着来自竞争对手的情报，同时也在努力散布着对自己有利、麻痹对手的情报。有情报的地方就有间谍，反间并不是什么卑鄙可耻、阴险狡诈的行为，相反，它能够取得比正面竞争更好的效果，使自己在与对手的对抗之中占得先机。

反间计，还告诉人们必须善于运用一切合理的手段、合适的人来实现目的。荀子说过："君子性非异也，善假于物也。"人要想驾驭一切，掌握主动，必须善于利用、借用。曹操是刘备的对手，但刘备曾经利用他击败吕布；东吴是曹操的对手，但曹操利用他击败了关羽；无论是仇人、还是对手，都不是绝对的，在合适的时候任何人的力量都可以借用。

人的声音不是无限大的，但顺风而呼，别人就能听得更清楚；人的力量不是无限大的，但利用杠杆工具便可搬起比自己重得多的石头；人不会游泳，但借助船只可以遨游江海……所以说，只要懂得借力外物，没有什么不能为我所用。

我们周围所有的人所有的物，都蕴含着巨大的能量；善于利用它们，它们就是我们成功的助手，不善于利用它们，它们就会变成你前进的阻碍。懂得借用自然、他人的力量胜过自己奋斗几十年，人一定要善于借力、善于用物、善于使人。

原　文

凡军之所欲击，城之所欲攻，人之所欲杀，必先知其守将、左右、谒者①，门者，舍人②之姓名，令吾间必索知③之。必索敌人之间来间我者，因而利之，导而舍之④，故反间可得而用也。因是而知之，故乡间、内间可得而使也；因是而知之，故死间为诳事，可使告敌。因是而知之，故生间可使如期。五间之事，主必知之，知之必在于反间，故反间不可不厚也。

昔殷之兴也，伊挚⑤在夏；周之兴也，吕牙⑥在殷。故惟明君贤将，能以上智为间者，必成大功。此兵之要，三军之所恃而动也。

注　释

①谒者：负责传达情报的官员。

②舍人：将领的门客、幕僚。

③索知：侦察、了解。

④因而利之，导而舍之：用重利引诱、迷惑他，引导他住下来，不使其窥探到我真的虚实。

⑤伊挚：伊尹，曾为夏臣。

⑥吕牙：吕尚，曾为殷臣。

译　文

凡是要攻打的敌方军队，要攻占的敌方城市，要斩杀的敌方人员，都须预先了解其守城将领、左右亲信、负责传达的官员、守门官吏和门客幕僚的姓名，命令我方间谍一定要侦察清楚。必须搜索出敌方派来侦察我方的间谍，以便依据情况进行重金收买、优礼款待，要经过诱导交给任务，然后放他回去，这样，反间就可以为我所用了。通过反间了解敌情，乡间、内间也就可以利用起来了。通过反间了解敌情，就能使死间传播假情报给敌人了。通过反间了解敌情，就能使生间按预定时间报告敌情了。五种间谍的使用，国君都必须了解掌握。了解情况的关键在于使用反间，所以对反间不可不给予优厚的待遇。

从前殷商的兴起，是由于重用了在夏为臣的伊尹；周朝的兴起，是由于重用了在殷为官的吕尚。所以，明智的国君，贤能的将帅，能用极有智谋的人做间谍，一定能成就大的功业。这是用兵的关键，整个军队都要依靠间谍提供的敌情来决定军事行动。

经典解读

孙子指出只有明智的国君和贤明的统帅才能用智慧高超的人作为间谍，并再次强调了反间的作用。商朝之所以能够兴起很大程度上是因为重用了了解夏朝情况的伊尹，而周朝之所以能够兴起，很大程度上是重用了了解殷商情况的吕尚，熟悉对手虚实的人才是我方最宝贵的财富。吴国之所以能够击败强大的楚国，就是因为有了解敌情的伍子胥；刘邦之所以能够击败项羽，和投降过来的陈平、韩信等人对项羽军虚实了如指掌是分不开的；同样，曹操能在官渡之战中战胜袁绍的关键也是获得了了解敌情的许攸。所以，作为一个领导者有两种人需要特别注意：一，了解自己虚实的人，对他们一定要有所安置，不使其被敌人所利用；二，了解对手虚实的人，这种人一定要尽量收为己用，使他们成为克敌制胜的关键。

唯仁者、智者可以用间

晋厉公的时候，晋国大夫伯宗看到郤氏势大，便劝厉公应该稍抑其权。晋厉公不但没有采纳伯宗的谏议，反而把伯宗的话告诉了"三郤"。伯宗的儿子伯州犁感觉到危险，劝父亲小心。"三郤"因而联名上奏，请晋厉公严查伯宗诽谤朝政之罪，晋厉公派人将伯宗关起来，之后又任"三郤"将伯宗害死。伯州犁于是逃到了晋国的老对手楚国那里。

此前不久，楚国也发生了一场变动，楚庄王忌惮若敖氏的斗椒势大，便亲信与其不和的大夫蒍贾等。斗椒害怕被诛，于是就发动了叛乱，楚庄王亲率大军将叛乱镇压，将立过大功的若敖氏灭族，但斗椒的儿子苗贲皇却逃到了晋国，被晋国任为谋主。

公元前575年，晋国、楚国为了争夺中原霸权，在鄢陵爆发了一场大战。

开战之前，楚共王在伯州犁的陪伴下登上楼车，观察晋军在阵营内的动静。楚王问："晋军正在驾着兵车左右奔跑，这是怎么回事？"陪在旁边的伯州犁回答："是在召集军官。"楚王说："那些人都到中军集合了。"伯州犁说："这是将军们在开会商量。"楚王说："搭起帐幕了。"伯州犁说："这是晋军在向先君卜吉凶。"楚王说："撤去帐幕了。"伯州犁说："他们快要发布命令了。"楚王说："非常喧闹，而且尘土飞扬起来了。"伯州犁说："这是晋军准备填井平灶，摆开阵势。"楚王说："都登上了战车，左右两边的人又拿着武器下车了。"伯州犁说："这是听取主帅发布誓师令。"楚王问道："要开战了吗？"伯州犁回答说："还不知道。"楚王说："又上了战车，左右两边的人又都下来了。"伯州犁说："这是战前向神祈祷。"随即，伯州犁把晋厉公亲兵的位置指给了楚共王，说晋军的精锐都在这里，只要突破这里晋军就溃败了。

同时，晋厉公也在苗贲皇的陪伴下登上高台观察楚军阵势。晋厉公看到楚军人数众多，阵势整齐有些心虚，苗贲皇告诉他说："楚国的精锐部队只不过是中军里那些楚王的亲兵罢了。请分出一些精兵来攻击楚国的左右两军，再集中三军攻打楚王的亲兵，一定能把它们打得大败。"并将楚王亲兵的位置告诉了晋厉公。

晋厉公采纳了苗贲皇的建议，从中军分出一部分精锐加强两翼的上、下两军。战争开始以后，楚共王立刻率军向晋军中军发动了猛攻，企图先打败晋中军，但不幸的是在战争中他被晋将魏锜用箭射伤了眼睛，迫使楚中军后退，未能实现目标。而晋国得到加强的左右两翼，则趁势击败了楚军。

楚共王决定次日再战。晋国的苗贲皇也通告全军作好准备，次日再战，并故意放松对楚国战俘的看守，让他们逃回楚营，报告晋军备战情况。楚共王得知晋军已有准备后，立即召见子反讨论对策，恰好子反当晚醉酒，不能应召入见。楚共王无奈，只好引领军队趁着夜色撤退。鄢陵之战最终以晋国的胜利告终。

晋楚两国在战争中一胜一负，是因为伯州犁和苗贲皇在其中发挥的作用，即一个深刻了解对方虚实的人，完全可以左右战争的结果。晋国险些因为伯州犁而失败，楚国因为苗贲皇而尝到了失败的滋味。

苗贲皇本是楚国人，却被晋国所用；伯州犁本是晋国人，却被楚国所用。并非他们背叛自己的祖国，而是无道的昏君、权臣，严酷的刑罚将他们赶到了对面。历史上这样的事多得数都数不清，伍子胥本来是楚国后代，但楚平王昏庸无道、滥杀无辜，他才逃到吴国，最后帮助吴国击败楚国；孙膑本来投靠魏国，但却被庞涓设计陷害，弄残双腿，最后成为齐国将军，让魏国遭到了马陵、桂陵之败；范雎本是魏国官吏，却无辜遭受魏齐的迫害，最后逃往秦国，给魏国带来了巨大损失……孟子说过："为渊驱鱼者，獭也。为丛驱爵者，鹯也。"虽然也会有一些人因为富贵、地位的诱惑而投靠敌人，但那些毕竟只是些贪财好利之人；不会引来巨大的灾难，而那些真正的智谋之士为敌人服务，往往是由于朝廷无道、滥杀滥罚而造成的。

智慧超常、能力出众的人，一定会择善而处，选择贤君为主。比如韩信，他知道项羽不能用自己，所以投靠了刘邦，并为刘邦详细地分析了其与项羽的长短所在，帮助刘邦制定了东出争天下的策略；比如陈平，他在项羽那里得不到重用，知道项羽不能包容自己的过失，便投靠了刘邦，不仅屡出奇计救刘邦于危难之中，用反间计分化了项羽的阵营，还成为了安刘氏天下的明相；孙子文中所指出的伊尹、吕尚更是典型，他们在夏桀、商纣王那里终身不得任用，可谓报国无门，而到了商汤、文王那里却能够一展抱负，最终建立了不世之功。

前面孙子说过"不可胜在己，可胜在敌"，在用间之上也是同理：不可间者在己，可间者在人。夫差如果不好色多欲，就不会听信西施的谗言，疏远伍子胥；赵王若不昏庸愚昧，就不会屡次听信郭开的谗言，而中秦人的反间计；项羽如果不狂傲自负，韩信就不会投靠刘邦；袁绍如果不刚愎自用，许攸就不会投降曹操；曹操如果不残忍好杀，就不会拿到信不细思就将蔡瑁、张允处死……所以，荀子在论兵的时候不强调狡诈，而强调仁义。他说："仁者的军队，是不可能被欺诈的；可以被欺诈的，只是一些君臣上下之间涣散而离心离德的军队。用桀欺骗桀，还由于巧拙不同而有侥幸获胜的；用桀欺骗尧，就好像用鸡蛋掷石头。仁德之人上下之间，各位将领齐心一致，三军共同努力，臣子对君主，下级对上级，就像儿子侍奉父亲、弟弟侍奉兄长一样，就像手臂捍卫脑袋眼睛、庇护胸部腹部一样；用欺诈的办法是不可能战胜它的。"

所以说，"能以上智为间者"，只有明君贤将才可以做到，只有具有大仁大智的君主才能任用智力超常的人才作为间谍或行使间谍的计谋，故孙子说"非圣智不能用间，非仁义不能使间"。要想使用最高水平的间谍，就必须坚持仁义道德；要想不被间谍所欺骗，所能倚仗的同样是仁义、智慧，这也是所有兵法都将"道"放在最前面的原因。